天津数字经济发展报告
（2025）

ANNUAL REPORT ON
DIGITAL ECONOMIC DEVELOPMENT
OF TIANJIN（2025）

主　　编　王　双　周胜昔
执行主编　吕静韦　王立岩　周　明

天津社会科学院出版社

图书在版编目（CIP）数据

天津数字经济发展报告. 2025 / 王双，周胜昔主编；吕静韦，王立岩，周明执行主编. -- 天津 ：天津社会科学院出版社，2025. 6. --（天津蓝皮书）. -- ISBN 978-7-5563-1072-2

Ⅰ. F492.3

中国国家版本馆 CIP 数据核字第 2025345Y7J 号

天津数字经济发展报告. 2025

TIANJIN SHUZI JINGJI FAZHAN BAOGAO. 2025

责任编辑：付聿炜
装帧设计：高馨月
出版发行：天津社会科学院出版社
地　　址：天津市南开区迎水道 7 号
邮　　编：300191
电　　话：（022）23360165
印　　刷：雅迪云印（天津）科技有限公司
开　　本：710×1000　　1/16
印　　张：20.5
字　　数：300 千字
版　　次：2025 年 6 月第 1 版　　2025 年 6 月第 1 次印刷
定　　价：108.00 元

前　言

　　数字经济已成为重组全球要素资源、重塑全球经济结构、改变全球竞争格局的关键力量,也是新一轮科技革命和产业变革的重要引擎。为深入贯彻落实习近平总书记关于发展数字经济的一系列重要论述和指示要求,顺应数字时代发展潮流,天津社会科学院联合天津市数据局发起并组织《天津数字经济发展报告(2025)》编撰工作,旨在为天津数字经济繁荣发展提供智力支持,为全面建设社会主义现代化大都市提供有力支撑。

　　《天津数字经济发展报告(2025)》共收录报告 23 篇,包括总报告、数据要素与基础设施篇、技术创新与产业发展篇、区域协同篇、特色案例篇五部分。其中,总报告为 1 篇,主要对天津数字经济发展形势进行分析研判并提出发展建议;数据要素与基础设施篇共 4 篇报告,主要介绍天津在数据要素市场、公共数据授权运营、数据基础设施、算力服务生态等方面的实践与进展;技术创新与产业发展篇共 6 篇报告,主要介绍天津数字技术创新、制造业数字化转型、新产业新业态培育等方面的路径与展望;区域协同篇共 6 篇报告,主要介绍京津冀协同发展战略下数字经济在产业集群和消费场景等方面的实践与启示;特色案例篇共 6 篇报告,主要介绍天津在超级计算、智慧港口、汽车大数据平台、数字文旅、绿色智能算力网络、国产化航空大数据应用等方面的有益探索。

　　《天津数字经济发展报告(2025)》由天津社会科学院出版社出版发行,汇聚了政府部门、高校、科研院所、企业等多方力量,历经深入调研、数据采集、案例分析、专家研讨等多个环节,力求做到内容详实、数据准确、分析透彻、观点前瞻。

展望未来,天津数字经济发展前景广阔。我们将以习近平新时代中国特色社会主义思想为指导,全面贯彻党的二十大和二十届二中、三中全会精神,立足新发展阶段,完整、准确、全面贯彻新发展理念,服务和融入新发展格局,紧扣数字经济发展主线,为天津充分释放数字经济新动能、加快构筑未来竞争新优势贡献智慧与力量。

目 录

总报告

数据要素与基础设施篇

技术创新与产业发展篇

区域协同篇

特色案例篇

总报告

天津数字经济发展
形势分析与未来展望

天津数字经济研究课题组①

摘　要： 2025 年是"十四五"规划收官之年,是进一步全面深化改革、奋力谱写中国式现代化天津篇章的重要一年。面对纷繁复杂的外部环境,锚定习近平总书记为天津擘画的宏伟蓝图,用好国家支持天津高质量发展的各项利好政策,汇聚多方增利因素,超前布局数据基础设施,持续提升数字技术创新能力,积极培育新业态新模式,加速释放数据要素价值,深入优化发展环境,不断健全协同发展机制,为探索现代化产业体系、拓展数字经济发展空间提供新动能、新路径,推动天津数字经济高质量发展展现强劲韧性和广阔前景。

关键词： 数字经济　数据要素　数据基础设施　数字技术创新

　　数字经济是继农业经济、工业经济之后的主要经济形态,是把握新一轮科技革命和产业变革新机遇的战略选择,是构建现代化经济体系的重要引擎。

---

① 执笔人：吕静韦、周明(天津市数据局数字经济处处长)、何艳辉、王雪滔、王立岩。

从国家层面看,数字经济发展正迈向全面扩展期,数字经济核心产业增加值占GDP比重持续提高,数字化创新引领发展能力不断提升,数字技术与实体经济融合取得显著成效。从天津发展现状看,数字经济相关政策体系日益完善,数据要素市场化能力逐步提高,数据基础设施建设持续完善,数字技术创新步伐稳步推进,数字经济推动产业新旧动能转换能力不断提升,数字产业集群的区域协同发展能力有效增强。天津正处在战略机遇叠加期、发展动能转换期、厚积薄发释放期,充分把握新一轮科技革命和产业变革的历史机遇,积极培育数字经济新业态新模式,加速释放数据要素的核心引擎功能,是全面建设社会主义现代化大都市、奋力谱写中国式现代化天津篇章宏伟蓝图的有效路径。

一 天津数字经济发展的国内外环境分析

(一)国际环境

第一,世界主要经济体数字经济顶层设计持续加强。据国际货币基金组织(IMF)预测,2025年和2026年全球经济增长率预计平均为3.3%,该增长率与2023年、2024年大体持平。[1] 从中长期看,全球经济增长率预计在未来五年内降至3.1%,达到数十年来最低水平,同时,高公共债务负担、持续的地缘经济紧张局势还将带来潜在影响。[2] 面对复杂的全球经济形势,数字经济将成为各国寻求经济发展新动能的重要着力点。当前,世界主要经济体不断完善数字经济顶层战略和行动路线,在数字技术、数字化转型、数据要素、数字安全等领域持续优化政策布局,[3]如英国出台《数字发展战略2024—2030》,美国发布《美国国际网络空间和数字政策战略:迈向创新、安全和尊重权利的数字未来》并推进《国家安全战略》和《国家网络安全战略》,欧盟出台《数字市场法》

---

① IMF总裁:《2025年全球经济增长率可能为3.3%,通胀将进一步放缓》,腾讯新闻,https://news.qq.com/rain/a/20250125A024UY00。
② 同上。
③ 中国信息通信研究院:《全球数字经济发展研究报告(2024年)》,2025年1月。

《2030年数字十年政策方案》,德国发布"数字战略2025",为推进数字经济向纵深发展明确了方向、细化了路径。

第二,全球数字经济多极化趋势日益显著。2025年,全球经济增长路径将呈现明显的分化态势,各经济体面临不同程度的挑战,发达经济体与新兴市场之间的差距持续存在,美国、欧元区、新兴市场和发展中经济体的增长率预计分别为2.7%、1.0%、4%。[①] 面对区域与国别经济增长显著分化的态势,数字经济成为各国增强经济韧性、实现转型发展的重要力量,中、美、欧在市场、技术、规则等领域的优势更加突出。[②] 从规则制定看,美欧主导的国际标准成为全球引领。美国发布的《AI全球研究议程》《AI全球发展行动指南》为在全球范围内培育负责任的AI生态系统提供了指导和方案;英国公布的新国际数据传输协议(IDTA)为确保英国个人数据传输安全提供了方案。从产业格局看,"中美主导"的人工智能产业格局日趋明显。截至2024年第二季度,全球3万多家人工智能企业中,美国和中国的企业占比分别为34%和15%;2023年至2024年第二季度,全球242家AI独角兽企业中,美国和中国的企业占比分别为51.2%和29.3%。[③]

第三,全球数据要素市场建设加快推进。数据要素成为当前驱动数字经济快速发展的新动能,据IDC预测,2028年全球数据量将增长至393.8ZB(Zettabyte,十万亿亿字节),相比于2018年增长9.8倍。[④] 同时,数据增长及其不断增长的价值正在改变商业环境,并重塑消费者、政府、企业的工作方式,推动建立更多更深层次的市场链接。据国际数据公司(IDC)测算,2025年,中国被创建、采集或是复制的数据集合将占全球总量的27.8%,实时数据占比将

---

① IMF总裁:《2025年全球经济增长率可能为3.3%,通胀将进一步放缓》,腾讯新闻,https://news. qq. com/rain/a/20250125A024UY00。

② 中国信息通信研究院:《全球数字经济白皮书(2022年)》,2022年12月。

③ 中国信息通信研究院:《全球数字经济发展研究报告(2024年)》,2025年1月。

④ 国际数据公司(IDC):《全球市场洞察|IDC DataSphere最新趋势预测》,https://www. idc. com/getdoc. jsp? containerId = prCHC52667624。

占全球实时数据的 28%,成为全球最大的数据圈。[①] 数据量的持续增长为人工智能系统训练和机器学习提供了样本依据,也推动数据空间和数据要素市场加快建设。欧洲形成了 160 个数据空间实例,日本聚焦新兴产业、城市公共服务、新能源汽车及电池、金融交易四大领域开展建设,[②]中国启动企业、行业、城市、个人、跨境等多层次数据空间建设。中国、美国、欧盟凭借庞大的数据要素市场和前沿的数字技术,纷纷建立数据交易平台,促进数据资源流通和交易。

第四,数据基础设施加速提升。数据基础设施为数字技术应用和数字产业布局提供物质基础和必要支撑,世界各国积极部署网络建设,加快布局数据中心,为人工智能和大模型训练提供坚强保障。Ookla's Net Index 数据显示,截至 2024 年 10 月,全球固定宽带网络下载和上传速度的中位数分别为 94.53Mbps 和 50.26Mbps,较上年同期分别提升 9.22Mbps 和 11.1Mbps。2024 年 10 月,全球 5G 网络连接占比达到 23.9%,11 月全球移动连接数达到 88.6 亿;预计到 2030 年,5G 将为全球经济带来超过 9300 亿美元收益。[③] 伴随数字化应用场景和人工智能技术的迅猛发展,尤其是大语言模型的加速兴起,全球智能算力需求持续增加,以中、美、欧为代表的国家和地区加快布局大型数据中心,并推动数据中心绿色可持续发展。

第五,数字产业结构持续优化。数字产业布局不断释放巨大发展潜力,以人工智能、5G、工业互联网、智能网联汽车为代表的新兴产业在全球范围内加快布局,以未来通信、未来计算、未来智能为代表的未来产业在全球范围内加速落地。据 IDC 预测,到 2026 年,来自数字产品、服务和体验的收入将占全球 2000 强企业总收入的 40%;到 2027 年,数字原生企业占上市企业的比重将超过 1/3。[④]

[①] David Reinsel、武连峰、John F. Gantz,等:《IDC:2025 年中国将拥有全球最大的数据圈》,2019 年 1 月。

[②] 中国信息通信研究院:《全球数字经济发展研究报告(2024 年)》,2025 年 1 月。

[③] 同上。

[④] IDC 最新展望:《未来 5—10 年是工业元宇宙高速发展阶段 数字主权将成关键基础设施》,网易订阅,https://www.163.com/dy/article/HOGC6LQ605198CJN.html。

（二）国内环境

第一，相关政策部署持续完善。党的十八大以来，党中央和国家高度重视、系统谋划、统筹推进数字中国建设。从党的十九大报告明确提出要建设数字中国，到《中共中央关于制定国民经济和社会发展第十四个五年规划和二〇三五年远景目标的建议》明确提出要"加快数字化发展"，从2018年《数字经济发展战略纲要》首次在国家层面部署数字经济发展战略，到国务院印发《"十四五"数字经济发展规划》，中国加快建设数字中国、推动数字经济发展，政策体系持续完善，从宏观布局规划到制订行动计划、落实举措的路线图日益清晰。2023年，国家数据局成立，为加快建设全国统一、辐射全球的数据大市场，推动数字经济发展注入强大动力。

第二，数字经济规模稳步增长。中国信息通信研究院统计数据显示，2023年，中国数字经济规模达到53.9万亿元，较上年增长3.7万亿元；数字经济占GDP比重达到42.8%，较上年提升1.3个百分点。[①] 中国拥有全球最大的数字市场，数据资源丰富，数字经济发展呈现快速增长趋势，但较美国、德国等发达国家还有较大空间。

第三，数据基础设施支撑作用不断增强。国家"东数西算"战略积极落实，网络基础设施、算力基础设施等数据基础设施建设加快推进，数字经济发展的基石不断夯实。新型基础设施适度超前规模化部署，"双千兆"网络覆盖持续完善，截至2023年底，5G基站数达337.7万个，三家基础电信企业为公众提供的数据中心机架数达97万架，可对外提供的公共基础算力规模超26EFlops（每秒万亿亿次浮点运算），启动超大规模智算中心建设和400G全光省际骨干网建设，[②]全国性算力网络布局不断优化完善；截至2024年6月，具备千兆网络服务能力的10G PON端口数达2597万个，形成覆盖超5亿户家庭的

---

① 中国信息通信研究院：《中国数字经济发展研究报告（2024年）》，2024年8月。

② 2023年通信业统计公报解读：《通信业全年保持稳中有进发展态势》，https://wap.miit.gov.cn/gxsj/tjfx/txy/art/2024/art_c3f0194a3a8141488885fc26ca5c98fd.html。

能力。①

第四，数据要素市场化有序推进。中国在政策引领、地方试点、关键技术创新等方面积极发力，数据要素市场规模不断扩大，重点产业和应用场景有序落地，数据要素乘数效应持续释放。中商产业研究院发布的报告显示，2023年中国数据要素市场规模为1332亿元，较上年增长26.48%；预测2025年将达到2042.9亿元。② 中国数据要素市场结构不断完善，2024年，全国数据市场交易规模预计超1600亿元，同比增长30%以上，其中场内市场数据交易（含备案交易）规模预计超300亿元。③

第五，数字技术引领未来产业谋篇布局。2023年，中国一二三产业数字经济渗透率分别为10.78%、25.03%和45.63%，第二产业数字经济渗透率增幅首次超过第三产业，④为打造具有国际竞争力的数字产业集群和建设世界级数字经济产业集群奠定了基础。中国在人工智能、能源安全、量子信息、脑科学、空天科技、空天深海等前沿领域的原始创新成果不断涌现，在关键领域与发达国家的差距持续缩小，拥有门类齐全的工业体系和超大的市场规模，为发展类脑智能、量子信息、基因技术、具身智能等未来产业提供了良好的土壤和空间。

① 中国信息通信研究院：《中国数字经济发展研究报告（2024年）》，2024年8月。

② 中商产业研究院：《2025年中国数据要素行业市场前景预测研究报告》，https://baijiahao. baidu. com/s? id=1821474926829557817&wfr=spider&for=pc。

③ 《2024年全国数据市场交易规模预计超1600亿元》，中国政府网，https://www. gov. cn/lianbo/bumen/202501/content_6997834. htm。

④ 苏晓：《数字经济成为发展新质生产力重要支撑 2023年我国数字经济占GDP比重达到42.8%》，《人民邮电报》，https://www. cnii. com. cn/rmydb/202408/t20240830_597714. html。

二 天津数字经济发展现状

(一)数字经济政策体系日益完善

一是顶层设计明确发展方向。随着国家层面政策环境持续优化,天津深刻把握信息革命的"时"与"势",积极应对全球数字化转型大潮,将焦点精准地投射在数字化发展以及提升数字经济核心竞争力上,出台了一系列具有前瞻性和实操性的地方性法规和规范性文件,逐步推进基础性制度建设,推动数据资源开放共享,加速数字技术与实体经济深度融合,为数字经济发展营造良好的政策环境。

二是细化方案指明行动路径。近年来,围绕大数据技术、数据安全和交易、数据要素价值等方向,天津发布了相关行动方案和管理暂行办法,为数字经济发展提供政策保障,比如聚焦大数据技术的创新应用,发布行动方案,旨在通过深化大数据在各行业领域的应用、培育大数据产业生态、促进大数据与实体经济深度融合;聚焦数据安全与交易规则,出台相关管理办法,为数据安全使用与合规交易提供政策保障;聚焦数据要素作用更好发挥,促进数据要素的高效配置和合理利用,出台相关管理办法,旨在推进公共数据价值释放渠道进一步拓宽。

(二)数据要素市场化能力逐步提高

一是数据交易规模持续增长。2023年5月成立的北方大数据交易中心,通过推出知识数据交易新模式,利用人工智能等技术将原始数据转化为高价值、低风险的知识产品,助力实体经济数字化转型。自成立以来,北方大数据交易中心挂牌数据产品千余个,为加快数据的高效流通和利用提供了有力支撑。

二是公共数据授权运营成效显著。开展全市公共数据授权运营试点,提出"场景牵引、试点先行、市区联动、权责清晰"的公共数据授权运营思路,通过完善公共数据开发利用制度机制,强化公共数据汇聚、安全保障,增强公共数据授权运营的可行性。河西区作为公共数据授权运营试点区域，成功交易了首个公共数据产品，为开发更多公共数据产品奠定了坚实基础。北方大数据交易中心河东区分中心的成立则标志着海洋环境数据专区的正式上线，进一步加深、加快了公共数据资源的开发与交易进程。

三是数据资产化价值化步伐不断加快。为促进数据要素价值全面释放，推动人工智能产业发展，加强算力、算法、数据一体化应用，天津市数据局于2024年6月和11月，分别发布了80个和100个行业高质量数据集。河北区积极推动数据要素市场化配置改革，实施数据资源确认计量和交易入表，河北区供热公司成为天津市首个数据资产入表企业，并与其他机构合作建立了数据要素创新中心。

（三）数据基础设施建设持续夯实

一是算力资源布局持续优化。通用计算、智能计算、超级计算等多元算力资源协同发展的格局初步形成。2024年底，全市智能算力规模已达到1万P（PetaFLOPS），同比增长20倍以上，在总算力中占比提升到54%以上；超级算力依托"天河一号"及"天河三号"超级计算系统，有力支撑服务国家重大项目和科技研发；中国电信京津冀智能算力中心、中国联通京津冀数字科技产业园等重点项目加快建设运营，中国移动京津冀（天津）西青数据中心等升级建设智能算力中心，国资央企"AI＋"行动示范基地揭牌成立。

二是算力统筹调度效能初步发挥。深度融入全国一体化算力网京津冀国家枢纽节点建设，建成北方首个"通智超"一体的省级算力交易中心，已统筹接入中国电信、中国移动、中国联通、天津超算中心等算力资源，能够提供5大类43项集算力、数据、模型于一体化的服务，为算力资源的优化配置提供有力支撑。算力供需对接平台和行业活动持续丰富，成立天津市算力产业发展联盟，定期组织算力产业沙龙、供需对接会等活动，为构建"算力、数据、模型、网络、安全"五位一体的产业生态提供支撑。

三是网络基础设施建设有序推进。网络服务的普及性和穿透力显著提升。滨海新区构建"千兆城市"的核心基础设施，实现了城区、郊区乃至偏远乡村的网络全面覆盖与深度优化。依托中国联通京津冀数字科技产业园,天津联通发布"万兆网络智算赋能"数字新基建行动计划、"网络向新技术向新服务向新"双万兆行动计划、"万兆领航智通未来"AI赋能行业数智转型行动计划三大行动计划,助力"万兆互联"智慧天津建设。截至2025年3月,天津联通建成5G-A基站超2500个,下行峰值速率超5Gbps,上行速率达到千兆水平,物联网连接规模从百亿级跃升至千亿级,为智慧城市、工业互联网等领域提供有力支撑。

(四)数字技术创新步伐坚实有力

一是人工智能与云计算技术"强强联合"。在人工智能领域,天津取得了令人瞩目的成就。重载自动导引货运车、虎鲸工业级无人机等一批具有自主知识产权的核心技术和产品相继涌现,有效提升天津在人工智能领域的竞争力,为各行各业的智能化升级提供了有力支撑。与此同时,云计算技术应用也日益广泛,特别是在支撑探月探火工程、"两机"专项等国家重大技术装备、工程创新及新材料重大专项等方面发挥了不可替代的作用。

二是数据安全与区块链技术营造"可信空间"。天津区块链技术创新中心发布的具有完全自主知识产权的区块链系统"海河智链",展现了天津在区块链技术创新方面的实力,为数据安全可信提供了新的解决方案。"海河智链"的强大算力和可扩展性,实现了多业务场景的数据安全可信赋能,为各行业区块链技术赋能数据安全提供有益参考。

(五)产业新旧动能转换能力实现跃升

一是传统产业数字化转型成效显著。数字技术助力制造业结构优化升级,2024年,天津规模以上工业增加值同比增长4.6%,其中,高技术制造业增加值同比增长8.9%。依托数字化转型服务平台,天津数字技术应用融合持续深化,数字产品和数字服务不断提升,打造了一批优秀的智能制造和工业互联网解决方案服务商,为国内领先的智能制造解决方案提供策源地和生产地。此外,天津在传统产业的数字化转型与智能化升级中不断挖掘新场景、培育新业态,在绿色园区、绿色工厂、绿色供应链以及结构降碳、技术减碳、管理低碳及智慧港口、港口新业态、港产城融合等方面均开展了有益的路径探索。

二是新兴产业发展初具规模。2024 年,天津数字经济核心产业增加值为 1581.94 亿元,实现营业收入 6361.25 亿元,同比增长 8.1%。人工智能大模型创新涌现,"360 智脑""天河天元""海河谛听""天津港 PortGPT""菲凡工业"等 10 余个垂类大模型在工业制造、智慧医疗、智慧港口等行业落地应用。获批建设国家级车联网先导区、国家人工智能创新应用先导区,成为国内首个拥有双先导区的城市,为车联网产业和人工智能产业深度发展提供有利条件。信创产业蓬勃发展,2024 年 1—10 月,天津市信创产业链规模达到 1109.33 亿元,①"PKGS"信创品牌进一步提升了天津在信创领域的知名度和影响力,外设终端子链的显著增长更是为信创产业的多元化发展注入新的活力。

三 天津数字经济发展机遇与趋势研判

(一)发展机遇

一是党中央赋予天津促进数字经济与实体经济深度融合的重要使命。2024 年初,习近平总书记视察天津时明确提出,要在发展新质生产力上善作善成,推动数字经济与实体经济深度融合,加速制造业向高端化、智能化、绿色化转型。这一重要指示为天津数字经济的发展指明了目标和方向,为天津赋予了新的功能定位和发展使命。

二是京津冀协同发展战略赋能天津数字经济协同创新实践。天津携手京冀,共同构筑"北京研发、天津制造"的协同创新范式,成功孕育出滨海—中关村科技园、宝坻京津中关村科技城等高端创新载体。天开高教科创园更是作为北京科技创新成果转移转化的关键节点,展现出显著成效。在京津冀协同

---

① 《渤海之滨崛起信创高地》,《经济参考报》,www. tj. news. cn/20250108184a473032060466195f 04650d27b76bf/c. html。

构建的"六链五群"产业生态中,天津担当起网络安全和工业互联网、高端仪器设备和工业母机等核心产业链的建设重任,在跨地域信息资源共享机制上取得关键性进展,实现市场监管领域信用信息的互通共用,有效促进了京津冀区域信用监管协同效能的提升。

三是国家政策导向强化天津数字经济发展的政策支撑。国务院办公厅针对天津滨海新区高质量发展出台专项政策措施,明确将建设重大科技创新平台和培育战略性新兴产业作为核心任务。国务院正式批复《中新天津生态城建设国家绿色发展示范区实施方案(2024—2035年)》,为生态城的绿色转型提供全面指导。中国人民银行等四部门联合天津市政府发布了《关于金融支持天津高质量发展的意见》,旨在通过金融与数字技术的深度融合,为天津金融业的转型升级注入强劲动力。

四是天津在数字经济国家试点示范中占据显著优势。天津在数字经济领域取得了多项国家试点示范的突破性成就,开展国家数字经济创新发展试验区建设,获批国家新一代人工智能创新发展试验区,入选中小企业数字化转型试点、制造业新型技术改造城市试点等多个国家级项目。同时,天津还承担了全国一体化算力网监测调度试点以及数联网技术路线的数据流通利用基础设施建设试点等重要任务。

五是天津构建起完善的数字经济人才培育与供给体系。依托丰富的科教资源,天津建立了包括16个数字领域重点实验室和56所普通高校的人才培养矩阵,每年可向市场输送约20万名高素质毕业生。南开大学、天津大学等高等学府在网络安全、人工智能等领域构建起完善的学科体系。作为全国唯一的国家现代职业教育改革创新示范区和首批国家产教融合型试点城市,天津积极组建产教联合体,深入实施"海河英才"行动计划升级版,通过加强高技能人才与专业技术人才的职业通道衔接,构建起适应数字经济发展的高素质人才供给体系。

(二)趋势研判

第一,数据要素价值将加速释放。一是数据整合机制将持续健全,各部门、各领域间的数据壁垒大幅降低,数据的采集、处理、分析和应用过程效率进一步提升,催生更多规模化、高质量的数据集。二是数据标准化程度不断提高,数据要素价值深入挖掘,数据格式、定义、分类等标准加快统一,数据兼容性和可比性持续增强,数据处理与应用的复杂程度有效降低,数据要素价值得到有效释放。三是数据交易机制持续完善,数据资产价值充分发挥,数据交易规则、透明的定价机制以及有效的监管体系持续健全,活跃、有序的交易环境逐步形成,数据供需双方实现高效对接,数据资产的流通与变现能力得到增强。

第二,数据基础设施建设将持续推进。一是数据基础设施前瞻性布局加强,可信数据空间等在全国范围内加快建设与运营,进一步建立起政府、企业和社会各界共同参与可信数据空间建设的合作机制与共识规则,确保数据流通效率和安全保障。数据市场与数联网的构建将持续推进,鼓励先进的网络技术和数据处理能力等技术的研发与应用,不断满足数据安全高效流通的实际需求。二是新型基础设施建设进展加速,多元化算力基础设施体系将更加完善,提升制造业数字化转型资源利用效率,不断搭建工业互联网平台,工业数字化转型能力持续提升。三是绿色监管力度得到强化,监管范畴扩充绿色技术与设备应用领域,不断助推数据基础设施的绿色可持续发展。

第三,新业态新场景新模式加速涌现。一是数字技术、绿色技术改造提升传统产业的路径有效形成,系统性和针对性培育模式加速探索,培育壮大新兴产业及未来产业的前瞻性政策支持力度持续加强。二是数字经济与实体经济"双向奔赴"的程度持续加深。数字技术向实体经济融合渗透的速度不断提升,数字经济与其他产业深度融合的能力进一步增强,基于人工智能关键算法、量子计算、神经芯片、DNA 存储等技术的未来产业,以及信息科学与生命科学的交叉创新产业、支持数字技术开源社区等创新联合体的应用服务产业将加速发展。三是数字产业化加快推进。以 DeepSeek 为代表的人工智能技术广泛应用,催生多模态复杂场景,定制化开发能力和应用领域需求将进一步增加,人机协作模式将更加深化。人工智能、大数据、区块链、云计算、网络安全等新兴数字产业不断培育壮大,新型数字消费业态和面向未来的沉浸式智能服务业态进一步完善。

第四,数字经济创新发展环境进一步优化。一是数字经济人才的创新活力充分激发。创新激励机制和容错机制持续完善,将推动探索新技术的积极性不断提高,并促进传统产业创新意识不断增强。二是政策监管环境加速优化。促进共享经济、平台经济健康发展的政策体系不断健全,有利于释放商业数据价值潜能的监管方式得到优化,数据安全防护、备份恢复和应急响应机制有效完善。

四 天津数字经济高质量发展的对策建议

第一,超前布局数据基础设施,释放数字经济发展新活力。一是加强前瞻性规划,推动数联网建设和应用,强化可信数据空间布局。结合国家数字经济发展部署,明确发展路径,完善执行机制和标准体系,促进数据要素流通和合作,提升全球竞争力。加强区域协同发展,优化网络设施布局,打造数据要素流通的“高速公路”,推动数据基础设施与各行业深度融合,鼓励企业开放大数据资源,提升数据跨境流通能力。二是推进新型基础设施建设。加快部署算力基础设施,完善算力基础设施体系,打造国家超算天津中心“超智存”算力融合平台;建立分层调度机制,优化算力调度算法,提高制造业数字化转型资源利用率;引入一体化的算力监测、分析、调度和管理平台,为数字化转型提供统一的算力管理和调度平台。优化工业互联网网络、平台、安全、标识、数据体系布局,不断推动工业互联网平台搭建,打造数字化转型服务平台。三是加强绿色监管,推广绿色技术与设备应用。推进数据基础设施绿色可持续发展,鼓励使用高效节能设备,探索绿色清洁能源节能措施。制定全生命周期的绿色评估标准和认证体系,确保数据中心遵循节能减排原则。四是构建安全保障体系,增强数据安全防护能力。落实数据安全管理办法,强化分类分级管理,加强物理与网络安全防护,完善数据安全防护、备份恢复和应急响应机制。

第二,持续提升数字技术创新能力,拓展数字经济发展新空间。一是聚焦重点领域布局创新。重点发展信创、工业机器人、智能制造、车联网、高端工业母机、算力等领域数字技术创新,促进海光芯片、飞腾算力芯片、麒麟人工智能操作系统等技术迭代升级。二是推进数字经济创新平台建设。根据制造业多样化个性化需求,加快核心技术攻关和成果推广应用,分行业分领域挖掘典型场景,做好设备联网、协议互认、标准制定、平台建设等工作,鼓励大模型 AI 算力平台发展,推进智能交通、智慧物流、智慧能源、智慧医疗等领域技术研发,培育众包设计、新零售等新技术应用增长点。三是鼓励基础领域的研发突破。加大对基础理论、基础算法领域"从 0 到 1"的支持力度,提升生命科学、开源大语言大模型等方面的原始创新能力。

第三,积极培育新业态新模式,探索现代化产业体系建设新路径。一是有序推进制造业数字化转型。出台和部署制造业数字化转型相关政策法规和行业规范,鼓励支持龙头企业参与制定制造业数字化转型标准和行业规范,不断形成高质量制造业数字化转型标准。二是提升新兴产业和未来产业发展势能。促进传统产业提质升级,推动产品高端化、生产智能化、产业绿色化。培育壮大新兴产业,提升信创产业能级,推动智能科技、生物医药、新能源、新材料、航空航天等新兴产业快速发展。前瞻布局未来产业,在人工智能、脑机接口等方面重点发力,构筑未来发展新优势。三是加快推进中小企业数字化转型。积极探索中小企业数字化转型方法路径,为企业提供"小快轻准"数字化产品和解决方案;降低中小企业软硬件投入资金成本和数字化转型门槛,推进中小企业实现数字化转型。

第四,充分释放数据要素价值,培育数字经济发展新动能。一是建立可持续的运营规划体系。从管理、运营、安全等层面形成合力,建立覆盖数据资源获取、加工使用和产品运营三个关键环节的运营规划体系,以行业数据产品为核心,推动高价值数据产品孵化。二是提升数据资源获取能力。引入虚拟化数据架构,依托北方大数据交易中心打造的"中央共享厨房",以低成本实现数据产品化。三是营造安全运营环境。构筑可信数据空间,构建介质灵活的数据胶囊系统架构,通过数据的加密和策略封装,形成可见但不可随意打开的数据胶囊,作为数据流通的基本单元。

第五,不断健全协同发展机制,形成数字经济领域示范新效应。一是推动京津冀开展数字经济协同创新先行先试。深化"北京研发、天津制造"协同创新模式,将滨海—中关村科技园、宝坻京津中关村科技城、天开高教科创园等建设成为数字创新成果转化地。二是聚焦优势产业链开展协作。在推进"六链五群"建设中,着力挖掘高端工业母机、网络安全和工业互联网 2 条产业链中数字化领域的供应链价值链,延长创新链和人才链,为京津冀数字经济协作发展开拓新空间。三是优化跨区域协同监管机制。在跨区域信息资源共享方面重点突破,在实现市场监管领域三大类 26 子类的信用信息共享基础上,进一步发挥数据开放对市场监管工作的支撑作用,加快建立市场监管数据中心框架,强化数据资源归集、数据推送、经营主体信息资源共享、风险预判支撑等,有效推进京津冀区域市场一体化发展。

第六,着力优化发展环境,提供数字经济发展新支撑。一是构建支持高端应用发展和新业态新模式探索的良好环境。深度研究大数据背景下的新产业新业态特征,形成鼓励数字经济新场景应用的包容性环境。二是营造有利于高素质数字人才发展的环境。推动教育科技人才一体化发展,构建多元培养机制,联合高校、企业共育人才。推进新工科建设,推动高校专业设置与数字经济需求相互适配,完善职业院校与数字经济产业园区发展需求适配机制,促进人才培养与产业需求有效对接。优化数字科技人才生活配套服务,健全数字人才入职、入住、入户、入学等保障机制,推动"海河英才"行动计划提质升级,营造尊重人才氛围,助力数字经济人才扎根发展。三是优化支持数字经济发展的法律法规环境。完善政策体系,强化数据安全意识教育,推广数据安全文化,结合天津实际情况组织专业力量制定适合本地的数据安全管理标准和指南,为数据安全保障工作提供清晰明确的规范依据。

参考文献:

[1] 中国信息通信研究院:《全球数字经济白皮书(2023 年)》,2024 年 1 月。

[2] 中国信息通信研究院:《中国数字经济发展研究报告(2024 年)》,2024 年 8 月。

[3] 中国信息通信研究院:《全球数字经济发展研究报告(2024 年)》,2025 年 1 月。

数据要素与基础设施篇

天津数据要素市场建设
进展与成效

刘玉斌　天津财经大学商学院教授

王梦瑶　天津财经大学商学院博士研究生

郭树龙　天津财经大学商学院副教授①

摘　要： 天津在全国数据要素市场中具有重要地位,特别是在数据要素产业聚集、数据交易机构建设、数据要素市场化配置改革、数据基础设施建设以及京津冀一体化发展等方面都发挥着关键作用。天津凭借其优越的政策环境、丰富的数据资源以及活跃的交易平台,在数据要素市场建设方面取得了显著的成就。作为核心平台的北方大数据交易中心,通过创新交易模式,有效促进了产业数字化的升级,实现了交易额的持续增长。然而,天津数据要素市场在发展过程中也面临了诸多挑战,包括数据交易机制尚不完善、交易场所的定位与协同困境和数据入场动力不足等问题。为应对这些挑战,本文提出了完善数据交易规则、加强数据安全保障、优化数据要素

---

①　感谢天津财经大学商学院硕士研究生陈博、冯晓敏、赵晨煜、王贝妮和商文慧做了大量的数据和资料整理工作。

市场环境、深化区域协同与开放创新以及打造天津市特色数据交易产品的政策建议。总体来看,天津数据要素市场的建设正在稳步推进,未来发展潜力巨大。

关键词: 数据要素市场　数据交易平台　数据资源

一　引　言

随着新一轮科技革命和产业变革的推进,数字经济已成为当前全球关注的焦点。数字经济通过新型业态,如跨境电子商务,为全球贸易注入了新的活力,推动了全球经济的互联互通和共同繁荣。2019 年,党的十九届四中全会首次将数据列为生产要素,标志着数据要素市场化配置改革的正式启动,数据要素逐步成为中国经济增长新动能。2020 年,《中共中央　国务院关于构建更加完善的要素市场化配置体制机制的意见》提出加快培育数据要素市场,推进政府数据开放共享,提升社会数据资源的价值。2022 年 12 月,《中共中央　国务院关于构建数据基础制度更好发挥数据要素作用的意见》发布,强调要充分利用我国庞大的数据规模和丰富的应用场景优势,建立合规高效、场内外结合的数据要素流通和交易制度,以激活数据要素的潜能。在《"十四五"数字经济发展规划》等发展规划中,也着重强调了培育规范的数据交易平台和市场主体,探索多种形式的数据交易模式。2023 年 12 月,《"数据要素×"三年行动计划(2024—2026 年)》出台,进一步明确了"数据产业年均增速超过 20%,场内交易与场外交易协调发展,数据交易规模倍增"的发展目标。2024 年以来,国家密集出台了一系列数据要素领域的重要政策,以推动数据资源的开发利用与安全治理。2024 年 2 月,财政部发布《关于加强行政事业单位数据资产管理的通知》,旨在切实加强行政事业单位数据资产管理,探索数据资产管理模式,以释放数据资产价值。得益于政策的大力支持,我国的数据要素市场正在迅速发展。2024 年 9 月,国务院办公厅发布《关于加快公共数据资源开发利用的意见》提出,到 2030 年要建成全面的公共数据资源开发利用体系,让公共数据在经济、治理等多方面充分发挥要素作用。2024 年 12 月,国家数据局联合中央网信办、工业和信息化部、公安部、国务院国资委印发《关于促进企业数据资源开发利用的意见》,围绕深化数据要素市场化配置改革,激发企业创新活力,健全数据权益保护机制,分类推进企业数据开发,助力产业数字化转型和治理效能提升。2025 年 1 月,国家发展改革委等部门印发《关于完善数据流通安全治理 更好促进数据要素市场化价值化的实施方案》强调统筹数据发展与安全,构建规则明晰、产业繁荣、多方协同的数据流通安全治理体系,到 2027 年底基本形成数据合规高效流通机制,防范数据滥用风险,维护国家安全和个人、企业权益。这些政策相互配合,为培育数据要素市场发展提供了有力支撑。

为深入贯彻和落实国家关于数据要素市场建设的一系列政策要求,天津密集出台了一系列数据要素市场化改革的政策措施,力求通过完善数据要素市场发展机制,促进数据共享和流通,提高数据的利用效率和价值。数据要素市场作为数据流通的平台,对于推动数据流动、提高资源配置效率以及实现数据价值的最大化发挥着至关重要的作用。加速推进并完善这一市场建设的紧迫性日益凸显,它不仅能够促进数据在天津各行业中的高效流通,消除信息孤岛现象,而且还能激发创新活力,促进经济的发展。

二 天津数据要素市场的建设现状及显著成就

在国家政策支持下,天津持续加强数字基础设施建设,布局高速宽带网络和云计算中心,以支持数据高效传输和处理。同时,增加对大数据和人工智能技术的研发投入,为市场发展打下基础。企业和政府机构开始探索利用数据提升效率和服务质量,参与制定数据交易法规和标准,确保交易合法性与安全性。此外,天津加快"数字天津"建设步伐,建立了数据交易平台,采用区块链和隐私计算技术,构建可信数据流通环境,实现安全交易模式,并在多个区域部署智能网联业务,形成"数矿集群",服务本地企业并支持跨区域数据合作。近年来,天津市大力促进数字经济与实体经济深度融合,发展以产业互联网为主导的平台经济,新兴产业活力不断释放。2023年,天津高技术服务业、战略性新兴服务业、科技服务业营业收入比2022年分别增长9.8%、14.3%和13.6%。[①] 2024年,新质生产力发展势头向好,规模以上高技术制造业增加值增长8.9%,工业机器人、服务机器人产量分别增长13.0%、32.7%,高技术产业投资增长12.1%,快于全市投资9.0个百分点,现代服务业发展势头良好,其中信息传输软件和信息技术服务业、租赁和商务服务业、科学研究和技术服务业等现代服务业增加值分别增长11.4%、17.4%、5.4%。[②]

（一）数据管理机构的成立

天津市数据局于2024年1月19日正式成立,标志着天津市在数据管理职责整合优化、数据基础制度建设、数据资源整合共享及开发利用方面迈出了重要一步。该局致力于推进数字经济、数字社会和数字政府的规划与建设,承担着全市数据管理和信息化建设的统筹职责。具体包括以下几个方面:一是负责统筹全市数据管理和信息化建设,制定并实施数据领域的相关法规、技术规范和标准,推动数字天津等领域的规划与建设。二是聚焦数据要素的产权、流通、分配、治理等关键环节,推进基础制度建设,统筹数字基础设施布局规划。致力于整合共享全市政务数据资源,实现跨行业、跨部门的信息互联互通,促进数据资源在政用、商用、民用等领域的深度应用。三是推动数字经济发展,加速数字产业化和产业数字化进程,加强信息化建设,促进跨部门、跨行业、跨领域的信息化应用。四是承担数据管理和信息化建设领域的对外交流合作任务,以及相关人才队伍的建设,以全面提升全市数字化发展水平。

自成立以来,天津市数据局在多个领域取得了显著成效,推动了数据要素的价值释放和创新应用。首先,在政务数据资源的整合与开发利用方面,截至2024年初,天津市已归集高质量政务数据,并在370多个应用场景中得到有效应用,为政务服务、社会治理、城市管理等领域提供了强有力的数据支撑。其

① 《2023年天津市国民经济和社会发展统计公报》,天津市统计局,2024年3月18日。
② 《2024年我市经济运行稳中向好》,天津市统计局,2025年1月17日。

次,在数字基础设施建设方面,天津市数据局统筹推进5G、IPv6、数据中心、算力中心、物联网等新型基础设施建设,5G覆盖率、光纤覆盖率全国领先,信息通信服务能力全国领跑。"东数西算"工程步伐加快,实施全国一体化大数据中心协同创新体系示范工程,中国电信京津冀智能算力中心已投产近3万机架,天津人工智能计算中心算力扩容至200P,为人工智能及相关数字产业的发展提供了坚实支撑。① 最后,在数字应用方面,天津市大力推动数字政府、数字社会建设,打造了多个标志性平台。其中,"津心办"作为市级政务服务综合平台,目前已提供1080余项政务办事事项及470余项便民服务事项,实现了"一网通办",大幅提升了市民办事的便利度。② 此外,在社会治理领域,天津市依托"津治通"平台,实现了全市各级站区和全科网格的全面贯通,为社会治理现代化提供了技术支撑,形成了全市"一网统管"的治理模式。

(二)数据交易平台的建立

北方大数据交易中心于2023年5月正式揭牌成立,推出知识数据交易新模式,将原始数据交易转化为高价值、低风险的知识产品交易,助力实体经济产业数字化转型、智能化升级。这一模式应用人工智能、知识图谱等技术,对实体企业经营活动、物料产品、产业投资、技术研发、空间布局等数据进行分析、挖掘、展示,形成智能化、标准化的数据模型产品。从功能上看,一是进行数据交易,将来自不同主体的数据资源进行有效整合,为供需双方搭建平台,促成数据流通;二是提供强大的算力服务,适用多种应用场景;三是提供咨询服务,包括数据资产入表、规划评估,以及为数据应用创新提供解决方案等咨询服务;四是积极打造数据商生态,实现合作共赢。从特点上看,北方大数据交易中心借助区块链、隐私计算等技术打造可信可控的数据流通环境,具备提供安全保障,创新数据交易模式,汇聚海量数据商,提供全链条服务等功能。

---

① 《天津市数据局挂牌成立》,天津市数据发展中心,https://tjdsj.tjcac.gov.cn/XXFB0/GZDT137445/202401/t20240124_6519322.html。

② 同上。

自北方大数据交易中心投运以来,交易额持续扩大。2023年数据交易额超2亿元,累计挂牌数据产品1000余个,吸引数据商企业300多家。[①] 2024年上半年,数字贸易规模达到69亿美元,同比增长10.3%。[②] 截至2024年10月,中心成功上架了超过1500个数据产品,并且累计实现了超过5亿元的数据交易额。[③] 截至2024年7月,北方大数据交易中心携手北京国际大数据交易所、深圳数据交易所、浙江大数据交易中心等八家数据交易机构,共同"上架"了首批互认互通的数据产品。这些产品覆盖了交通、能源、通信等多个关键领域,显著扩展了数据产品的种类和交易的可能性。

(三)数据资产化的探索与实践

天津市加快数字经济高质量发展,实施数据要素市场化配置改革,促进数据资源确认计量和交易入表。2024年1月1日,天津市河北区供热公司获得天津市首张《数据资产登记证书》,成为首个数据资产入表企业。同时,河北区供热公司与北方大数据交易中心及上海爱数集团合作建立"天津数据要素创新中心",优化国资负债率,确保数据安全,吸引数据要素聚集。同年3月,天津临港投资控股有限公司将"通信管线运营数据"与"港口智脑数字人"两项数据资产质押,成功获得1500万元银行授信。[④] 作为天津市国资委的"准双百企业",临港控股在数据资产价值实现的道路上率先进行探索,成为天津市首家完成数据产品登记、评估、融资的国有企业。通过这些先行先试的经验积累,临港控股在天津市探索数据要素作用、加速形成新质生产力的进程中迈出了坚实的步伐,并发挥了示范性作用。

同时,天津临港投资控股有限公司通过质押"通信管线运营数据"和"智脑数字人"两项数据资产的知识产权证书,成功获批天津银行和中国农业银行的贷款,成为天津市首个数据资产质押融资案例,有效盘活了企业数据资产。

---

① 《点"数"成金 大有可为》,《天津日报》2024年6月6日。
② 《数字贸易平台"链"出企业新动能》,《天津日报》2024年10月31日。
③ 《中新天津生态城绿色低碳产业发展迈上新台阶》,新华社,2024年10月31日。
④ 《聚焦|天津首次实现用数据资产为企业"变现"》,《天津日报》2024年2月29日。

此外,泰达智慧城市科技有限公司的《天津市经开区2020倾斜摄影模型》在北方大数据交易中心完成登记,成为天津首单智慧城市类数据资产,为城市管理提供了统一的空间分析框架。①

(四)公共数据应用场景的拓展

随着天津数据市场的发展,智能交通、网联汽车、金融信用、非遗文旅、医疗、养老等领域的数据应用日益丰富。天津市开发了交通数据分析服务系统,②实时监测交通状况,提升交运监管能力,提高城市治理效能。智能网联汽车渗透率稳步提升,通过信息交互技术提升行车安全和交通效率,以及自动驾驶系统搭载的车辆已在园区多个场景中得到示范应用,如河北区建设了车路云一体化系统,推进自动驾驶测试,构建了自动驾驶应用场景。同时,天津市上线了信用信息管理系统,金融机构利用信用评估和数据资源进行贷款审批和风险判断,支持中小微企业贷款,促进消费升级。文旅产业通过数字化技术保护和传播非物质文化遗产,推广数字化产品,提升文化旅游服务体验。天津市建立电子病历系统,推进医疗机构信息化,实现患者信息数字化和共享,提升医疗诊断效率,推广远程医疗,优化资源配置,激发市场活力,天津市建设医疗影像云平台,实现医疗影像数据共享。优化智慧养老平台,推进养老服务数据与公共数据融合,提供精准服务,加强数据安全和隐私保护。

截至2024年底,天津轨道交通集团以地铁蓄电池运维数据作价入股,联合衡阳瑞达、天津同阳成立天津津达电源科技公司,落地天津市首例企业数据资产作价入股项目。这是天津市推进全国一体化数据市场建设,盘活企业数据资源,赋能实体产业发展的创新实践。项目中,天津轨道交通集团完成了包括"可研分析、数据确权、产品开发、资产入表、评价评估、入股经营"六步数据资产作价入股路径,打通了"产学研用"的产业链路,为数据驱动制造业升级提

① 《企业数据资源入表|天津首单!智慧城市类数据集登记完成》,津云客户端,2024年2月19日。
② 《天津市综合交通数据分析服务系统在第四届世界智能大会正式上线》,天津市交通运输委员会办公室,2020年6月28日。

022

供实践范例。① 同时,天津轨道交通构建智能服务体系,其中客流监测系统通过实时数据分析精准预测运力需求并优化调度,智能票务系统实时监控全线设备及支付状态,异常秒级响应。"天津地铁 App"与线下智能终端线上线下协同,引入 AI 人脸识别技术实现刷脸过闸,打造智慧出行生态。② 天津轨道交通运营集团目前已成功部署 DeepSeek 大模型,并完成客运服务、应急管理、IT运维、网络安全等多场景应用验证,构建起"感知—认知—决策"智能链条。③

(五)数据产业生态的建设

天津的数字经济核心产业高度集中,形成了九大优势产业,且产业链条完整。滨海新区成为众多数据企业聚集的首选地,超过七成的新兴产业领军企业在此落户。其中,天津经济技术开发区以天河数字经济产业园为核心,精心规划空间布局。河西区则依托京东云等平台企业,成功吸引近 200 家相关上下游企业,共同构筑数字产业集群。

天津市的数据产业生态和基础设施建设已较为完备,例如天津市大模型应用生态基地、算力产业发展联盟和国家超级计算天津中心,覆盖了数据处理的多个关键环节。产业链的上下游企业紧密协作,有效促进了数据技术与其他产业的深度融合。在制造业、医疗、金融等多个领域,数据应用的推广正不断推动产业创新的步伐。同时,数据产业生态体系不断优化,政府积极出台相关政策、建设基础设施,例如《天津市算力产业发展实施方案》等。企业与高校、科研机构的紧密合作,共同推动产业向高端化、智能化方向发展。数据产业与传统产业的深度融合,催生了"数据要素 +"的创新发展模式,有效促进了产业升级和转型。

---

① 《数实融合新探索——天津市首例企业数据资产作价入股项目落地》,天津市数据发展中心,https://tjdsj.tjcac.gov.cn/tjsg/ssjj/202501/t20250102_6822411.html。

② 《天津轨道交通集团:天津地铁变"聪明"城市出行更便捷》,天津国资强国号、天津轨道交通集团有限公司,2024 年 6 月 18 日。

③ 《天津地铁部署 DeepSeek 大模型》,中国新闻网,2025 年 2 月 22 日。

（六）数据安全保障的成效

天津市积极实施国家网络安全、数据安全和个人信息保护相关法律法规，并出台如《天津市数据安全管理办法（暂行）》《天津市公共数据授权运营试点管理暂行办法》等地方性法规，提供数据安全法律保障，构建数据安全制度标准体系，加强管理制度建设，建立数据安全信息备案、监督检查等制度，完善内部数据安全管理制度。

增强安全防护能力，综合运用各种技术手段，保障数据安全，如国网天津市电力公司提供数据应用全环节的一体化安全防护，[①]以及360数字安全集团与天津市滨海高新区共建中国信创谷·信创安全中心并通过"网络安全托管运营服务中心"，[②]为信创产业打造智能化、全方位的网络安全防护体系，进一步增强了天津数据安全防护能力，筑牢安全根基。

提升应急响应与处置能力，建立数据安全应急体系，进行安全监测，组织数据安全预警、通报、应急处置等工作，如建立天津港网络安全和计算机病毒防治应急响应中心，还有武清区强化应急演练，2024年共开展应急演练6场，创新演练模式，组织与宝坻区联合开展"宝武铸盾"——两区联动网络安全攻防应急演练、与北京市通州区、河北省廊坊市联合开展"协同铸盾"三地联合网络数据安全应急演练，有效提升应急保障能力。[③]

（七）数据治理的进步

天津经济技术开发区与人民数据管理公司合作，推进离岸数据中心和IDC大数据灾备中心发展，构建5G网络、数据中心等新型基础设施。天津市建立北方数据大讲堂等平台，为初创企业和科技项目提供资金、办公空间及市场对接服务，并推动政务数据透明化和可用性。

---

① 《关于2024年天津市网络安全应用场景优秀案例评审结果公示》，网信天津，2024年12月3日。
② 同上。
③ 《天津市政务数据分类分级试点经验交流（五）：武清区》，网信天津，2025年2月24日。

天津市出台《天津市促进大数据发展应用条例》,构建了天津市信息资源统一开放平台,实施了数据的分类分级管理策略。通过强化技术监管和提升数据防御能力,制定了数据标准和技术规范,以确保数据的一致性和互操作性,进而提高数据交换的质量。此外,《天津市公共数据质量的管理和评价指南(试行)》聚焦建立全面的数据质量管理体系,执行数据全生命周期管理,确保数据的准确性、完整性和时效性,从而提升了数据质量管理的水平,并确保了数据的可靠性。

三 天津数据要素市场建设的机遇与挑战

(一)天津数据要素市场面临的新机遇和新趋势

国家颁布了《关于构建数据基础制度更好发挥数据要素作用的意见》等政策文件,旨在引导数据市场的发展。天津积极贯彻国家政策,推出具体实施方案,强化京津冀地区的合作,以促进数据市场的建设。随着物联网、大数据、云计算、区块链以及5G网络等新技术的不断进步,天津的数据市场迎来了新的发展机遇。这些新一代信息技术推动了天津数据采集网络的构建和数据处理能力的增强,确保了数据的安全性和真实性。5G技术的迅猛发展,不仅提升了数据传输的速度和稳定性,也为数据市场的发展开辟了新的可能性。在金融和制造业领域,数据被广泛应用于风险评估、信贷决策和生产调度。天津的数字经济催生了数据即服务模式,有效降低了数据获取的门槛,为数据提供商开辟了新的盈利渠道。

在面临数据要素发展新机遇的背景下,天津数据要素市场的建设也呈现出新的趋势:第一,市场规模增长。天津市数字化转型加速,预计数据市场将持续扩大。制造业、金融和物流等行业对数字化需求强烈,推动数据交易和服务市场快速发展。第二,交易模式创新。天津市探索灵活高效的数据交易模式,如建立基于区块链的数据交易平台,提升交易安全性和透明度;同时,探索数据信托等新型商业模式。第三,数据应用场景扩展。天津市在工业互联网、智慧城市等传统领域外，还应在教育、农业等领域开发多样化数据应用场景。例如，智慧医疗通过大数据提升服务效率，智慧农业利用物联网和遥感技术优化生产。第四，区域合作与跨境交易。天津市加强与北京、河北的数据资源共享和合作，特别是在交通、环保、公共服务等领域。同时，探索"一带一路"共建国家和地区间的数据跨境交易，天津自贸试验区可尝试采用国际数据管理规则和技术标准，吸引人才和企业。

（二）天津数据要素市场所面临的挑战

首先，天津市虽已建立北方大数据交易中心等平台，但交易机制仍处于探索阶段。数据交易机制尚不完善，缺乏成熟的交易平台和定价标准，导致交易价格主观性较大，缺乏透明度和公正性。其次，交易场所的定位与协同机制存在模糊性。天津现有数据交易机构以政府主导的公共服务平台为主，与北京、上海等地市场化交易平台相比，功能定位偏重于政务数据与社会数据的融合。同时，京津冀区域尚未形成统一的交易物分类标准，跨省数据产品挂牌存在规则壁垒，制约区域协同效应释放。最后，公共数据与企业数据的入场动力不足，制约交易规模扩张。天津虽通过公共数据授权运营试点推动政务数据价值释放，但公共数据的标准化程度仍待提升，数据质量参差，导致可用性受限，企业调用后需额外投入清洗成本，降低入场积极性。此外，数据交易场内与场外交易的定位冲突亟待解决，呈现场内场外"冰火两重天"现象。

四　数据要素市场建设先进城市的经验借鉴

（一）北京市

北京国际大数据交易所（简称"北数所"）作为北京市数据要素市场的重要平台，截至2024年，已累计挂牌超过2000个数据产品，交易额突破100亿元。在数据确权与定价领域，北数所积极推动建立数据确权和定价机制，通过对数据要素进行解构，将其分为可见的"具体信息"和可用的"计算价值"，并对"计算价值"进行确权、存证、交易,探索了从数据、算法定价到收益分配的涵盖数据交易全生命周期的价格体系,形成了覆盖数据全产业链的数据确权框架,并发布了首批数据资产评估报告。

(二)上海市

上海市积极引入新技术,发布了全数字交易系统,实现了数据交易的全时挂牌和全域交易。同时,系统通过先进的区块链技术,实现了数据交易全程可溯。每一笔交易都有详细的记录,可以对交易的源头和过程进行追溯。此外,系统还具备智能管理功能,可以根据交易数据和市场情况,自动调整交易策略和价格,并采用了数控分离机制、大数据配套生态和第三方评估等手段,确保了数据交易的安全可控。上海市全数字交易系统的推出,推动了数据生态的构建和发展,形成了繁荣的数据交易市场。

(三)深圳市

深圳市通过《深圳经济特区数据条例》确立数据权益"三权分置",截至2024 年 11 月,深圳数据交易所已累计完成交易规模 141 亿元,其中跨境 2.47亿元,上市标的 2905 个,涉及 294 类应用场景。[1] 2023 年,全国首笔无质押数据资产增信贷款和首单跨境数据交易落地,首创数据产权登记体系并推动 500余数据产品跨区域流通。[2] 福田区"数字孪生"项目等创新实践激活数据价值,为全国数据要素市场建设提供制度创新与技术赋能的双重示范。

(四)贵阳市

作为国家大数据综合试验区的核心区域,贵阳市通过《贵阳市数据条例》等立法手段规范了数据流通。截至 2024 年,依托贵阳大数据交易所,累计交

---

[1] 《深圳数据交易指数 2024 年度报告》,深圳数据交易所,2024 年 12 月。
[2] 《深圳数据交易所揭牌仪式公告》,深圳市人民政府国有资产监督管理委员会,2022 年 11 月17 日。

易额达到 68 亿元,上线数据产品共计 1215 个。① 此外,2023 年 12 月,贵阳成功获批成为国家数据资产登记试点城市,培育了 327 家数据要素企业,并形成了具有特色的"法规 + 平台 + 场景"发展模式。贵阳大数据交易所通过技术创新、场景落地和政策突破,已成为中国数据要素市场的标杆。其"数据资源化—资产化—资本化"的全流程闭环实践,不仅推动区域经济发展,也为全国数据要素市场化改革提供了可复制的经验。

五 天津数据要素市场建设的政策建议

(一)完善数据交易规则,确保交易过程的透明度和公正性

制定统一的数据交易规则和标准。这些规则和标准应当明确数据使用权、收益权等权利归属,规范数据交易流程,构建供需激励机制,完善数据市场流通机制。通过这样的措施,为数据交易提供一个清晰、透明的法律框架,从而促进数据市场的健康发展。此外,可以借鉴上海的全数字交易系统,进一步引入人工智能、大数据等先进技术,提升数据交易的智能化和自动化水平。

(二)优化数据要素市场环境,促进数据资源的开发利用

鼓励企业和社会力量参与对数据资源的开发和应用。特别是对于那些具有重大社会经济效益的数据项目,应给予重点支持。可以借鉴杭州市"中国数谷"这一灵感,鼓励市场主体开发创造衍生数据,从而激发数据市场活力,促进数据要素市场快速发展。同时,明确北方大数据交易中心聚焦标准化数据产品交易,场外探索定制化数据服务。在京津冀工业互联网协同示范区框架下,推动三地数据交易规则互认。此外,简化数据相关企业的注册审批流程,降低市场准入门槛,以营造一个公平竞争的市场环境。

---

① 贵阳大数据交易所官网实时数据,截至 2024 年 11 月。

(三)打造天津市特色数据交易产品,构建全链条产业生态

天津市通过依托区位与产业优势,构建"数据治理—交易平台—金融创新"全链条生态:上游联合高校开发产业数据定价模型,引入头部企业提供数据清洗、脱敏等标准化工具,建立跨境数据分级认证体系;中游聚焦港口物流、高端制造等领域开发特色数据产品,整合外贸信用数据打造跨境服务包;下游试点数据资产证券化,创新数据质押融资与保险产品。通过组建生态联盟、设立产业基金、建设跨境流动示范区,培育特色交易产品,打造北方数据要素配置高地。

(四)深化区域协同与开放创新,提升京津冀数据要素配置效率

深化京津冀数据协同机制,推动建立区域数据共享平台并制定统一交换标准,通过数据确权激励投资与合理规制(如价格限制)促进资源整合。同时,依托自贸试验区政策优势,探索数据跨境流通新模式,吸引国际数据服务企业集聚,加强与国际组织合作参与全球数据治理规则制定,形成"区域协同 + 开放创新"双轮驱动格局,提升数据要素配置效率与国际竞争力。

(五)加强数据安全保障,推动数据安全教育和数据安全意识提升

增加对数据安全技术研发的投资。建立和完善数据安全管理体系是至关重要的,这包括加强对关键信息基础设施的保护,以防止数据泄露和滥用。加强数据交易流通领域法规性文件的出台,实现对数据上下游安全责任的有效切分。同时,应加强对数据安全法律法规的宣传和培训,提高全社会的数据安全意识,确保数据在存储、传输和处理过程中的安全性。

参考文献:

[1] 刘涛雄、张亚迪、戎珂,等:《数据要素成为中国经济增长新动能的机制探析》,《经

济研究》2024 年第 10 期。

　　［2］江小涓、黄颖轩：《数字时代的市场秩序、市场监管与平台治理》，《经济研究》2021年第 12 期。

　　［3］谢康、夏正豪、肖静华：《大数据成为现实生产要素的企业实现机制：产品创新视角》，《中国工业经济》2020 年第 5 期。

　　［4］郭凯明、王钰冰、杭静：《数据要素规模效应、产业结构转型与生产率提升》，《中国工业经济》2024 年第 8 期。

　　［5］龚强、班铭媛、刘冲：《数据交易之悖论与突破：不完全契约视角》，《经济研究》2022 年第 7 期。

　　［6］李三希、林心仪、兰森：《数据要素市场化：数据交易平台建设路径探析——基于北京国际大数据交易所的案例分析》，《江西社会科学》2024 年第 10 期。

　　［7］陈舟、郑强、吴智崧：《我国数据交易平台建设的现实困境与破解之道》，《改革》2022 年第 2 期。

　　［8］李三希、黄靖旻、马梦阳：《数据价值释放：现状、问题和建议》，《改革》2024 年第 8 期。

　　［9］陈晓红、肖粲然、曹文治，等：《我国统一数据要素大市场框架体系与建设路径研究》，《中国工程科学》2025 年第 1 期。

　　［10］王永进、谢芳、王文斌：《跨境数据流动政策的福利效应：制约因素与跨国协调》，《经济研究》2024 年第 9 期。

天津公共数据授权运营
实践与成效

陈　滢　天津社会科学院数字经济研究所副研究员
李光营　天津市数据局数据资源处处长

摘　要： 天津以公共数据授权运营为抓手，积极探索数据要素价值释放新路径，通过创新公共数据授权运营模式，完善公共数据开发利用机制，严格遴选授权运营机构，推动场景建设、挂牌交易，强化公共数据汇聚、安全保障等实践，公共数据授权运营取得显著成效。但目前天津公共数据授权运营工作还存在着缺乏数据运营总体规划，缺少高质量高价值数据，数据交易流通技术不完备，缺乏专业的运营团队等难点与挑战。为进一步完善天津公共数据授权运营，还需要建立可持续性运营规划体系，推动高价值数据产品孵化，提升数据资源获取能力，构筑可信数据空间及安全运营环境，加强专业人才培养及培训。

关键词： 公共数据授权运营　数据要素　数据交易

数据要素在多场景中的充分应用，既是启迪创新、赋能实体经济向高端化、智能化转型的关键驱动力，又是推动数字经济优化升级的新动能、促进经济高质量发展的新引擎。2020年，《中共中央 国务院关于构建更加完善的要素市场化配置体制机制的意见》首次将数据作为生产要素写入文件，此后，《中华人民共和国国民经济和社会发展第十四个五年规划和2035年远景目标纲要》《"十四五"数字经济发展规划》《中共中央 国务院关于加快建设全国统一大市场的意见》等政策文件，对加快培育数据要素市场作出一系列重要部署。

2022 年 12 月，《中共中央 国务院关于构建数据基础制度更好发挥数据要素作用的意见》（即"数据二十条"）出台，系统布局了数据基础制度体系的"四梁八柱"，明确提出"推进实施公共数据确权授权机制""推动用于公共治理、公益事业的公共数据有条件无偿使用，探索用于产业发展、行业发展的公共数据有条件有偿使用"，并提出鼓励试验探索、支持先行先试。

公共数据授权运营是指由政府将公共数据资源授权给企业或社会组织进行开发和利用，这种模式有助于打破数据孤岛，促进数据要素流通，激发数据潜在价值，为数据要素市场的健康发展奠定基础。2024 年 1 月，天津市政府办公厅印发《天津市公共数据授权运营试点管理暂行办法》，明确了天津市公共数据授权运营工作的实践路径。2024 年 9 月，中共中央办公厅、国务院办公厅印发《关于加快公共数据资源开发利用的意见》，这是中央层面首次对公共数据资源开发利用进行系统部署，并提出要"深化数据要素配置改革，扩大公共数据资源供给""加强资源管理，规范公共数据授权运营"。

一　天津公共数据授权运营的新举措新成绩

天津积极探索公共数据授权运营模式，拓展公共数据资源开发利用路径，打造了一批经济价值高、社会效益显著的典型应用场景，充分利用数据要素为传统产业赋能，为新兴产业助力，提高了数据要素对经济社会发展的贡献率和驱动力。

（一）创新"市级统筹、试点先行、市区联动"的公共数据授权运营模式

《中共中央 国务院关于构建数据基础制度更好发挥数据要素作用的意见》印发后，北京、浙江、济南、长沙、青岛、温州、贵州、广州等省市陆续出台公共数据授权运营政策。各地公共数据授权运营模式基本分为四种：一是单主体运营模式。以上海、重庆、贵州等为代表，由省（市）政府授权唯一市场主体开展公共数据运营，通过构建统一的数据开发利用环境，实现"数据"到"应用"的价值转化。二是多主体运营模式。以浙江、杭州、温州等为代表，由省

(市)政府公开遴选多个市场主体参与公共数据运营,通过特许授权方式实现公共数据市场化运营,从而实现从"数据"到"应用"的价值转化。三是主题牌照模式。以北京市为典型代表,按照不同主题(领域、区域、综合)设立授权运营牌照,运营方获得牌照后,可在运营过程中调配和整合该主题领域数据资源。四是产业链模式。以长沙市为典型代表,在"数据"到"应用"的链条上,拆解职能,充分引入竞争,培育以"数据加工主体"和"数据运营主体"为代表的"授权运营商"市场。

天津提出了"场景牵引、试点先行、市区联动、权责清晰"的公共数据授权运营思路,以选择具有可信背景的运营机构为蓝图,通过"区域试点 + 行业试点"的方式启动公共数据授权运营,从"授权运营程序及要求""数据管理和利用""安全管理""考核评估"等方面明确了运营试点建设的工作要求,设立市公共数据授权运营试点工作专班,由分管副市长任组长,天津市数据局、天津市财政局、天津市市场监督管理委员会、天津市国家保密局、天津市互联网信息办公室、天津市公安局、天津市国家安全局 7 家单位任成员,统筹推动本市公共数据授权运营试点工作,确保数据要素价值释放和安全保障相统一。公共数据授权运营试点工作专班选取了数据富集、数据质量好、经济社会价值高的优势行业和行政区作为试点,开展公共数据授权试运营。针对数据资源丰富但应用场景较少或没有意愿开展行业试点的市级部门,选择具备产业优势的区协同联动,在保证"原始数据不出域,数据可用不可见"的前提下,进一步推动市级数据赋能区级优势产业发展。

天津公共数据授权运营模式的创新性及灵活性受到行业领域高度认可,此模式的优势在于:第一,明确了由试点建设管理公共数据运营平台,运营机构作为使用方接受全流程监督管理。这与《关于加快公共数据开发利用的指导意见》中鼓励公共数据授权运营适度采取"管运分离"的要求相契合。第二,明确提出市区两级公共数据运营收益分别上缴本级财政的理念,从数据权属角度保障收益分配的合理性。第三,提出了"可信运营机构 + 多元合作生态"的模式,以特许经营权协议转让方式授权本市国资企业作为运营机构,既规避了目前公共数据有偿运营条件不成熟情况下的国有资源(资产)流失风险,又保障了市场参与公共数据授权运营的活力。

（二）完善公共数据开发利用制度机制

天津坚持实践探索与总结经验相统一,持续完善公共数据开发利用制度机制。由天津市数据局牵头,建立规章制度,组建了由 20 余位专家组成的公共数据授权运营专家库,探索研究授权运营应用场景类型判定、价值评估等政策。国家发展改革委价格成本和认证中心来津调研期间,对天津形成的基于"准许成本＋合理收益"的公共数据价值评估思路给予肯定。

天津市数据局印发《天津市公共数据资源登记管理实施细则（试行）》,旨在建立公共数据资源登记制度规范与工作机制,依规开展登记活动,摸清我市公共数据资源底数,规范公共数据资源授权运营,促进公共数据资源开发利用,加快公共数据要素价值释放。2025 年 3 月,天津市数据局在全市范围开展公共数据资源登记工作,为纳入授权运营范围的公共数据资源和产品发放"身份证",明确了数据资源和产品的持有和开发利用状态,同时依托国家公共数据资源登记平台,为数据需求方提供更加准确、全面的资源查询渠道,促进供需对接。

（三）审慎遴选运营机构

运营机构遴选包括发布信息、提交申请、初步审查、专家审查、组织审查、审核备案、签订协议、社会公开等多项流程,具体操作过程专业严谨。如天津市河北区人民政府先是通过政府网站、官方公众号以区工作专班办公室名义发布《天津市河北区关于征集第一批公共数据授权运营机构和应用场景的通知》,有 5 家申请主体在规定时间内向区工作专班办公室提交申请材料,同时征集应用场景 9 个。经过申请审核和场景审核,初步确认数据供给建议,并对申请材料进行形式审查。随后基于专家库,邀请 3 名专家围绕应用场景可行性、数据需求、数据运营能力、网络数据安全风险评估情况等维度进行评审,然后结合专家评审意见,针对首批确定的应用场景,按照"一场景一报告"原则形成授权运营可行性报告,并征求数据供给单位及区工作专班其他成员单位意见。如仅使用区级数据,需将《应用场景可行性报告》报市工作专班备案。经多层次遴选最终确定天津津北数字产业发展集团为运营机构,河北区政府按照"一场景一授权"原则与运营机构签订授权协议,授权运营期限3年,并于签订协议后,及时向社会公布。

(四)积极促进应用场景打造及挂牌交易

天津公共数据授权运营通过短期内围绕特定场景目标优先产出成果,增强公共数据授权运营的可行性,同时增强公共数据持有方及市场主体对本市数据要素市场建设的信心。2024年2月,天津市数据局组织开展了区级、行业公共数据授权运营试点申报工作。2024年5月,经初审、专家评审及工作专班审议,最终确定天津市交通运输委员会、天津市地方金融监督管理局、天津市工业和信息化局为市级公共数据授权运营行业试点建设单位;滨海新区人民政府、武清区人民政府(市农业农村委联合申报)、河北区人民政府、河西区人民政府为区级试点建设单位。各试点单位结合自身数据优势、产业优势,发挥市、区联动效应,在交通运输、金融服务、新能源汽车、农村普惠金融、智慧养老等领域持续深挖应用场景,有效发挥了数据要素对经济社会发展的放大、叠加、倍增效应。

天津市交通运输委员会测试开发的网约车标识模型应用场景主要用于金融产业发展和保险行业发展,采用有条件无偿方式的运营模式,依据车辆基础数据、驾驶员行为数据、气象环境数据等,对运营车辆、驾驶员和运营企业进行风险评估。模型覆盖网约车、长途客运、货运物流等多个关键领域,具有广泛的应用前景。

河北区人民政府依托资源优势,首批筛选了文旅和车联网两个典型场景。一是文旅数据"数字产品赋能线下权益"场景,通过区共享交换平台获取梁启超故居纪念馆游客数据,以此为基础,形成游客高峰时段分析和游客人群画像,赋能线上景区文旅产品的精准营销。二是车联网数据"出行路线规划"场景,通过出行服务商提供更准确、更及时的路况数据,为居民的日常出行提供更高效的服务、更便利的体验。2024年8月,北方大数据交易中心河北区分中心成立,两个数据产品上架并完成交易,获得交易凭证。

武清区人民政府按照"一场景一授权"的要求,联合市农业农村委推出全国首个"农村土地流转信用评价模型",该模型基于农村产权确权数据,运用大数据、区块链等技术,对农村土地流转交易主体持有的土地经营权进行全方位评价。通过数据综合评价,提高了金融机构对土地流转交易主体的信用认可度,激活了农村土地金融属性,促进了农村土地资源的优化配置和农业农村现代化的实现。2024年4月,全国首笔数据赋能土地流转经营纯信用类贷款落地,2024年8月,"农村土地流转信用评价模型"正式挂牌上架天津产权交易中心以及北方大数据交易中心武清数据专区,成为天津市首个农村普惠金融领域区级公共数据授权运营项目数据产品,也是全国首个农村土地流转信用评价类型的区级公共数据授权运营项目数据产品。

河西区人民政府开发了2个公共数据授权运营应用场景:第一,养老长护险数据分析,通过充分了解和分析河西区养老服务和长护险的发展现状,分析养老数据和长护险数据,总结老年人身体指标与长护险的关联性和影响,提出针对性的建议和措施,推动长护险与养老服务的衔接和整合。第二,危险废物(指定区域)处理数据分析,通过分析危险废物年废物总量的变化趋势,评估城市的环境影响,为城市治理政策的制定提供依据。2024年11月,天津市河西区人民政府率先在北方大数据交易中心完成天津市公共数据运营产品首批交易,进一步推动了数据要素的价值释放和数据市场规范化发展,在数据要素市场化配置改革方面实现突破。

(五)强化公共数据汇聚、安全保障及社会宣传

天津积极推动各区、各部门加大高质量公共数据供给,组织开展全市公共数据摸底,加快建设全市数据资源"一本账",通过打造覆盖全市、功能完备的数据服务体系,构建统一高效的公共数据共享交换平台,从公共数据归集、存储、管控、治理到共享、开放进行全方位、高集成的科学管理,确保数据资源在安全可控的前提下高效流通。截至2024年9月,梳理数据目录超3000个,天津市信息资源统一共享交换平台归集数据总量近100亿条。天津市还定期印

发《全市数据资源统一共享开放简报》,评价各区、各部门公共数据归集及质量管理情况,倒逼各部门做好数据源头治理,提升运营数据质量。

天津从机制和技术两方面加强安全保障体系建设,将天津市互联网信息办公室、天津市国家保密局、天津市公安局、天津市国家安全局纳入市公共数据授权运营试点工作专班,共同参与试点遴选、场景评审等重点环节。如河西区人民政府要求运营机构按"一场景一预案"的标准制定应急处置预案,防范数据安全事件,同时定期检查平台运营、数据管理、开发利用的安全合规情况,并督促整改落实。另外还围绕数据提供数量、数据质量、数据应用情况等,对数源单位的数据贡献情况进行全面评估,将评后结果纳入信息化项目绩效评估,并作为下一年度信息化项目建设审批的重要依据,强化基于数据价值创造和价值实现的正向激励,实现数据应用"有序"+"有力"。

天津积极开展公共数据授权运营专家研讨和社会宣介。如组织国家信息中心、清华大学、天津大学等单位专家与试点建设单位研讨交流,推动解决堵点问题。举办"数聚天开 数赋津彩"天开园专题论坛,面向企业宣讲天津市公共数据运营思路,邀请企业参与其中,培育产业链。联合7家市级公共数据授权运营试点建设单位与北方大数据交易中心面向社会开展公共数据需求征集,深入挖掘市场需求,激发公共数据开发活力。

二 天津公共数据授权运营的难点与挑战

天津的公共数据授权运营实践取得了很大成效,但未来推进公共数据授权运营工作深入实施,通过"运营"带来可持续的交易,还面临着一些痛点及挑战。

(一)缺乏数据运营总体规划

数据运营不同于传统信息化项目运营,不仅需要深度挖掘应用场景,对接各数据资源方进行撮合,还需要众多新型产业机构的配套支撑,这必须通过体系化的方式推动。为此,需要根据区域的特色和产业的定位,制定有针对性的总体规划,确保数据运营能够与地方经济和产业发展的实际需求紧密结合,但目前还缺乏行之有效、具有指导性意义的总体运营规划。

(二)缺少高质量高价值数据

目前公共数据授权运营主要集中在公益性质的场景以及金融领域的典型应用场景,高质量高需求数据不足。主要原因是:第一,数据资源分布于不同区域,数据局作为新成立的部门,掌握的数据量有限,更多的高价值数据来源于各委办局,但公共数据运营属新兴事务,各委办局对公共数据运营还持保守态度,不愿主动开放。第二,每个区域都有其特色产业,区域内的龙头企业掌握着大量高价值行业数据,但这些龙头企业规模庞大,数据运营对其收益影响有限,他们更倾向于将数据内部留存,使得高价值数据难以获取。第三,受限于数据安全考虑,数据源部门对数据安全保护措施缺乏信心,宁愿不开展数据运营,也不愿承担潜在的安全风险。

(三)数据交易流通技术体系不完备

在进行数据全生命周期的流通管理过程中,还面临技术上的巨大挑战。第一,联邦学习等隐私保护计算,只能部分解决以模型、核验等向社会提供产品和服务的业务需求。第二,数据流转后,数据容易复制却不容易鉴别,难以做到像物理资产一样流通。第三,《中华人民共和国个人信息保护法》规定的知情权、决定权、查阅复制权、删除权等权益,尚缺乏技术方法和标准规范,导致数据交易流通难以全面推广。

(四)缺乏专业的运营团队

数据运营作为一个新兴领域,与传统信息化项目有显著差异,对从业人员的要求较高。鉴于数据工作涉及跨行业、跨领域、跨专业的综合性任务,从业人员在场景挖掘、数据获取、数据加工、数据运营等方面面临经验不足的挑战。在全国范围内,人才梯队建设相对滞后,缺乏专业的运营团队,相关领域运营人才的培养也面临困境。

三　完善天津公共数据授权运营的对策

为进一步推动天津公共数据授权运营健康发展,需要构建起可持续的运营规划体系,打造可信数据空间,营造安全的运营环境,培育专业且高素质的人才队伍,助力高价值数据产品的孵化与潜在场景的充分挖掘。

(一)建立可持续的运营规划体系

公共数据授权运营的核心关键是"运营",目前各地区授权运营工作仍处在发展初期,各地区、各部门仍存在一定顾虑,需要从管理、运营、安全等层面形成合力,建立覆盖数据资源获取、加工使用和产品运营三个关键环节的运营规划体系。从管理层面,制定易于理解且符合实际需求的配套实施方案与规则体系。围绕具有区域特色的优势产业,打造典型场景和案例。优先推动本区域龙头企业开展试点,形成示范效应。从安全层面,推进数据基础设施、网络等安全技术升级,将数据加工处理后形成数据产品和服务并向社会提供。从运营层面,兼顾短期效应与长远发展,开发复杂度较低的近期产品,同时谋划中长期项目。发展核心是令数据源单位能够获得反哺,从而增加数据供给动力。

(二)推动高价值数据产品孵化

以行业数据产品为核心,天津市、区数据局负责统筹规划,整合区域内的龙头企业,由平台公司主导运营,联合推动数据运营。以北方大数据交易中心等机构作为外部数据资源的支撑,确保合规、安全的数据流通,并提供聚合数据、数据合规消费、多源数据融合的功能,以撬动更大的消费市场。聚集行业数据专家构建行业数商生态,实现行业技术能力沉淀、行业产品能力沉淀、快速孵化行业数据及服务应用。以具备行业引领和指导地位的行业龙头链主企业作为行业业务专家,基于真实应用场景、构建行业专家沉淀模型,以推动行业快速发展。

（三）提升数据资源获取能力

在数据资源获取过程中,需要完成数据资源记录、数据资源梳理、数据资源盘点。在实施过程中,有的子公司先于集团建立数据平台,造成基础设施不统一,数据物理集中难度大;有的大型机构不同公司间数据安全和监管要求不同,数据共享存在风险。为应对上述挑战,首先可引入虚拟化数据架构。虚拟化分布式数据架构是一个统一的数据虚拟层,它位于所有数据源和数据存储之上,数据连接后即可以访问,而非人工搬运数据后才可以使用,这样能够有效减少数据移动复制、数据管理工作,快速提供数据自助服务,完成异构数据标准治理接入。其次可依托北方大数据交易中心打造的"中央共享厨房",将收集的数据进行分析加工后,再定向推送给有需求的实体企业,以低成本实现数据产品化。

（四）构筑可信数据空间

在城市环境中,数据资源广泛分布,涉及数据的所有者、提供者、使用者以及开发者等多方利益相关者。鉴于数据预处理工作的复杂性,并非所有数据接收方均具备相应的处理能力,因此构建一个可信数据空间平台显得尤为必要,该平台旨在提供数据资源的检索、利用以及开发应用的环境。为了解决数据在可见之后可能面临的复制和无限制传播问题,可以采用数据胶囊技术,构建一个介质灵活的数据胶囊系统架构。数据胶囊技术具有唯一性、防复制性和新鲜性等关键特性,可通过对数据的加密和策略封装,形成一个可见但不可随意打开的数据胶囊,作为数据流通的基本单元,从而构建起一个安全可信的数据空间。

（五）营造安全运营环境

在数据运营过程中,必须确保运营环境的安全性。在产品经营环节,要保障技术、制度等安全合规,贯彻落实"不合规不登记、不诚信不进场、不安全不流通"的交易原则。严格执行"注册认证—登记挂牌—产品订购—合约评估—

产品交付—交易结算—记录归档"的数据交易七步法。在交易过程中,实行敏感数据匿名化,在交易结算阶段,依据合约评估合规信息、交易交付记录、支付记录等出具数据产品交易凭证,确保交易的透明度和可追溯性。针对应用程序接口(API)服务模式,通过部署安全网关以实现安全防护,并利用区块链技术进行交易存证,以确保交易过程的安全性。

(六)加强专业人才培养及培训

加强人才培育,完善专业化人才队伍建设及管理。通过南开大学、天津大学等高等学校系统培养熟悉数据资产梳理、数据治理以及各类主流数据库的数据工程师,培育熟悉产业核心业务流程以及行业数据、数据产品整合规划、数据服务的产品工程师,并在除计算机之外的更多专业开设数据挖掘、分析、处理等相关专业课程,培养更多具备数据科学、统计学和计算机科学等跨学科知识的专业人才,为数据运营工作提供人才支撑。在有实践经验的数据运营机构举办论坛、竞赛、大讲堂等活动,开展数据运营、数据安全等课程培训,提高相关人员的数据管理能力和安全意识。

参考文献:

[1] 陈璠:《我市首单公共数据产品完成"双登记"》,《天津日报》2024 年 2 月 28 日。

[2]《河西区打造公共数据授权运营"3 +"新模式　激发数据要素活力》,天津市人民政府政务服务办公室,2024 年 11 月 21 日,https://zwfwb. tj. gov. cn/sy/gabsycs/yshjdxalgh/202411/t20241121_6785382. html。

[3]《河西区率先完成天津市公共数据运营产品首批交易》,天津新闻,2024 年 11 月 24 日,https://sdxw. iqilu. com/w/article/YS0yMS0xNjA1MjM0Nw. html。

天津数据基础设施建设
实践与探索

王雪滔　天津社会科学院数字经济研究所助理研究员

李　颖　天津市数据局数字科技和基础设施建设处处长

摘　要： 天津数据基础设施建设在政策引领与技术创新双轮驱动下取得显著进展。当前,数据基础设施呈现前瞻性布局加速深化、新型基础设施稳步推进、绿色监管体系全面升级等发展趋势,数联网建设、特色场景引领、绿色治理模式构建将成为重要发展方向。建议强化数据基础设施前瞻性部署、创新场景生态、优化算力调度体系、推动数据基础设施绿色可持续,促进天津数据基础设施高质量发展。

关键词： 数据基础设施　数据要素　算力

数据基础设施作为数字经济发展的核心底座,是驱动城市能级跃升的重要引擎。在《关于构建数据基础制度更好发挥数据要素作用的意见》等政策框架下,天津紧扣数字经济发展主线,加速数据基础设施建设,在政策保障、算力布局、网络支撑等领域形成突破,初步构建起覆盖数据采集、处理、流通、应用的基础设施体系,为释放数据要素价值、赋能产业数字化转型奠定了坚实基础。

一　天津数据基础设施建设现状

(一)政策支撑日益加强

国家政策为数据基础设施建设提供良好发展环境。国家"十四五"规划纲要明确提出要"激活数据要素潜能";2022 年 12 月,中共中央、国务院印发《关于构建数据基础制度更好发挥数据要素作用的意见》,提出"数据二十条";2023 年 2 月发布的《数字中国建设整体布局规划》进一步强调了数据基础设施的重要性;党的二十届三中全会提出"建设和运营国家数据基础设施,促进数据共享";2024 年 12 月,国家数据局会同国家发展和改革委员会、工业和信息化部,发布《国家数据基础设施建设指引》,旨在推进数据基础设施建设,推动形成横向联通、纵向贯通、协调有力的国家数据基础设施基本格局。以上政策为打通数据流通动脉、畅通数据资源循环、促进数据应用开发、培育全国一体化数据市场、助推数字经济发展奠定了基础,为数字中国建设提供了有力支撑。

天津积极推动数据基础设施落地建设。2024 年 7 月,天津市人民政府办公厅印发《天津市算力产业发展实施方案(2024—2026 年)》,旨在通过自主创新突破和绿色安全发展,打造辐射服务全国的算力产业发展高地,赋能数字经济高质量发展,为京津冀协同发展注入新动能,助力培育新质生产力。2024 年 11 月 20 日,在"2024 天津数据基础设施建设主题峰会"上,天津市算力产业发展联盟正式成立,旨在通过定期组织算力产业沙龙、供需对接会等活动,为构建"五位一体"的产业生态、支撑人工智能产业模型研发应用等贡献力量,繁荣壮大算力产业生态,助力天津算力产业高质量发展。

(二)算力底座逐渐筑牢

智能算力实现快速发展。截止 2024 年 12 月,智能算力规模已达 1 万 P,全面覆盖智能制造、智能网联汽车、智慧港口等重点领域,驱动人工智能大模型训练推理、数据标注及深度分析等全流程技术应用落地。通过算力资源与产业场景深度融合,天津工业垂类模型得以高效开发,自动驾驶算法决策有效优化,智慧港口数字孪生系统加速建设。

算力统筹调度效能初步发挥。天津滨海算力调度平台发挥北方大数据交易中心资源优势,探索数据交易与算力交易协同创新运营模式,提供"算力 + 数据 + 大模型"一体化服务,降低全产业链运营成本。深度融入全国一体化算力网京津冀国家枢纽节点建设,建成北方首个"通智超"一体的省级算力交易中心,已统筹接入中国电信、中国移动、中国联通、天津超算中心等算力资源,能够提供5大类43项集算力、数据、模型一体化的服务。

算力产业生态加快构建。依托天津算力产业良好基础条件,在积极支持推进关键芯片、操作系统、服务器产业发展的同时,集聚壮大数据、算法、算力应用企业,加快完善算力产业生态。360科技推出"360智脑"通用大模型,天津超算中心推出"天河灵枢""天河行影"等行业大模型。"海河·谛听""海河·岐伯""海河·尔语"等"海河"系列行业大模型先后发布,"天士力数智本草""菲凡工业垂类""天津港PortGPT"等重点行业大模型加快推出,为天津重点领域数字化、智能化转型提供有力支撑。

(三)网络支撑有效加强

网络覆盖广度与深度显著提升。天津在网络基础设施建设上加速发力,实施了一系列重点工程项目,显著增强了网络服务的普及性和穿透力。在5G-A(5G演进)与50G PON(50Gbps高速无源光网络)领域取得突破性进展,成功验证相关技术并建成双万兆网络体系,通过与华为合作,在民园广场完成万兆网络试点测试,在五大道区域部署了基于5G-A 3CC(三载波聚合)技术的连续覆盖商用网络,实现高速率与低延时的通信保障。推出2000兆级光纤宽带服务,支持超200个智能终端同步接入,通过增强网络承载能力满足家庭及企业场景下的高并发连接需求,显著提升高清影音传输、在线协作等场景的应用流畅度。①

技术创新与应用融合持续深化。天津致力于技术创新与应用融合的深度探索,以创新驱动数字经济发展新引擎。依托中国联通京津冀数字科技产业园等标志性项目,在滨海新区、武清区等地部署了先进的云计算与边缘计算节点。引入高性能计算技术,显著提升了数据处理与智能分析的效率,为智慧城

---

① 《我市通信运营商发力网络优化升级》,天津政务网,https://www.tj.gov.cn/sy/tjxw/202405/t20240518_6628660.html。

市、工业互联网、远程医疗等领域提供强大的技术支持。

二　数据基础设施发展趋势分析

（一）数联网将成为数据基础设施建设的重要方向

数联网是一种面向数据要素服务的专业网，通过融合区块链存证、隐私计算等技术，构建由数据流通接入终端、数据流通网络、数据流通服务平台构成的数据流通利用设施，推动数据在安全可信环境下跨域流通。数联网的核心在于打造统一基础底座，推进自身能力建设，搭建数据流通支撑平台并加强数据安全防控，实现数据全生命周期内高效、安全、合规的流通利用，促进数据产业高速增长。数联网还将与可信数据空间、数场、数据元件等其他数据流通利用设施互联互通、融合应用，结合隐私保护计算、区块链等技术保障数据安全与可信流通，加速数据要素市场化配置。天津积极开展数联网先行先试建设任务中，通过一体化建设相关平台，构建跨行业、跨区域、跨主体的数据流通利用基础设施。

（二）特色场景将成为新型基础设施建设的重要引领

面向智能制造、智慧港口等特色场景，构建"云—边—端"立体协同的算力网络，形成弹性供给、智能调度的算力资源池，是未来开展新型基础设施建设的重要内容和方向。场景引领数据基础设施建设，将有利于工业互联网标识解析体系与数字孪生平台的深度融合，推进打造覆盖产业链全环节的智能中枢，使数据流动突破传统组织边界，在供应链协同、设备预测性维护等场景催生新型商业模式，并有利于产生算法市场、模型库等创新载体，推动工业知识显性化、软件化封装，形成"数据驱动决策、模型赋能创新"的转型新路径。

（三）绿色治理模式将为数据基础设施全生命周期建设提供保障

绿色低碳是数据要素赋能的重要场景之一。数据基础设施建设关系产业绿色化和数字化,加速构建覆盖数据基础设施全生命周期的绿色治理模式将助力推进"双碳"目标实现。市场层面,数据中心运营商与云计算服务商将生态设计理念融入规划建设各环节,通过模块化设计、弹性扩容等技术手段,推进硬件资源的循环化利用。政策层面,碳足迹管理体系的建立与完善,将推动绿色算力成为可量化、可交易的数字资产。技术层面,国家级科研院所联合头部科技企业重点突破能耗感知型芯片、液冷散热等绿色技术,将促进数字基建真正成为支撑城市"双碳"发展的战略性基础设施,形成人与自然和谐共生的数字文明新形态。

三　天津数据基础设施建设对策与建议

（一）强化数据基础设施前瞻性部署,夯实数据流通底座支撑

一是以"统一目录标识、统一身份登记、统一接口要求"为核心,构建数联网统一基础底座。依托隐私计算、区块链等技术,建立"原始数据不出域、数据可用不可见"的安全流通机制,实现跨区域数据共享与协作。同步推进数联网一体化接入能力、数据共享网络能力、数据流通服务能力建设,推动数据资源化、产品化、合规化,打造覆盖数据全生命周期的高效安全流通体系。重点搭建行业数据流通服务平台,强化集约化支撑能力与跨行业数据融通功能,为全域数字化转型提供底层设施保障。

二是深化数联网场景化应用,释放数据要素价值。聚焦医疗健康、工业制造、港口物流、交通出行等行业方向,围绕精准医疗、工况监控、航运贸易便利化、智能网联等具体场景,搭建安全可信的数据流通环境与平台。例如,在工业制造领域,通过数联网优化产能分析与供应链监测预警;在港口物流领域,提升联运效能与智慧安检能力。鼓励滨海新区、武清区等区域率先建设数联网应用先行区,依托主题园区打造特色场景,形成"场景牵引技术创新—数据驱动产业升级"的联动效应。

三是完善制度保障与生态协同的可持续发展机制,为数据安全流通提供

支撑。强化政策制度创新,制定数据权属界定、收益分配、风险共担等规则,明确政府、企业、第三方机构的责任边界。完善数据安全防护体系,建立覆盖数据采集、传输、存储、销毁的全流程风险监测平台,引入动态脱敏等技术强化敏感信息保护。培育多元化市场主体,支持数据商、技术服务商、合规审计机构等第三方参与生态建设。加强与京津冀及重点城市的战略合作,在技术验证、底座互联、标准研究等方面协同创新。推进数联网与可信数据空间、数场、数据元件等设施的互联互通,融合隐私计算、区块链等技术完善安全防护体系,建立覆盖物理安全、网络安全、数据全生命周期管理的多层次防控机制。

(二)创新场景协同生态建设,激活全链条数据要素价值

一是聚焦重点行业场景,构建全链条数据赋能体系。依托天津港、空港经济区推进港口物流数联网能力建设,推动港口数据与金融机构、保险机构、跨境电商平台实时交互,开发航运金融风险评估、供应链融资等创新服务。深化制造业与能源数据协同创新,在滨海—中关村科技园建设工业互联网与能源互联网协同平台,将企业生产数据与用电数据加工为标准化中间件。支持钢铁、石化等重点企业建设行业数据基础设施,形成能效优化解决方案。

二是构建跨行业协同机制,打造数据要素创新共同体。落实全国数据"一本账"要求,建立覆盖制造、航运、金融等行业的分布式数据目录体系。探索开发协同服务平台,实现跨系统数据接口标准化、跨部门身份互认、跨行业存证溯源。围绕智能网联汽车、生物医药等战略性新兴产业,发布数据融合应用场景需求榜单。支持龙头企业联合高校院所组建数据要素创新联合体,重点突破工业机理模型与业务数据的融合应用。

三是培育数据服务新业态,构建价值倍增创新体系。打造数据产品化创新工场,构筑京津冀数据服务高地。在滨海新区聚焦港口智能,融合算力与大模型优化航运调度,提供相关配套服务。申请国家数据跨境流动安全管理试点,探索建立"负面清单＋白名单"相结合的跨境数据流动监管机制。

(三)深化多元算力调度体系,推动数据价值化

一是优化算力资源结构,构建多元异构供给体系。依托海光信息、飞腾等本地芯片龙头企业,联合中科曙光、华为等头部厂商,在滨海新区、河北区等算力产业聚集区共建异构计算适配中心,重点突破 CPU、GPU、NPU 等异构芯片的架构兼容与协同优化,形成覆盖"训练—推理—边缘"全场景的国产化算力解决方案。推动国家超级计算天津中心升级"天河"E 级超算系统,建设生物医药、工业仿真等领域的专用超算服务平台。

二是构建全域调度体系,优化算力供需结构。搭建"城市级算力资源监测调度平台",集成算力注册、需求匹配、智能调度功能。深度对接"全国一体化算力网监测调度平台",依托京津冀智能算力中心建立训练任务智能分流机制,对时延敏感任务本地处理、大规模训练任务跨域分流。完善算力网络支撑,升级天津国家互联网骨干直联点,部署 SRv6、APN6 等新型协议。

三是深化数算融合创新,增强数据要素应用效能。建设数算融合创新中心,在信创、生物医药等优势领域建设一批行业数算协同平台,开发数据预处理、特征工程等标准化工具链。聚焦汽车、航空航天等行业,依托数联网数据流通服务平台制定数据流通与加工标准,推动数据资源化、产品化转化。培育算法开发生态,支持天津大学、南开大学等建设大模型训练工场,提高数据流通能力,促进算法成果与行业场景深度融合。

(四)强化绿色技术应用与全生命周期标准建设,推进数据基础设施绿色可持续发展

一是推广绿色技术应用,降低基础设施能耗。通过政策引导和市场机制进一步推动绿色技术与数据基础设施的深度融合,在数据基础设施的建设和运营中推广高效节能设备与可再生能源,鼓励使用高效节能 LED 照明、节能型空调等 IT 设备和配套设施。持续探索数据中心使用太阳能、风能等绿色清洁能源节能路径,减少对传统能源的依赖,优化数据中心冷却系统、电力分配系统以及引入先进的节能设备,实现能源集约化利用,显著降低数据中心的能耗

和碳排放。鼓励和支持科研机构、高校和企业开展绿色数据基础设施技术的研发与创新,推动节能技术、资源循环利用技术等在数据中心的广泛应用。

二是制定绿色评估标准,强化监管执行力度。对新建和改扩建的数据中心进行绿色评估和认证,确保其在设计、建设和运营过程中符合绿色发展要求。建立健全数据基础设施的绿色监管体系,加强对数据中心能源消耗、排放等关键指标的监测和执法力度,鼓励公众通过绿色监督平台参与全流程监管,建立环保举报奖励机制和数据中心环境信息披露制度,定期向社会公布企业能耗水平及减排成效,对提供有效线索的公众给予信用积分或荣誉称号奖励。通过政策激励引导数据中心遵循节能减排、资源循环利用原则,对在数据基础设施建设和运营过程中违反绿色发展要求的行为进行约束,促进数据基础设施向可持续发展方向迈进。

参考文献:

[1] 李乔宇:《数据基础设施加快落地　全国一体化算力网建设提速》,《证券日报》2024 年 7 月 25 日。

[2] 邰蕾:《数据基础设施建设的探索、实践与发展建议》,《通信世界》2024 年第12 期。

[3] 马冬妍、付宇涵、王琦:《推动数据基础设施建设　加快产业转型升级》,《通信世界》2024 年第 8 期。

[4] 欧阳日辉:《数据基础设施保障数据安全及高效流通》,《人民论坛》2024 年第7 期。

[5] 郭华东、陈和生、闫冬梅,等:《加强开放数据基础设施建设,推动开放科学发展》,《中国科学院院刊》2023 年第 6 期。

[6] 吕江涛:《国家超级计算天津中心应用研发首席科学家孟祥飞:将"超级算力"转化为生产力》,《中国经济周刊》2022 年第 20 期。

天津算力调度与算力服务生态培育研究

张娟娟　天津市数据发展中心高级工程师
易　婷　天津市数据发展中心高级工程师
王纪晨　天津市数据发展中心高级工程师

摘　要： 近年来,我市积极融入京津冀算力枢纽节点建设,推动算力基础设施优化布局,促进算力与算法、数据、应用一体化发展,为数字经济与实体经济深度融合筑牢了坚实底座。伴随以大模型为引领的人工智能蓬勃发展,对智能算力的需求愈发旺盛,对算力调度提出新要求的同时也为我市算力产业发展带来了新机遇。建议以一体化算力调度平台建设为牵引,以互联互通、供需匹配、繁荣生态为导向,构建算网一体调度、全景监测管理、可信交易服务三大能力中枢,协同打造算力供给与算力科技、数据交易、模型服务、应用场景"五位一体"服务,完善统筹协调、标准规范、普惠政策、安全监管四大保障,推动形成新型算力服务生态,助力算力高效转化为"新质生产力"。

关键词： 算力调度　算力产业　新质生产力

一　我国推进算力统筹调度概况

数字经济时代,算力成为推动经济社会发展的新质生产力。特别是随着5G、人工智能、物联网等新技术的快速普及应用,全社会数据总量爆发式增长,算力总规模快速上升。党中央、国务院高度重视算力基础设施建设,从构建适应数字化生产力发展的新型生产关系出发,以全国一体化算力网建设为抓手,实现对通用算力、智能算力、超级算力进行统一调度,推动形成具有中国特色的自主可控的算力网技术体系,掌握创新发展主动权。目前我国算力调度在政策支持、技术创新、平台建设等方面已经取得积极进展。

(一)政策先行,推动全国一体化算力网体系布局

2023 年 12 月,国家发展改革委、国家数据局等部门出台《关于深入实施"东数西算"工程加快构建全国一体化算力网的实施意见》,要求统筹通用、智能、超级算力一体化布局,东中西部算力一体化协同,算力与数据、算法一体化应用,算力与绿色电力一体化融合,算力发展与安全保障一体化推进,构建联网调度、普惠易用、绿色安全的全国一体化算力网,打造全国一体化的算力调度平台体系,联通区域级、省级、市级算力调度平台,促进算力资源高效调度。建设路径将按照从城市算力网到区域再到全国的层级,分步骤、分阶段推进,建设任务涵盖产业生态、算力供给、网络传输、调度运营、技术创新等多维度,以实现算力高质量发展赋能经济高质量发展,打造中国式现代化的数字基座。工业和信息化部围绕加快推进算力互联互通,提出按照"先互联、再成网、同步建市场"的推进思路,逐步建立全国算力服务统一大市场。

(二)技术创新,支撑实现异构异地算力并网调度

围绕算力网络、算力调度、芯片异构等技术难题,中国移动突破算力路由、算力原生、全调度以太网等原创技术、推出业界首个算网大脑,中国电信推出算力分发网络平台"息壤",中国联通完成全球首例超 3000 公里海量数据广域高通量无损传输验证,中科曙光推出全国首个算力一体化调度和服务平台,华为打造了业界最高性能跨区域算力调度 IP 网络解决方案,可将算力运输效率提高 30% 以上。标准制定方面,中国信息通信研究院、中国通信标准化协会等持续推进调度服务、算力交易、算力并网、算力互联互通等相关标准编制,同步开展测试评估,为全国算力调度提供有力支撑。

（三）平台支撑，争相开展算力互联互通实践验证

国内多个政府部门、科研机构、基础电信运营商及行业领军企业紧密合作，汇聚不同类别、不同层面的算力资源打造一体化算力平台，初步构建起多层次的算力调度体系。全国算力调度层面，科技部推动国家超算互联网建设，链接各地超算资源；中国信息通信研究院发布国内首个算力互联公共服务平台，依托统一标识推动全国范围内算力的互联互通；鹏城实验室联合华为打造"中国算力网——智算网络"，已链接20余城的人工智能计算中心。三大运营商、中科曙光等依托自研的算网调度技术和平台，广泛参与各级算力调度体系的建设和运营，促进自建算力中心的全国互联。区域算力合作层面，郑州、庆阳、哈密共建算力网实验场，苏州与贵阳、巴州等地签订协议推进跨区域算力调度。省域（城市）算力调度层面，上海、贵州、宁夏、四川及广州、武汉等10余个省市的算力调度（交易）平台已上线，为积极融入全国一体化算力网络体系提供坚实支撑。

二 部分省市算力调度平台建设及生态培育做法经验

（一）主要平台建设进展

1. 国家超算互联网

通过借鉴互联网理念，打造集超算算力网络、服务、资源共享于一体的综合性平台，将全国众多超算中心通过算力网络连接起来，实现算力资源统筹调度，降低超算应用门槛。2023年4月正式启动建设，11月上线公测。平台由国家超算、区域算力中心、超算研制机构、算力运营、网络运营、应用软件、技术服务等128家单位组建联合体，负责超算互联网发展规划、运营机制设计等。国家超算互联网依托一体化的算力调度、数据传输、生态协作体系，实现算力供给、软件开发、数据交易、模型服务等产业链相关各方的紧密连接。平台面向软件服务商及个人软件服务者，启动了市场发展基金激励计划，为服务商提

供资金扶持。目前已有超过 200 家应用、数据、模型等服务商入驻国家超算互联网,并提供超过 3200 款商品。

2. 贵州枢纽节点调度平台

以推进贵州打造面向全国的算力保障基地为目标,致力于推动算力跨地域、跨业务、跨平台集中高效调度,为国家枢纽节点和国家数据训练基地建设提供支撑服务。平台从数网、数纽、数链、数脑、数盾五个方面,构建覆盖能力、质量、结构、通道、产业的指标体系,对贵州枢纽节点建设进行全环节、全链条、全周期监测调度。平台于 2022 年上线,目前升级到 3.2 版本,实现了用户需求个性化填报,同时上线及优化了贵州算力券申领功能,以区块链技术确保平台安全交易。截至 2024 年年中,平台已汇聚 33 家算力服务商、401 家算力需求方,可调度的算力资源达 4.5Eflops、存力 980PB,完成算力交易量 27.31 亿元。

3. 上海算力交易平台

由上海市通信管理局指导,上海新型互联网交换中心建设,在完成全光高速算力专网基础上,通过构建多元异构算力互联互通调度平台、星火链网算力骨干节点,打造全国首个算力交易集中平台。平台融入先进的算网大脑技术和可靠的星火链网区块链技术,拓展了异构算力的算力调度能力。已实现了从前端算力交易门户展示、客户算力诉求方案推荐、算力订单下单、算力资源开通、算力资源监管等端到端的全流程贯通,和 11 家单位的算力平台开展互联互通工作,同时正在和安徽省、江苏省等区域算力平台进行对接中。

4. 广州"算聚源"算力资源发布共享平台

平台由广州数据交易所主导,是国内首个以"算力 + 交易 + 场景"三位一体的算力资源发布共享平台,开启算力"汇聚、发布、共享、交易、服务"一体化可信交易体系建设,打造全国算力共享新模式。平台上联国家"东数西算"战略,下接粤港澳大湾区一体化算力网络建设布局,依托广东省优越的网络基础条件和排名全国前列的算力资源,以平台为枢纽,汇聚整合各类云商算力服务能力,推动算力资源供需双方有效对接,促进跨区域数据算力资源协同创新。截至 2023 年底,平台在线用户超 1400 名,入驻算商 16 家,共汇聚云产品 206

款,覆盖 23 个行业场景,并上线粤商通、粤省事平台。

（二）经验总结

1. 问题导向和目标导向相结合,完善平台功能

为破解算力分散、供需失衡等难题,促进算力高效利用、灵活获取,各平台不断丰富纳管、感知、标识、编排、调度、交易、监测等功能,并结合平台定位各有特色。中国信通院算力互联公共服务平台围绕全国算力互联互通,强化算力标识管理和可信度量、算力互联网业务查询、标准体系等功能。四川、武汉强化综合监测功能,助力政府部门"一站统管"。上海、武汉、浙江等多地推动算力合作伙伴构建算力联盟、签署战略合作协议,助力算力调度合作。此外,上海、安徽、贵州等平台引入区块链技术,以"交易上链"确保安全可信。

2. 有为政府和有效市场相结合,创新运营模式

各地主要采用政府引导,联合企业、科研机构等共同建设运营的模式,在具体的运营主体和参与方上有所不同。上海、深圳发挥新型交换中心高速算力网络赋能效应,由新型互联网交换中心建设部署。广州由广州数据交易所主导,推动数算一体化服务。国家超算互联网、中国算力网粤港澳大湾区算力服务平台等跨区域的平台则成立联合体进行服务运营模式探索。贵州、武汉等地采取数据局主导、数据集团主建、社会资本参与运营的方式,组织多方建立的专业化团队负责运营。

3. 横向协同和纵向拓展相结合,培育算力服务生态

各地依托算力平台不断聚合算力供给、算力需求、应用开发、运营服务等各方能力和资源,构建丰富的算力生态。上海、武汉、浙江等多地推动算力合作伙伴构建算力联盟、签署战略合作协议,助力算力调度合作。宁夏联合北京国际大数据交易所共建平台,探索以数据要素为核心驱动的算力跨区域调度体系。安徽平台已与沪苏浙地区相关平台实现互联互通。上海推动平台与合作伙伴共建算力网络应用创新实验室,借助"华彩杯"算力大赛征集先进技术、产品和应用案例,激发算力产业创新活力。武汉实施"算力伙伴"计划,每年组织不少于 3 场供需对接活动,推动算力、数据、模型多方合作。武汉依托平台

高效建立算力资源供应池和算力需求单位信息库,打通上下游供需链,计划5年内为1000家企业提供行业解决方案,赋能生态企业50000家。

4.坚持高位推进和专项补贴相结合,打造普惠服务

多地通过出台扶持政策,支持推动平台建设、促进资源整合。顶层设计上,上海发布《上海市推进算力资源统一调度指导意见》,一体布局全市算力资源统筹、调度和共享。贵州印发《面向全国的算力保障基地建设规划(2023—2025)》,强调加快打造国家算力网。安徽出台《关于统筹推进全省算力资源调度与发展的通知》,明确全域算力中心接入省级调度平台,各市不得利用财政资金新建调度平台。资金扶持上,国家超算互联网推出平台支持赋能计划,面向软件服务商及个人软件服务者,提供市场基金扶持和免费资源对接。贵州依托平台发放1亿元算力券,力促算力产业集聚。2024年上半年,已有来自全国的104家企业成功申领,合同金额达20.46亿元。

三　推进天津算力资源统一调度的必然性和重要性

(一)统筹优化算力资源配置的必然要求

近年来,天津积极应对算力激增需求,推动算力基础设施加快建设。截至2024年,全市智算规模达到1万P,同比增长20倍;国家超算天津中心占据全国五分之一超算资源;中国铁路主数据中心、腾讯天津高新云数据中心等通用算力集约发展。天津市算力交易中心已经落地建成,汇聚智能算力3000P、通用算力10万核,提供5大类43项集算力、数据、模型一体化的服务。但现有算力中心布局分散、运营主体多元,算力孤岛现象严重,加之能耗压力不断加大,亟须丰富完善一体化调度平台功能及发展能级,充分整合闲置算力、优化算力供需匹配,避免资源浪费和重复建设。

(二)服务京津冀协同发展的关键举措

天津深入贯彻落实国家"东数西算"工程战略,发挥武清区位于首都核心

区 0.5 毫秒时延圈内的区位优势,积极推动中国联通京津冀数字科技产业园和中国电信京津冀智能算力中心等项目实施,建设"双万卡"智能算力资源池,建成天津市人工智能计算中心并接入中国算力网,推动国家超算互联网平台上线运营,成为全国一体化算力网络京津冀枢纽节点的重要一环。加快推进全市算力资源统一调度,有助于充分挖掘我市超级计算和智能算力集聚优势,同时链接中西部丰富算力资源,为京津冀数字经济发展提供强大算力支撑。

(三)统筹算力与数据、算法一体化应用的重要牵引

天津依托信创产业良好基础,支持数据、算法、算力应用企业集聚壮大。已有 360 智脑大模型、蜜度文修、同道汇才、百应服务(联想)、菲凡工业 5 个大模型通过国家生成式人工智能服务备案。自主研发了"天河"系列、"海河"系列大模型,培育了国内首个自主可控言语交互意图理解大模型"海河·谛听",落地"菲凡工业垂类""天津港 PortGPT"等重点行业大模型,吸引了一批大模型企业加快布局。为支撑人工智能产业发展壮大,需要以更加灵活敏捷的算力调度响应快速迭代的市场需求,并以算力汇集数据、模型、场景等资源,从而实现整个产业生态的繁荣发展。

(四)提升算力服务普惠易用水平的重要支撑

天津算力中心用电成本偏高,导致算力设施运营成本较高,进一步增加了中小企业、初创企业和科研机构使用算力的门槛。亟待打造普惠易用的算力公共服务平台,通过激发更广泛的算力需求,降低算力获取门槛和使用成本,实现算力像水和电一样随取随用。目前,天津市算力交易中心,作为北方首个"通智超"一体的省级算力交易中心,已加快向全社会提供普惠算力服务。

(五)持续放大算力支持政策效能的关键渠道

近年来,天津先后出台《推动我市数据中心高质量发展的实施方案》《天津市一体化大数据中心建设规划(2021—2025 年)》《天津市算力产业发展实施方案(2024—2026 年)》等顶层设计,统筹推动全市算力高质量发展。在支

持重点区域发展方面,出台《关于支持武清京津产业新城高质量发展的政策措施》,强化智算中心的用能保障,鼓励购买绿证绿电满足用能需求,探索更加灵活的电价机制。对比先进地区,天津算力支持政策的覆盖范围和支持力度还有较大发展空间,加快推动算力统筹调度平台建设,对于进一步发挥政策引导作用、持续赋能算力产业发展具有重要作用。

四 以算力调度支撑引领算力服务生态繁荣发展的建议

(一)强化一体化调度,打造全面互联的算力资源中枢

1. 部署高速全光算力网底座,实现算网融合创新

支持基础电信企业建设以 5G-A 和万兆光网为标志的双万兆网络,打造低时延、高带宽、高可靠、高安全的服务型全光算力网络。建设算力调度专网,分阶段分步骤促进算力调度中心与算力中心、算力中心节点间的网络全域联通,打造市域范围内单项时延 1 毫秒、京津冀重点城市 2 毫秒算力服务圈。加强面向云网边一体的算力网络编排调度体系的研发,实现"算网联动,网随算调"。

2. 搭建多层次算力调度平台,促进算力高效统筹

以天津市算力交易中心为核心,统一纳管全市算力,完善算力感知、编排调度、运行监测等功能,打造算力驾驶舱,实现多源异构算力"一网调度""一屏统管"。适时接入全国一体化算力服务平台,充分发挥我市先进算力集聚优势,有力支撑全市及北京外溢算力需求。以滨海算力调度平台为支撑,高效调度外地优质低价算力资源,更好赋能滨城数字经济发展。以国家超算互联网为特色,推动国家超算天津中心、中科曙光牵头开展超算互联网典型应用示范与生态体系构建,探索超智融合新路径。

3. 完善算力交易机制体系,培育发展算力市场

创新算力服务内容,依托天津市算力交易中心推动算力统一度量、计费、交易和结算,提供算力产品一体化供给和一站式服务,打造形成服务本市、辐

射京津冀的"算力超市"。创新算力交易模式，通过智能匹配、算法推荐、竞价撮合等技术手段，构建智能化可信算力交易撮合机制。引入区块链等技术，实现交易过程和交易结果的可信存证。研究制定算力度量标准，完善算力产品定价规则，规范算力交易运行和监管机制，打造公平、开放、安全、合规的算力市场环境。

4. 开展算电协同示范，提升算效能效水平

依托算力调度平台建设，积极开展数据中心集群能源系统一体化建设，利用人工智能、大数据等技术预测和优化数据中心用电，提升绿色能源消纳率和利用率，支持围绕算电协同开展业务标准、技术标准和管理标准编制及应用推广。

（二）强化多要素协同，探索开放共享的算力服务路径

1. 强化调度技术攻关，促进算力协同创新

支持基础电信企业联合我市高校、科研院所，开展算力并网、算力感知、算力调度、异构算力融合等关键技术研发，在算力交易组织架构、资源整合、运营模式、交易方式等方面进行理论探索和项目验证。依托一体化调度平台打造算力技术社区，支持围绕算力软硬件适配、人工智能框架、算法模型、数据处理等进行广泛的技术交流合作。

2. 汇聚高质量数据集，打造数据服务超市

依托市算力交易中心建设安全可信的数据集流动支撑平台，丰富高质量行业数据集的"一点发布、一键调用"功能，通过以算引数、以数育产，集聚一批专业化数商和数据产品。完善数据集政策一点发布功能，为数据需求企业提供数据政策查询服务、数据政策意见反馈、数据政策建议等服务。支持天津市算力交易中心、滨海算力调度平台与北方大数据交易中心对接，探索数算一体化运营模式，提供"算力交易＋数据交易＋场景应用"融合服务。

3. 推进算法协同开发，孵化培育模型企业

依托平台吸引360、国家超算天津中心及北京大模型企业入驻，创新基于SaaS（软件即服务）和API（应用程序接口）的MaaS（模型及服务）模式，提供一

站式的大模型工具和场景解决方案,促进模型服务的应用。推动算力平台链接天津大学、南开大学、海河实验室等科创资源,联合打造大模型创新孵化载体,加快计算机视觉、语音语义识别、言语交互等算法研发、行业模型协同研制及应用,孵化一批模型企业。

4.打造场景对接平台,拓展算力赋能领域

围绕"算力+"智能制造、智能网联汽车、智慧港口、科技创新等十大重点领域,依托天津市算力交易中心打造场景专区,联合重点企业和园区征集发布算力需求和场景供给清单,宣传推广算力应用标杆项目,促进算力各参与方深度对接。建立活动专区,链接京津智算产业发展论坛、2024天河超级算力生态大会等系列论坛活动,加强算力技术、产品、应用的宣传推广。依托滨海算力调度平台,打造信创适配的特色算力产品体系,助力完善以算力为核心的软硬件自主创新产业生态。

(三)完善政策保障,构建规范有序的算力支撑体系

1.建立统筹协调机制,组建国资运营公司

市区联动分阶段、分步骤推动全市算力资源应接尽接,率先接入政府、运营商等公共算力,有序对接私有算力,逐步拓展到社会小散数据中心。实施算力伙伴计划,促进资源供给方、应用服务方等相关主体为调度平台提供算力接入、平台建设、技术服务、资源对接等支持。组建国资主导、市场化运作的算力运营公司,打造全市统一的算力交易中心,统筹天津市算力交易中心的规划建设、并网调度、交易运营,为算力协同调度提供保障。

2.强化算力监测评估,完善算力标准规范

开展全市算力基础设施及算力资源输出能力排摸,形成算力清单。依托天津市算力交易中心开展常态化算力统计监测,协同电力部门完善 PUE、CUE、WUE 等能效监测指标,探索运用大数据开展算力中心投入产出水平和经济贡献评估,促进算力中心提升算效、能效水平。充分发挥科研机构、行业协会、产业联盟等作用,积极开展算力度量、算力并网、算力调度、算力结算等领域标准规范制定,形成统一的上层应用资源评估标准。

3.出台算力补贴政策,引导多元资金投入

统筹制造业高质量发展等政策,加快细化全市"算力券"激励措施,支持依托算力调度平台购买本地算力资源、国产软硬件产品、算法模型服务、数据集等。支持天河数字产业园、武清高村科技园等算力园区发行基础设施领域不动产投资信托基金(REITs),构建支持智算产业发展的多元化投融资模式。

4.加强平台合规监管,完善安全保障体系

完善平台网络安全、数据安全、应用安全保障体系,防范网络攻击和数据隐私泄露等安全风险。支持平台采用自主可控、安全可靠的软硬件产品,完善智能化威胁预警、风险分析、自动处理等功能,全力提升安全监测预警能力和应急处置水平。引入区块链账本和可信计算等技术,构筑算力网络和算力交易信任基础。

技术创新与产业发展篇

天津数字技术创新进展与
对策研究

叶堂林　首都经济贸易大学特大城市经济社会发展研究院执行院长、教授、博士生导师
牛寒茵　首都经济贸易大学区域经济学专业硕士研究生
侯艺蕊　首都经济贸易大学区域经济学专业硕士研究生

摘　要： 数字技术创新作为数字经济发展的核心驱动力,对区域经济增长和高质量发展至关重要。天津积极把握传统产业转型升级与数字化新型业态融合发展的机会,将数字技术创新作为城市发展的重要方向与动力,持续推动经济社会全方位数字化发展。天津数字技术创新实力稳步提升,数字技术创新布局进一步优化,创新环境持续向好,区域创新分工不断加强。然而,天津数字技术创新仍面临新一代信息技术研发水平亟待提升、京津数字技术创新分工有待进一步优化、企业数字技术创新能力仍需提高等挑战。为此,天津应不断完善顶层设计,加强数字技术攻关,优化京津冀协同创新机制,织密企业创新合作网络,加快建设先进制造业研发高地并不断激发数字人才活力。

关键词： 数字经济　数字技术创新　数智制造　高质量发展

数字技术创新是促进数字经济发展的核心驱动力,也是为区域经济增长注入新动能、促进区域高质量协同发展的重要举措。习近平总书记在中央政治局第三十四次集体学习时曾强调,要发挥数字技术对经济发展的放大、叠加、倍增作用。国家互联网信息办公室发布的《数字中国发展报告(2022年)》明确指出,数字技术创新是数字中国建设的核心动力。2023年发布的《数字中国建设整体布局规划》指出要"构筑自立自强的数字技术创新体系",将数字技术创新作为建设数字中国的关键环节。天津积极响应国家号召,深入贯彻落实习近平总书记关于建设网络强国、数字中国的重要论述,制定了《天津市加快数字化发展三年行动方案(2021—2023年)》,积极把握传统产业转型升级与数字化新型业态融合发展的机会,将数字技术创新作为城市发展的重要方向与动力,持续推动经济社会全方位数字化发展,构建天津数字化发展新格局,打造京津冀数字经济新高地,为全面建设社会主义现代化大都市提供新引擎。本文将天津数字技术创新与国内部分城市(北京、上海、杭州、深圳、成都)进行对比,探寻天津数字技术创新的比较优势,找出其未来需要努力的方向并提出对策建议。

一 天津数字技术创新的进展与成效分析

数字技术创新以新一代信息技术为核心载体,以技术融合和技术体系变革为主要动力,以产业主体创新为引领,以创新合作为主要路径,以网络化和去中心化为创新趋势,并最终促进产业数字化和智能化程度提升,[1]成为新发展格局下驱动数字经济高质量发展的核心动能。

(一)数字技术创新实力稳步提升

1. 创新产出与活力实现"双增长"

天津数字技术创新产出水平稳步提升,创新步伐不断加快。从专利累计

---

[1] 孟庆时、余江、陈凤,等:《数字技术创新对新一代信息技术产业升级的作用机制研究》,《研究与发展管理》2021年第1期。

量上看,随着2021年8月天津市人民政府相继出台和印发《天津市科技创新"十四五"规划》《天津市加快数字化发展三年行动方案(2021—2023年)》等文件,天津数字技术创新水平得到持续提升。截至2024年8月,天津数字技术专利①已达到9032件,较2021年提升将近两倍;数字技术专利在全市授权发明专利总量中的占比达14.76%,较2021年提升5.73%,数字技术对城市创新的贡献程度进一步增强。从专利新增量上看,截至2024年8月,天津数字技术专利新增量达164件,较2021年8月提升137.68%,创新活力大幅度增强。与数字经济一线城市相比,天津数字技术专利年均增长率达38.4%,仅次于深圳(46.27%)。具体见图1。

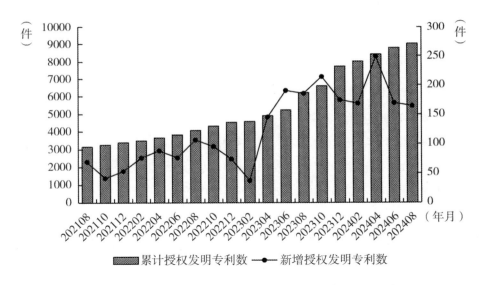

图1　2021年8月—2024年8月天津数字技术创新产出与活力

2.关键技术领域创新成果日益丰硕

天津在数字技术关键领域获得突破,自主创新能力进一步加强。截至2024

---

① 本报告依据国家统计局发布的《数字经济及其核心产业统计分类(2021)》,选取数字经济核心产业的授权发明专利数衡量数字技术创新,数据来源于龙信大数据平台。以下文中所涉及数据,若无特别标注,数据来源均为龙信大数据平台。

年,天津芯片制造和设计能力不断提升,12 英寸单晶硅片已打破国际垄断;紫光展锐参与 12 纳米 5G 基带芯片研发;滨海新区信息技术创新中心取得互连芯片"经纬芯"SDI3210、内生安全交换芯片"玄武芯"ESW5610 等多项国际领先的创新成果;天津大学与中国电子信息产业集团合作成功研发出全球首款脑机接口专用芯片"脑语者";海光信息致力于高端处理器、加速器等计算芯片产品和系统研发,海光 DCU 深算二号等一批重点新产品达到国际先进水平,推动了数字技术在前沿领域的应用和发展。信创产业突破高端 CPU、自主可控操作系统等关键技术,打造了"PKGS"(飞腾—麒麟软件—长城—中科曙光)信创品牌;飞腾腾锐 D2000 荣获数字中国"十大硬核科技奖";"星光麒麟"嵌入式操作系统填补了国内万物智联操作系统的空白。中科曙光、华海清科等企业输出的"天津方案"服务全国,天津在数字技术自主创新方面的实力和影响力持续提升。

(二)数字技术创新布局进一步优化

1."天津制造"向"天津智造"加速转变

天津制造业正朝着数智化路径加速创新拓展。从数字制造业专利占比来看,2021—2024 年,天津数字制造业专利占总体制造业专利的比重由 5.46%跃升至 12.01%,实现了翻倍有余。具体来看,在各类细分产业中,电子元器件及设备制造、智能设备制造、其他数字产品制造业专利数量在总体制造业专利数量中占比较高,分别为 13.44%、6.10%、3.10%,其中智能装备制造产业专利占比上升程度最大,较 2021 年上升了 5.12 个百分点,数智制造技术对创新的引领作用不断加强。从专利累计数量来看,截至 2024 年 8 月,天津智能设备制造的专利数高达 551 件,在国内居于前列;从专利数量增速来看,2023—2024 年,天津数字产品制造业如其他智能消费设备制造、通信终端设备制造、其他电子设备制造、集成电路制造等专利增速在国内城市中领先,逐步塑造出以数智制造为核心竞争力的创新发展新态势。

2.数字产业的集成化和网络化程度显著提升

一是有效整合各类数字技术资源,将分散的软件系统、硬件设施以及数据信息进行有机融合,以业务范围更广、服务模式更新的信息技术服务驱动数字产业集成化发展。截至2024年8月,天津信息技术服务专利占数字技术专利比重最高,达到21.27%,已成为驱动天津数字产业创新的主力军,其细分行业集成电路设计专利增速达140%,在全国位居前列;电子元器件及设备制造比重也较高,达到13.44%,其细分行业集成电路制造创新占比最为突出,达到3.70%,且专利增速达21.45%,在全国处于领先地位,集成领域的研发与制造环节创新能力实现双提升,有助于加速打造全国领先的集成电路产业基地,促进"芯种子"成长。二是大力推进数字网络基础设施建设,数字产业网络化创新能力不断增强。光缆、微波、卫星、移动通信、工业互联网、物联网、5G等网络基础设施建设的专利数量所占比重较高,达到了16.47%。由此可见,天津正在构建更高效、更稳定、更具扩展性的信息传输与数据存储架构,使得众多数字设备、系统与应用能以更为便捷、快速且可靠的方式接入网络,进而推动数字技术在多个领域中实现网络化延伸与深度拓展。

3. 数字技术应用创新蓬勃发展

天津多个数字技术应用领域迸发创新活力。数字技术应用新业态新模式不断涌现,平台经济、新零售等新业态和新模式活力不断激发。一是互联网平台展现出强劲的创新发展动力。截至2024年8月,天津互联网平台产业的专利占比持续提升,其细分行业中的其他互联网平台专利增速达271.43%,高于北京(24.84%)、上海(22.22%)和杭州(200.00%)等互联网平台技术的先发地区;2024年9月,天津数字贸易全球推介平台2.0版正式发布,在跨境电商和跨境支付等方面进行了全面升级。二是互联网零售行业创新加速追赶,专利数量成倍增长,仅次于深圳(110.61%)。三是互联网数据服务专利比重不断提升,专利增速达163.64%,仅次于深圳(302.63%),实现了大数据处理、云存储、云计算、云加工、区块链等技术应用场景的拓展和服务模式的创新。

(三)数字技术创新环境不断向好

1. 信息通信网络建设不断推进

天津大力推进光缆、微波、卫星、移动通信、工业互联网、物联网、5G等网络基础设施建设,筑牢数字技术发展底座。一是网络基础设施建设产业规模不断壮大。截至 2024 年 8 月,天津网络基础设施建设在营企业累计注册资本达 362.92 亿元,[1]较 2021 年提升 23.15%。二是网络覆盖范围不断拓宽。信息通信网络持续升级,率先建成双千兆的网络,至 2023 年底,累计建成 5G 基站 7.3 万个,[2]且自贸区等重点区域 5G 网络覆盖深度不断拓展。三是用户连接规模持续扩大。截至 2024 年 5 月,互联网宽带接入用户数达 684.5 万户,其中 FTTH/O 用户达 661.1 万户,1000M 速率以上用户达 209.7 万户,[3]同年移动电话用户总数达 1929.1 万户,其中 5G 用户达 928.8 万户,[4]为数字技术创新提供海量数据和丰富应用场景。

2. 算力基建稳步提升

天津算力基础设施建设取得突破,为数字技术创新领域打造"新引擎"。一是算力基础设施建设持续强化。截至 2024 年 8 月,天津数据中心、智能计算中心等算力基础设施建设在营企业累计注册资本达 2743.14 亿元,[5]较 2021 年提升 48.99%;已投产数据中心 34 个,国家超算天津中心与华为人工智能计算中心等提供了算力支撑,算力总规模达到 5300P。[6] 二是算力应用生态进一步完善。2024 年,天津市数联网流通利用基础设施应用场景发布,天津市算力产业发展联盟成立,首批 117 家成员单位加入,27 家企业签约入驻市算力交易中心。[7] 算力产业联盟集结上下游各领域企业,构建"算力交易中心 + 产业联盟"的协同创新生态,联盟内部整合资源、促进技术交流、推动创新成果高效转化,强化产业内循环,提升整体竞争力与创新效能。

3. 政策与资金保障不断加力

一是数字技术发展的顶层设计不断完善。天津市政府持续出台系列关键政策,2024 年 7 月,印发《天津市算力产业发展实施方案(2024—2026 年)》,精

---

① 资料来源:龙信企业数据库。
② 资料来源:中国新闻网。
③ 资料来源:中国工业和信息化部。
④ 同上。
⑤ 资料来源:龙信企业数据库。
⑥ 资料来源:天津市人民政府。
⑦ 资料来源:天津市数据发展中心。

准锚定算力提升路径,精心规划布局,为数字技术创新筑牢坚实算力根基;《天津市促进现代服务业高质量发展实施方案》着眼于推动现代服务业与数字技术深度融合,通过优化产业结构、创新服务模式,注入强劲发展活力。二是数字技术发展资金保障不断加强。天津市政府不断加大科技投入,支持数字技术研发、创新平台建设、科技成果转化,为数字技术创新提供了重要的资金保障。截至 2023 年底,天津市、区两级财政累计安排资金 56.25 亿元,支持 8 批近 3000 个项目,培育出 21 家智能制造系统解决方案供应商,建成 316 家智能工厂和数字化车间。[①] 同时,天津深入落实企业研发后补助政策,2022 年累计择优补助企业 3.8 亿元,带动研发经费支出增长了 45.1 亿元,拨付专项基金 8.9 亿元支持科技型企业梯度培育,举办第六届世界智能大会,签约项目 136 个、总投资 849 亿元。[②]

4. 创新人才聚集优势彰显

天津在创新人才聚集方面优势显著,为数字技术创新筑牢根基。一是深入践行创新人才引领战略。人才引育成效突出,"海河英才"行动计划成效显著,2023 年,累计引进人才 47.9 万人;新建博士后科研工作站 33 个,新招收博士后 655 人,较上年增长 3.6%,全市具备科学素质的公民比例达到 19.93%。[③] 二是高标准、高起点建设天开高教科创园。探索"学科 + 人才 + 产业"的创新发展模式,推动产教融合、科教融通,形成教育、科技、人才、产业"四位一体"重要平台载体,为数字技术创新奠定了坚实的人才基础。

---

① 资料来源:天津市数据发展中心。
② 资料来源:天津市财政局。
③ 《2023 年天津市国民经济和社会发展统计公报》,天津统计局,https://stats.tj.gov.cn/tjsj_52032/tjgb/202403/t20240318_6563697.html。

(四)数字技术创新的区域分工格局不断完善

1."北京研发、天津制造"创新联动模式初步形成

北京和天津在数字研发和数字创新制造方面形成了较为明晰的分工。一是北京在研发和高端服务领域居主导地位。软件开发,信息技术服务,电信、广播电视和卫星传输服务,互联网相关服务,其他数字要素驱动业是北京数字技术创新的关键着力点与核心发力产业。其中,软件开发占北京数字技术专利的17.55%,信息技术服务占15.12%,电信、广播电视和卫星传输服务占14.10%,互联网相关服务占5.11%,其他数字要素驱动业占19.10%,其专利数量分别是天津的23.87倍、14.70倍、43.11倍、85.15倍和34倍,创新优势明显。二是天津在数字创新制造方面优势显著。天津在智能设备制造、其他数字产品制造业、通讯及雷达设备制造和信息基础设施建设等方面创新优势明显,分别占天津数字技术专利的6.10%、3.10%、2.29%和16.47%,其中智能设备制造的创新优势最为明显,专利数量是北京的6.26倍。这表明天津有效发挥了"全国先进制造研发基地"的重要作用,在数智制造环节不断精耕细作,与北京在智能研发和制造领域形成了彼此互补、错位发展的创新发展格局。具体见图2和图3。

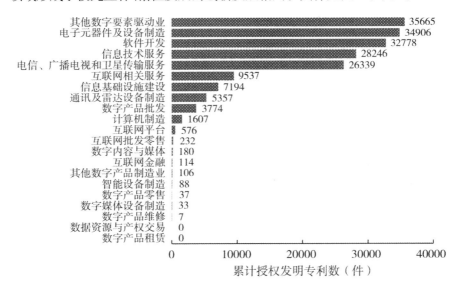

图2 2024年北京数字技术创新产业链分布

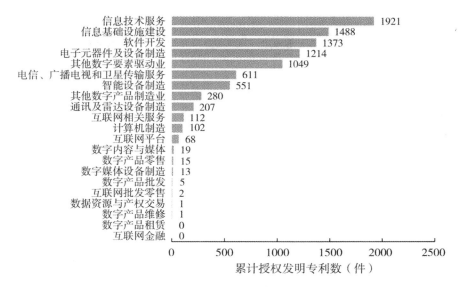

图3　2024年天津数字技术创新产业链分布

2. "天津智造、河北配套"创新协作格局初显

天津聚焦智能设备、高端电子元器件制造以及信息技术服务研发领域,挖掘创新潜力,塑造竞争优势;河北则将重心置于数字制造基础配套及数字应用场景创新关键环节,集中资源精准突破。一是河北在数字技术创新的配套方面优势显著。河北在其他数字要素驱动业、其他数字产品制造业、电子元器件及设备制造、数字产品批发等方面优势显著,具体来看,其他数字要素驱动业在全省数字技术专利占比达27.68%,其他数字产品制造业占比8.88%,电子元器件制造占比17.64%,数字产品批发占比2.87%,其专利数量分别为天津的2.10倍、2.53倍、1.16倍、45.8倍。二是天津数字创新制造及研发转化优势明显。在智能设备制造方面,天津成果较为突出,专利数量达河北的29倍;此外,天津在信息技术服务、软件开发等领域创新成效显著,具体来看,信息技术服务在天津数字技术专利中占比21.27%,软件开发占15.20%,专利数量分别是河北的2.15倍、1.61倍。三是天津与河北的产业同构现象得到优化。从产业结构相似系数来看,天津与河北在数字经济中类产业的累计授权发明专利分布结构相似系数呈下降态势,自2023年8月的0.6118降至2024年8

月的 0.6010，表明两地产业同构现象逐步消解，创新分工渐趋优化，正构建起协同互补的区域数字创新生态体系。具体见图 3 和图 4。

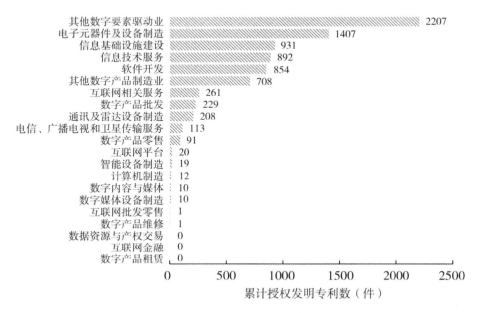

图 4　2024 年河北数字技术创新产业链分布

二　天津数字技术创新面临的问题与挑战

（一）新一代信息技术研发水平亟待提升

天津新一代信息技术在人工智能、工业互联网、区块链和物联网等领域的研发水平还存在较大提升空间，较国内领先地区仍有较大差距。一是新兴计算关键技术的研发与试验进展较为滞后。截至 2024 年 8 月，天津大数据、互联网、物联网、人工智能、VR/AR、边缘计算、异构计算、工业视觉算法等领域的研发与试验产业的累计授权发明专利数量仅为北京的 2.89%、成都的 8.23%。二是芯片研发水平仍需进一步提升。在芯片研发核心环节的集成电路设计与制造方面,天津集成电路设计专利数与北京、上海相比差距明显,仅相当于北京的3.61%、上海的2.73%;集成电路制造专利数同样较少,仅相当于北京的8.04%、上海的2.51%。这一短板不仅制约天津在芯片技术领域的创新突破,还会带来智能制造产业链脱节的风险。三是物联网和IPv6技术应用领域创新较为落后。天津互联网其他信息服务和其他互联网服务产业专利数相对较少,互联网其他信息服务专利数仅相当于北京的0.57%、深圳的1.84%,其他互联网服务专利数仅相当于深圳的0.32%、上海的0.71%,新一代信息技术在应用场景拓展上受到限制,技术转化难以在京津冀地区有效落地生根,无法充分释放其经济与社会价值。

(二)京津数字技术创新分工有待进一步优化

尽管"北京研发、天津制造"的分工格局已初步形成,但在诸多关键领域,京津产业创新发展仍存在重叠,尚未充分发挥各自的比较优势。一是京津产业同构程度较高。截至2024年8月,京津数字技术专利分布结构的相似性系数高达0.7055,表明京津创新产业链同构程度较高,既有产业分工体系有待调整。二是未能充分发挥数字在创新制造方面的比较优势。天津电子元器件及设备制造产业专利数占本市数字技术专利总数比重为13.44%,北京为18.69%;通讯及雷达设备制造产业专利数占本市数字技术专利总数比重为2.29%,北京为2.87%。天津数字技术创新还应加强对自身优势领域的投入,不断深化同北京的分工与合作。

(三)企业数字技术创新能力仍需提升

企业是数字技术创新的关键主体,但天津企业的数字技术创新实力略显不足。数据显示,天津企业平均授权发明专利仅为0.0114件,占北京的13.36%、深圳的11.92%,与国内数字经济先进城市的差距明显。一是数字技术创新生态存在差距。前沿城市如北京,凭借强大的科技资源和独角兽企业集群,形成了涵盖人工智能、大数据、互联网金融、电子商务等领域的创新生态。例如,字节跳动、滴滴出行等企业通过持续技术创新,引领行业发展并提升区域数字技术创新能力。相比之下，天津缺乏同等规模和影响力的企业，难以形成强大的数字技术创新生态。二是数字产业链与商业模式创新发展不够充分。上海和杭州在电商、金融科技、大数据、物联网等领域形成了完整的产业链，并涌现了拼多多、小红书、阿里云、蚂蚁金服等一批领先企业，而天津在这些领域尚未形成具有竞争优势的企业或产业链条。三是数字技术突破和企业引领能力不足。深圳依托华为、腾讯等科技巨头，展现了通信、人工智能、智能制造等多领域的技术突破能力，带动了相关产业的快速发展。天津在这些领域龙头企业数量较少，创新能力不足，在技术突破和引领行业发展方面明显落后。天津企业在数字技术创新生态、产业链构建、技术突破等方面的不足，直接导致其与国内前沿城市的差距。这种差距不仅制约了天津企业的创新能力提升，也在一定程度上阻碍了天津数字经济的快速发展。

三 进一步推动天津数字技术创新的对策建议

天津数字技术创新的发展已初具规模，但仍面临诸多挑战。为进一步释放创新潜力，构建完善的创新生态，需从政策支持、技术攻关、区域协同、企业培育、产业链优化和人才培养等多方面协同发力，以推动数字技术高质量发展，全面提升天津在数字经济时代的竞争力和创新能力。

（一）完善顶层设计，加强政策协同联动

一是精准制定战略规划。紧密围绕天津"一基地三区"的功能定位及城市发展战略需求，制定数字技术创新发展规划，明确各阶段任务、重点突破技术领域及产业发展方向。二是强化政策协同联动。将税收优惠、财政补贴、金融支持、人才激励等政策工具进行有机整合，实现高效联动，构建全方位、多层次的政策协同生态体系。三是强化资金保障。设立数字技术创新专项基金，依据创新项目技术前瞻性、产业辐射广度、市场渗透深度等建立合理的资金分配与管理机制。同时，用好智能制造专项资金，用足软件和集成电路企业等多领域企业税收优惠政策红利，加大对数字技术创新、基础设施建设、发明专利布

局和重点项目、重大工程的支持力度。

(二)加强数字技术攻关,优化数字创新平台

一是加快核心领域技术攻关,创新数字技术攻关机制。鼓励科技企业申报国家重大科技专项,重点支持新一代信息技术的研发应用,聚焦 CPU、基础软件、应用软件、信息安全等细分赛道,推动人工智能、5G、大数据、边缘计算等新兴技术赋能工业体系;创新数字技术攻关机制,鼓励企业牵头组建创新联合体,推进天津先进技术研究院、清华大学天津电子信息研究院等创新平台建设,靶向攻坚"卡脖子"关键核心技术难题。二是着力建设多元创新平台。围绕产业链与创新链关键核心环节,系统谋划建设市级重点实验室、产业创新中心、制造业创新中心、工程研究中心及企业技术中心等多元创新平台;充分发挥国家超级计算中心的作用,支持海河实验室等重大创新平台开展跨学科创新,发挥其引领示范作用,聚焦基础软件、工业软件、高性能计算等关键问题开展协同攻关,加速科技成果转移转化,催生一批具有自主知识产权的核心技术成果。

(三)明确京津冀区域分工,建立协同创新机制

一是精准定位天津创新角色。依据京津冀三地的资源禀赋和产业基础,进一步明确天津在数字技术创新链中的定位和分工,发挥其制造业优势,聚焦工业互联网、智能制造等领域的技术创新和应用推广,与北京科技创新中心建设、河北大数据服务基地发展等形成优势互补、协同共进的发展格局。二是完善区域产业协作机制。加强计算机、通信和其他电子设备制造业等高端制造业领域的合作,通过开展联合科研项目、技术转移转化、人才交流培养等活动,实现资源共享、优势互补,聚焦经开区电子信息和装备制造等关键领域,促进京津冀重点科研机构创新成果的转化与落地应用。三是构建创新合作共享机制。构建创新合作共赢与利益共享分配机制,共同制定数字技术创新发展规划,统筹布局重大科技项目与高端创新平台,加强人才、技术、资金等关键要素流动,优化区域创新资源配置效率。

(四)织密企业创新合作网络,完善创新型企业梯度培育体系

一是全方位织密企业创新合作网络。搭建产学研深度融合创新桥梁,打造线上线下相结合的产学研信息交流平台,鼓励企业与高校、科研机构共建实验室、前沿技术研发中心。联合上下游企业组建产业技术创新联盟,推动数字经济行业头部企业打造一批中试基地项目,推进中试熟化工作,支持企业拓展海外研发分支机构或与国际企业开展技术合作项目。二是完善创新型企业梯度培育体系。明确创新企业梯度划分标准,提供差异化培育服务,完善初创型数字技术企业创业孵化服务,建设具有专业化及特色化的众创空间,提供低成本、全要素、开放式创业服务平台,为高潜力科技中小企业提供一站式孵化成长服务。同时,推动骨干企业创新引领,通过政策、资源的倾斜整合等助力其做强做优,发挥示范带动作用,鼓励其开展跨行业创新合作,拓展新兴业务领域,培育新的经济增长点。鼓励大中企业依托"互联网+""智能+"创新模式,挖掘创新资源、构建开放式创新平台、迭代创新服务模式,积极开展跨行业创新合作,拓展数字技术创新业务领域。通过构筑层次分明、协同高效的创新型企业集群,激发企业创新内生动力,提升产业创新体系整体韧性与活力。

(五)建设先进制造业研发高地,完善数字产业创新链条

一是打造信息技术应用创新产业的研发高地。坚持以信创产业作为新旧动能转换核心引擎与产业主攻方向,持续优化自主创新与原始创新的空间布局,搭建政产学研用协同创新平台,增进信创企业与政府部门、科研机构、高校之间的交流协作,带领信创企业走进重点行业领域与应用场景,促进信创产业链上下游企业之间的协同合作。二是通过强链、补链提升数字产业链韧性。依托信息技术自主创新中心、华为鲲鹏创新中心等核心创新平台,构筑数字技术创新资源库,吸引软件应用开发商、基础软硬件提供商、产品供应商等产业链上下游企业协同入驻,聚焦芯片制造、基础软件研发等关键领域持续发力,强化本地企业间的协作配套效能,提升产业链的完整性与韧性。三是优化数字产业空间布局,构建特色产业集群。科学合理规划数字技术产业园区的空

间布局,优化培育滨海新区大数据、西青区人工智能等一批特色鲜明、竞争力强的产业集群,实现集群内资源共享、优势互补和协同创新。

(六)激发数字人才活力,增强数字技术创新动能

一是推进高端人才引进工作。借势"海河英才"行动计划,充分发挥"项目＋团队"等政策优势,为数字技术领域高端人才量身定制"一站式"引进服务方案,在数字化发展的各个领域全面强化人才引进、培育、激励与服务工作;精简人才引进程序,开设"线上申报＋线下审核＋限时办结"的快速通道,推行"先落户后就业"举措,广泛吸引国内外数字人才与创新团队汇聚天津创新创业。二是拓宽数字人才培养新路径。优化高校、职业院校学科专业布局,鼓励院校扩大数字经济、数字政府、数字社会等方向的人才培养规模,丰富课程体系,强化数字技术实践教学环节。深入推进产教融合试点建设,建立健全校企合作育人体制机制,鼓励联合实验室、实训基地等共建共享,全力培养兼具工匠精神与高水平研究能力的数字人才。

本报告为国家社科基金重大项目"数字经济对区域协调发展的影响与对策研究"(23&ZD078)、教育部人文社会科学研究项目—专项任务项目"推动京津冀高质量发展研究"(23JD710022)的阶段性成果。

参考文献:

[1] 孟庆时、余江、陈凤,等:《数字技术创新对新一代信息技术产业升级的作用机制研究》,《研究与发展管理》2021 年第 1 期。

[2] 张娟娟:《天津数字经济发展模式及路径探索》,《天津经济》2022 年第 3 期。

[3] 赵滨元:《天津数字技术领域现状及对策研究》,《环渤海经济瞭望》2022 年第 10 期。

[4] 唐卫红、曹玉娇:《数字经济对天津制造业高质量发展的影响研究》,《产业创新研

究》2024 年第 15 期。

　　［5］ 陈建兴、潘爽：《数字基础设施赋能企业数字化——基于数字技术创新视角的考察》，《统计与决策》2024 年第 21 期。

　　［6］ 戚湧：《以数字技术创新引领关键核心技术突破》，《中国科技论坛》2024 年第 11 期。

　　［7］ 孙媛、王得新：《积极推动京津冀协同创新》，《宏观经济管理》2024 年第 8 期。

　　［8］ 陶锋、王欣然、徐扬，等：《数字化转型、产业链供应链韧性与企业生产率》，《中国工业经济》2023 年第 5 期。

天津数字经济产业生态发展研究

孙忠娟　首都经济贸易大学工商管理学院教授、博士生导师

摘　要： 随着数字经济蓬勃兴起，人工智能、大数据等关键技术日益成熟，构建完善的数字经济产业生态成为推动区域产业升级、增强竞争力的关键。当前，天津数字经济产业生态在政策与市场的双重驱动下蓬勃发展，其数字基础设施建设成绩斐然，核心产业多点开花，创新生态不断完善，"一区一品"特色布局逐步成形，数字经济规模增长显著且在地区生产总值中占比持续上升。但仍需加速构建数字经济产业生态，充分释放数据价值，促进人工智能等技术的应用与普及；加强产学研合作，构建开放协同的创新生态；建立健全数据共享机制，保障数据安全与隐私，助力天津市构建以数字经济产业生态为核心，人工智能为引领，数据共享为支撑的发展格局，为经济高质量发展注入新动力。

关键词： 数字经济产业生态　人工智能　数据共享

构建数字经济产业生态是推动高质量发展和实现中国式现代化的重要引擎。数字经济作为新一轮科技革命和产业变革的核心驱动力，已深刻融入经济社会发展各领域和全过程，其产业生态建设直接关系到经济竞争力的提升。党中央、国务院高度重视数字经济发展，明确提出加快数字产业化和产业数字化进程，推动数字经济与实体经济深度融合。天津市作为国家数字经济创新发展的重要城市，正积极布局数字经济产业生态，聚焦智能制造、大数据、人工智能等领域，打造国家数字经济示范高地，为全国高质量发展贡献"天津方案"。

一 天津市数字经济产业生态发展现状

(一)数字经济产业生态发展概况

数字经济产业生态是以大数据、区块链、人工智能等技术为基石,众多参与主体及其所处环境相互交织、协同发展所形成的有机整体[1]。为推动数字经济产业生态发展,天津市政府出台了一系列政策。例如,《天津市加快数字化发展三年行动方案(2021—2023 年)》强调加强数字生态建设是构建天津数字化发展新格局的重要组成部分。当然,天津市数字经济产业生态发展也离不开市场需求的强劲拉动。近年来,天津市全方位推进数字经济发展,数字经济产业规模取得了显著增长。2023 年,天津市数字经济增加值占地区生产总值的比重持续上涨,高于全国平均水平。2024 年第一季度,天津市数字经济核心产业营收同比增长 7.3%,数字技术应用业占 GDP 比重增长 0.6 个百分点。

天津市数字经济产业生态发展已在政策支持和市场驱动下取得显著成效,包括数字基础设施建设的全面提速、数字核心产业多点突破、数字经济创新生态逐步完善、"一区一品"特色布局渐成规模。

1. 数字基础设施建设全面提速

天津市已形成覆盖广、性能优、算力强的数字基础设施体系。第一,天津市率先建成双千兆网络环境,在网络基础设施建设方面取得了显著成就。截至2023 年,天津市已累计建成 7.2 万个 5G 基站;天津城市家庭千兆光网覆盖率及500Mbps 及以上用户占比长期稳居全国首位。① 第二,天津市大力推进数据中心建设,已建成多个大型数据中心。2024 年,天津市算力产业发展联盟成立,首批加入联盟的成员单位达到 117 家,同时首批 27 家企业签约入驻市算力交易中心,为天津数字经济和实体经济深度融合发展提供有力支撑。第三,天津市已推

---

① 《全国 5G 基站达 337.7 万个　天津提前两年完成"十四五"5G 目标》,天津数港,https://baiji-ahao. baidu. com/s? id = 1788836771093106933。

动建成紫光云、中汽研、长荣、宜科等龙头企业建设工业互联网标识解析二级节点,成功培育宜科、中汽中心、新天钢等行业级、企业级工业互联网平台。

2.数字核心产业多点突破

天津市数字核心产业发展取得了多点突破,涵盖人工智能、5G、大数据与云计算、区块链等多个领域,为数字经济的高质量发展注入强大动力。第一,人工智能产业链条正日益成熟与完善。天津市已构建起一条涵盖"CPU—操作系统—数据库—整机服务器—外设终端—超级计算—信息安全"的完整产业链条,并汇聚了联想天津创新产业园、华为天津总部、中芯国际等多家优质企业,形成强大的产业集聚效应。第二,天津市大力推动5G发展。2024年,遴选出了天津港集装箱码头有限公司、天津渝江压铸有限公司等11家5G全连接工厂。第三,在大数据与云计算产业领域,天津市推动了"360智脑""海河·谛听""海河·岐伯"等大模型在工业制造、智慧医疗、智慧港口等细分行业应用落地。[①] 第四,在区块链产业领域,天津市是全国唯一开展区块链专业人才培训并完成考核的省市。截至目前,已有超过1000名专业人员参与大数据、智能制造及区块链等领域的专业培训项目。[②]

3.数字经济创新生态逐步完善

天津市通过整合政府、产业界、学术机构和科研单位的优势资源,已逐步形成以创新为核心的数字经济发展模式。第一,天津市积极构建"政产学研用"协同创新体系,聚集了包括南开大学、天津大学等高校及科研院所在内的一批高端创新资源。例如,中新生态城智慧城市发展局与天津大学无人驾驶交叉研究中心开展合作,对区域内投用的智能公交车硬件设备与软件平台进行了优化升级。第二,天津市通过设立数字经济创新中心和示范基地,吸引了大批优质企业和人才落户天津,形成了以创新驱动为核心的数字经济发展模式。2023年,"海河英才"行动计划累计引进各类人才47.9万人,全市具备科

---

① 《我市数字经济一季度发展实现"开门红"》,天津市数据局,https://tjdsj. tjcac. gov. cn/tjsg/ssjj/202409/t20240909_6722239. html。

② 《天津产生全国首批区块链工程技术人员专业技术等级证书》,天津市人力资源和社会保障局,https://hrss. tj. gov. cn/xinwenzixun/xinwendongtai/202401/t20240109_6503395. html。

学素质的公民比例已经达到了 19.93%。[①]

4."一区一品"特色布局渐成规模

天津市在推动数字经济产业生态建设中,充分发挥各区资源禀赋和产业优势,积极探索"一区一品"的特色发展模式,形成了多点支撑、协同发展的数字经济布局。

滨海新区:智能科技创新引领区。滨海新区聚焦于人工智能、工业互联网及大数据等前沿领域,汇聚了超 4000 家数字经济核心企业,业务覆盖数字产品制造、服务、技术应用及要素驱动等多个维度,构建起全面而深入的产业链条。[②] 该区拥有国家超算天津中心、滨海新区信息技术创新中心、天津人工智能创新中心等重点科技创新平台,2024 年上半年累计数据交易额超 4 亿元,挂牌数据产品近 1300 个,入驻合作伙伴超 400 家。在港口建设方面,天津港通过融合AI 技术与"5G + 北斗",成功打造出智能"零碳"码头,并在大型装卸设备远程操控和港口自动驾驶等领域深化 5G 应用。此外,滨海新区基于强大的数据基础设施和算力中心,推动了"数字孪生 + 产业"模式的多个试点项目落地。

河西区:科技创新、产业创新深度融合的先行区。河西区坚持深化数产融合,推动数字经济快速发展。2024 年度,全区数字经济企业共计 2310 家,实现营收 136.24 亿元。尤其是新八大里数字经济产业主题园区,作为天津市唯一一个以数字经济为主题的产业园区,2024 年度,园区企业达 506 家,实现营收54.42 亿元。依托科大讯飞、小橙集团等重点企业形成产业集群,引育近 200家人工智能、云计算、物联网等基础技术的企业,形成了涵盖数据安全、智慧健康、智慧教育等场景的产业生态。

南开区:创新驱动的数字服务中心。南开区依托天开高教科创园核心区优质资源,加快建设天津市大模型应用生态基地;重点吸引通用大模型、行业大模型研发及应用生态企业入驻。依托高校和科研院所聚集优势,重点发展

---

① 天津日报:《天津市 2024 年政府工作报告——2024 年 1 月 23 日在天津市第十八届人民代表大会第二次会议上》,https://www.tj.gov.cn/zwgk/zfgzbg/202401/t20240129_6522727.html。

② 津云:《"滨城"数字经济核心产业营收突破 3400 亿,占全市近六成》,https://tjdsj.tjcac.gov.cn/tjsg/hyzx/202409/t20240912_6726856.html。

区块链、金融科技和文化创意产业;研发上线基于区块链的电子数据存证平台——"津证云",有效利用区块链技术所具备的信息数据不可篡改、不可伪造及可追溯的独特属性,为知识产权保护提供了有力支持。① 围绕市场需求,南开区加大智慧金融力度,扩大"津心融""信易贷"等平台的应用范围,协助企业获得更多融资担保发展基金。此外,南开区积极推动文化创意产业的发展,重点培育数字内容、影视制作等领域的创新企业。

西青区:智能制造与物联网产业基地。西青区凭借先进制造业基础,集中布局智能制造和物联网产业,吸引了海尔物联网创新中心等龙头项目落地。2024 年,西青区大数据中心正式揭牌,致力于深入研究数字政府改革各项工作,打造"数字西青"城市大脑。在智慧工业园区建设方面,西青区注重构建创新生态系统,通过孵化器、加速器、研发中心等平台,为传统产业向数字化、智能化转型提供了示范。2024 年,京东智能产业园天津西青项目顺利竣工交付,该项目聚焦于战略性新兴产业,致力于构建一个具有影响力、设施完备且可持续发展的智能制造生态园区。

东丽区:绿色数据中心和云计算基地。东丽区结合区位优势,发展以绿色数据中心和云计算为核心的数字基础设施产业。2024 年上半年,东丽区实施"智改数转"项目 22 项,获批智能工程和数字化车间 8 家,工业领域设备更新和技术改造重点项目 48 个、总投资 48 亿元。② 截至目前,东丽区已经吸引了华为云数据中心、浪潮集团北方总部及人工智能研究院、海尔全球创新中心、京东物流基地等一批重大项目落户,形成了智能制造、云计算、大数据等产业的集聚效应,优化了天津市数据中心布局,推动了区域绿色经济发展。

津南区:元宇宙与虚拟现实试验区。津南区围绕元宇宙与虚拟现实产业开展探索,建设了多个虚拟现实体验中心和元宇宙产业试点项目,逐渐形成数

① 天津市人民政府政务服务办公室:《推动"津证云"存证平台上线运用区块链技术打造知识产权保护新高地》,https://zwfwb.tj.gov.cn/sy/gabsycs/yshjdxalgh/202308/t20230815_6377602.html。

② 天津市东丽区发展和改革委员会:《关于东丽区 2024 年上半年国民经济和社会发展计划执行情况的报告》,https://www.tjdl.gov.cn/gongkai/zfxxgkzl/zfgbm/dlqfgw/gknr/ghxx/202409/t20240906_6719748.html。

字经济新领域的创新聚集地。例如,WeSpace(天津)内容生态孵化基地正式运营,该基地由腾讯、鸣乐谷、津南区城投共同建设。基地通过配备完善的硬件设施,为元宇宙产业提供了坚实的算力基础,并吸引了紫光云、华海智慧、卓朗科技等公司参与元宇宙相关项目的研发。在应用场景方面,基地内企业积极探索元宇宙的应用场景,利用虚拟现实技术打造沉浸式课堂、虚拟游览等,为用户提供了全新的体验。此外,津南区将元宇宙技术与本地历史文化相结合,为游客提供了更加真实、丰富的历史文化体验。

武清区:智能算力应用创新示范区。立足京津产业新城"3+3+4"产业定位,2024年数字经济核心规上企业营收629.42亿元,智算规模突破1万P,创建国资央企"AI+"行动示范基地,引进智谱AI、中国电信应急板块、宗申数引网等一批重点项目,形成智能制造、算力服务、数字创意等产业集群,加速打造京津冀算力服务之城、数据要素枢纽、数智产业高地。

除此之外,红桥区以"互联网+生态融合"为特色,2024年,启动天津市艺点意创数字经济产业(全国)总部项目,旨在构建"区域—网络—平台—中心—场景—生态"为一体的产业生态。

(二)数字经济核心产业发展现状

1.5G网络广覆盖,赋能智慧城市

天津市5G产业链布局见图1,截至2024年12月天津市共有5G网络企业126家,[①]具体情况如下:(1)上游企业共有102家企业,包括5G模块企业1家,5G网络工程优化企业91家,5G器件企业6家,5G网络规划设计企业3家,5G材料企业2家。(2)中游企业仅有天津讯联科技有限公司1家企业,主要专注于测控通信设备制造与导航设备研发。(3)下游环节共有28家企业,其中5G场景应用企业6家,终端设备企业25家。整体来看,天津市在5G产业链上游和下游环节已具备一定的集聚优势,但中游环节的短板限制了产业链的整体协同性和规模化发展。

---

① 由于部分企业涉及不同的产业类型,因此各分类数量之和与总数存在差异,后同。

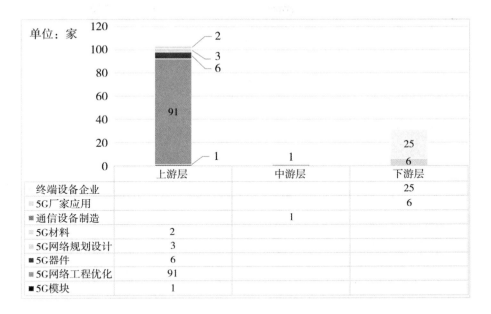

图1　天津市 5G 网络产业链企业数量分布

数据来源:首都经济贸易大学中国市场主体研究院数据沙箱实时动态数据。

注:在统计分类过程中,由于单个企业涉及多个产业经营,在按产业分类汇总企业数量时,出现重复计算情况,因此分类企业数量之和大于企业实际数量。后同。

2. 集成电路创新集群,助力制造升级

天津市集成电路产业分布见图2,截至2024年12月天津市集成电路产业共有企业212家,主要包括原材料企业、设备企业、制造企业、封测企业与设计企业,具体情况如下:(1)原材料企业45家,包括晶圆制造材料企业40家,封装材料企业5家。(2)设备企业91家,其中,前道测试设备16家,前道工艺设备40家,后道封装设备企业20家,后道检测设备企业15家。(3)制造企业54家,其中,存储器芯片制造企业6家,逻辑芯片制造企业1家,其他特色工艺芯片制造企业47家。(4)封测企业26家,其中,第一代直插式封装企业5家,第二代表面贴装式封装企业8家,第三代阵面阵列式封装企业3家,第四代系统级封装与先导技术封装企业9家,专业测试企业3家。(5)设计企业6家,均为EDA(设计工具)企业。这些企业依托电子、通信、汽车等高需求行业形成

083

市场辐射能力,成为产业链的重要延伸。

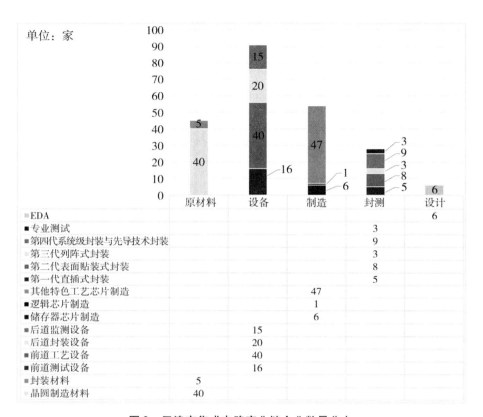

图2 天津市集成电路产业链企业数量分布

数据来源:首都经济贸易大学中国市场主体研究院数据沙箱实时动态数据。

3. 人工智能快速发展,推动产业智能化

天津市的人工智能产业链覆盖广泛,发展水平领先。天津市人工智能产业分布见图3,截至2024年12月,天津市人工智能产业共有企业1503家,主要包括数据及基础设施层企业、核心技术及系统平台层企业、应用场景层企业,具体情况如下:(1)数据及基础设施层聚集了603家企业,其中数据企业405家,传感器企业103家,算力企业126家。(2)核心技术及系统平台层企业共152家,其中人工智能系统平台60家企业,人工智能基础服务97家企业。(3)应用场景层企业涵盖工业企业188家,终端企业37家,信息安全企业227

家等。整体来看,天津市人工智能产业链已具备一定的规模和深度,但中游环节的核心技术开发能力制约了整体协同效应的提升。未来需进一步加强对核心技术研发的投入力度,强化上下游产业的联动与资源整合,以提升天津人工智能产业链的整体竞争力和高质量发展水平。

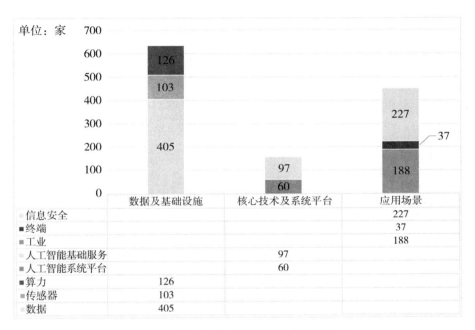

图3 天津市人工智能产业链企业数量分布

数据来源:首都经济贸易大学中国市场主体研究院数据沙箱实时动态数据。

4.大数据深度应用,驱动决策精细化

天津市大数据产业分布见图4,截止到2024年12月天津市共有大数据企业810家,主要包括基础设施企业、数据服务企业、融合应用企业,具体情况如下:(1)基础设施层面企业共295家,其中,网络和计算硬件基础设施企业162家,资源管理平台企业168家。(2)数据服务企业550家,包括数据采集与预处理企业122家,数据安全企业315家,数据分析挖掘企业81家,数据可视化企业32家。(3)融合应用企业涵盖公共大数据企业64家,交通大数据企业6家等。总体来看,天津市大数据产业链具备较为平衡的结构和良好的发展基础。然而,数据分析挖掘和融合应用环节的企业数量偏少,尤其在创新应用领域存在提升空间。

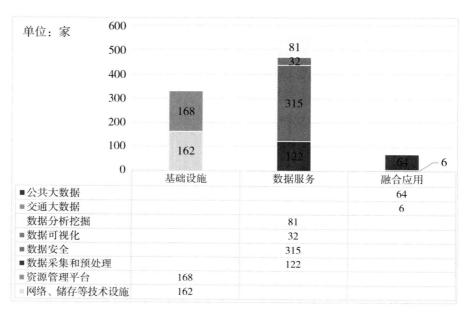

图4 天津市大数据产业链企业数量分布

数据来源:首都经济贸易大学中国市场主体研究院数据沙箱实时动态数据。

5. 区块链产业提速,打造可信数字生态

天津市区块链产业分布见图5,截止到2024年12月,天津市区块链产业共有企业8家,主要包括基础设施企业、平台层企业与行业应用层企业,具体情况如下:(1)基础设施企业3家,其中硬件基础设施企业1家,底层技术平台层企业2家。(2)区块链平台层企业4家,其中区块链通用应用及技术扩展平台企业2家,解决方案企业2家。(3)行业应用层企业3家,其中工业制造企业1家,政务服务企业1家,金融企业1家。总体来看,天津市区块链产业链应加强核心技术研发,特别是在应用场景的深度挖掘和多领域布局方面,以推动区块链产业的规模化发展和高效协同。

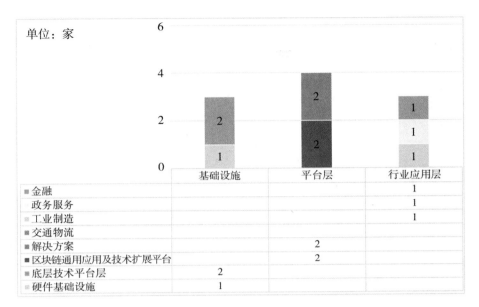

图5　天津市区块链产业分布情况

数据来源:首都经济贸易大学中国市场主体研究院数据沙箱实时动态数据。

6. 工业互联网加速布局,赋能智能制造

天津市工业互联网产业分布见图6,截至2024年12月,天津市工业互联网产业共有企业1222家,主要包括设备制造企业、平台建设企业、系统集成企业和网络运营企业,具体情况如下:(1)设备制造企业共有629家,其中包括现场管理层36家,传输层31家,感知层215家,应用层371家。(2)平台建设企业共有628家,其中包括工业互联网平台293家,工业大数据平台3家,工业云平台463家。(3)系统集成企业共有211家,其中包括工控系统厂商160家,工控安全厂商2家,信息安全厂商49家。(4)网络运营企业包括3家,三大运营商有2家和1家其他网络服务提供商。以上数据说明天津市在工业互联网领域的布局重点主要集中在设备制造和平台建设方面,特别是在应用层和感知层方面,显示出天津在工业互联网基础设施建设中的优势。

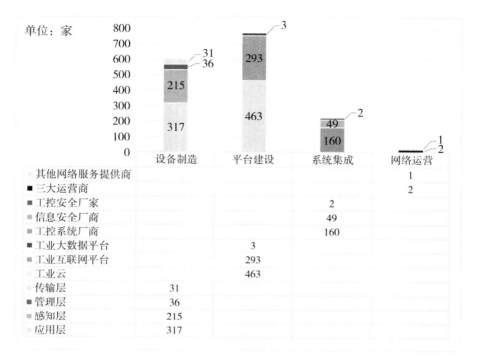

图6 天津市工业互联网产业分布情况

数据来源:首都经济贸易大学中国市场主体研究院数据沙箱实时动态数据。

7. 物联网广泛连接,构建智慧生活体系

天津市物联网产业分布见图7,截至2024年12月,天津市物联网产业共有企业967家,主要包括应用层企业、传输层企业、感知层企业和平台层企业,具体情况如下:(1)应用层企业共有756家企业,其中包括应用类企业538家,平台类企业245家。(2)传输层共有128家,其中包括通信芯片企业6家,通信网关企业1家,通信协议企业120家,通信模组企业1家。(3)感知层企业共有113家,其中包括智能控制器企业41家,传感器企业16家,RFID企业58家。(4)平台层企业仅包括连接管理平台27家。整体上,天津物联网产业已形成一定的规模和重点方向,但在部分关键环节和技术层面还需进一步突破,以实现更高水平的产业链协同发展。

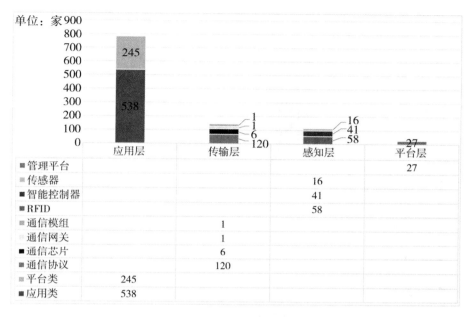

图7　天津市物联网产业分布情况

数据来源:首都经济贸易大学中国市场主体研究院数据沙箱实时动态数据。

8.元宇宙生态初步形成,开拓数字新空间

天津市元宇宙产业分布见图8,2024年天津市元宇宙企业共有191家,主要包括基础设施层企业、核心层企业和应用服务层企业,具体情况如下:(1)基础设施层企业共有161家,其中包括算力基础设施企业2家,技术基础设施企业157家,通信网络基础设施企业3家。(2)核心层企业共有39家,其中包括产业平台2家,终端入口17家,交互体验13家,时空生成8家。(3)应用服务层企业共有10家,其中包括行业端应用服务企业7家,消费端应用服务企业3家。以上数据表明,天津市的元宇宙产业基础设施层已逐步完善,但核心应用和服务层的发展仍然较为薄弱,未来应重点加强核心层的技术创新和应用服务层的产业化推进,以实现元宇宙技术的全面应用和产业生态的良性循环。

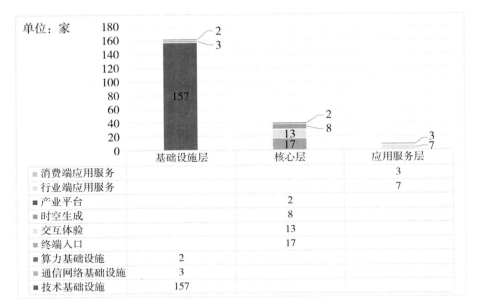

单位：家			
消费端应用服务			3
行业端应用服务			7
产业平台		2	
时空生成		8	
交互体验		13	
终端入口		17	
算力基础设施	2		
通信网络基础设施	3		
技术基础设施	157		

图8　天津市元宇宙产业分布情况

数据来源：首都经济贸易大学中国市场主体研究院数据沙箱实时动态数据。

9. 数据中心扩容升级,支撑数字经济发展

天津市数据中心产业分布见图9,截至2024年12月,天津市数据中心企业共有133家,主要包括上游基础设施供应商、中游IDC服务商和解决方案提供商、下游终端应用客户,具体情况如下:(1)上游基础设施供应商共有22家,其中包括IT设备供应商15家,支持性设施设备提供商6家,网络基础运营商2家。(2)中游IDC服务商和解决方案提供商共有114家,其中包括IDC服务商113家,解决方案提供商2家。(3)下游终端应用客户共有7家,其中包括制造业企业3家,云计算公司2家,互联网公司3家。以上数据表明,天津市的数据中心产业在中游IDC服务商和解决方案提供商数量较为集中,但上游基础设施供应商和下游终端应用客户的不足,限制了产业链的完整性和深度发展。天津市应当加大上游基础设施建设的投入,同时推动终端应用市场的扩展,促进产业的全链条发展。

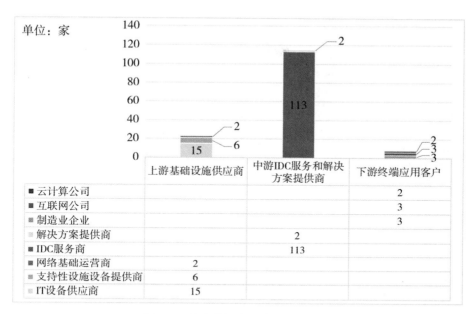

单位:家	上游基础设施供应商	中游IDC服务和解决方案提供商	下游终端应用客户
■ 云计算公司			2
■ 互联网公司			3
■ 制造业企业			3
■ 解决方案提供商		2	
■ IDC服务商		113	
■ 网络基础运营商	2		
■ 支持性设施设备提供商	6		
■ IT设备供应商	15		

图 9　天津市数据中心产业分布情况

数据来源:首都经济贸易大学中国市场主体研究院数据沙箱实时动态数据。

10.虚拟现实多场景应用,丰富数字体验

天津市虚拟现实产业分布见图10,可以看到截至 2024 年 12 月,天津市虚拟现实企业共有 85 家,主要包括硬件生产企业、软件开发企业、内容制作企业、应用和服务企业,具体情况如下:(1)硬件生产企业共有 66 家,其中包括配套外设 4 家,核心器件 41 家,终端设备 21 家。(2)软件开发领域共有企业 4 家,其中包括软件开发工具包企业 3 家,支撑软件企业 1 家。(3)内容制作企业共有 11 家。(4)应用和服务企业共有 10 家,其中包括应用场景企业 8 家,相关服务企业 2 家。以上数据表明天津市虚拟现实产业的重点发展领域集中在硬件生产,特别是核心器件和终端设备制造领域。然而,软件开发和内容分发相对薄弱,软件企业数量较少,且内容制作企业结构单一,限制了技术的多样性和应用场景的拓展。

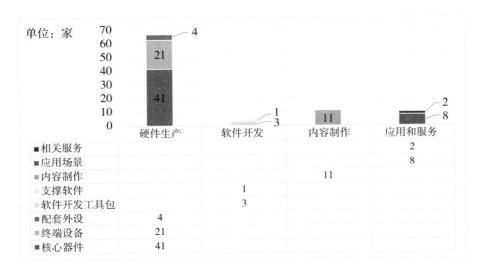

图 10　天津市虚拟现实产业分布情况

数据来源：首都经济贸易大学中国市场主体研究院数据沙箱实时动态数据。

二　天津市数字经济产业生态发展存在的问题

（一）数字经济产业链集中于下游

天津市数字经济产业链集中于下游，这一现象从产业结构、产业转型升级等多维度的数据中得以显现。从产业结构看，根据天津市统计局数据显示，天津市三次产业结构呈现出 1.6∶35.7∶62.7 的比例。服务业的增加值同比增长 5.5%[①]，成为推动经济增长的关键力量。然而，这种以服务业为主的产业格局表明，上游环节的创新能力和核心竞争力相对不足。从产业转型升级的视角看，天津市制造业转型的重心仍集中在产业链下游。12 条重点产业链中，规模以上工业企业增加值增长 4.0%，但集成电路、车联网等领域的增速超过

---

① 统计公报_天津市统计局，https://stats.tj.gov.cn/tjsj_52032/tjgb/202403/t20240318_6563697.html。

10%,较多地集中在应用和产品层面,反映出自主创新能力和上游技术开发的短板。

(二)数字经济产学研合作有待进一步加强

天津市在数字经济产学研合作方面虽然取得了一定进展,但合作机制仍有待进一步加强,合作项目与成果转化效率较低等问题亟待解决。第一,天津市产学研合作的深度和广度仍有待提高。尽管天津市已与本市及北京市的多所高校签订了合作协议,10余所高校与200多家企业达成了校企合作协议,但与国内外先进城市相比,合作模式仍显单一,整体深度与广度不足。第二,天津市数字经济产学研合作在科技成果转化方面仍面临挑战。天津市数字经济政策在市场化采信机制、标准体系建设以及知识产权服务等方面仍需进一步完善。

(三)数字人才储备能力还需进一步提升

天津市在数字人才资源方面虽具备一定基础,但面对数字经济的迅猛发展,现有人才储备尚难以满足产业需求。首先,天津市在博士后科研工作站和博士后人才数量的增长上虽取得一定进展,但与深圳等城市在高端人才引进与培养方面的力度相比,仍有较大的提升空间。其次,天津市数字人才的技能结构与产业实际需求之间存在不匹配现象,导致部分企业在项目实施过程中面临技能不适配问题。最后,天津市在数字人才政策及激励机制方面亟需进一步完善。尽管天津市已经实施了人才引领战略,但在人才培养、引进和留存等环节仍需更为精准的政策扶持。特别是在激励机制的构建上,应注重通过政策引导与市场激励手段相结合,进一步吸引并留住数字经济领域的高端人才。

(四)数据共享机制仍需进一步完善

天津市在数字经济产业的数据共享机制建设方面已取得初步成效,但仍面临多重挑战,亟需进一步优化和完善。首先,尽管天津市已建立了一定数量的数据共享平台,但与国内先进城市相比,数据共享的范围和深度仍显不足。其次,数据安全和隐私保护存在隐患,天津市在推动数据共享的同时,必须加强对数据安全和隐私保护的法规建设与技术保障,以增强公众和企业对数据共享的信任。最后,数据标准化和互操作性亟待提高。数据共享的效率和效果在很大程度上取决于数据的标准化程度和互操作性。在智能工厂和数字车间的建设中,天津市的关键工序数控化率和数字化研发设计工具的普及率已超过65%,这一数据表明在制造业领域数据共享的潜力,同时也暴露了数据标准化和互操作性提升的迫切性。

三　天津市数字经济产业生态发展对策

（一）强化智能制造与信创优势,延伸数字经济产业链上下游

数字经济产业链创新是提升整体竞争力的关键驱动力,也是构建现代化经济体系的重要基础。天津市需着力构建市场导向的数字经济产业链创新体系,推动产业链全面升级。首先,加快产业链上下游数字化转型升级。上游方面,天津应强化技术研发与创新,加速先进制程、多模态大模型等关键技术突破,构建以算力为核心的软硬件自主创新生态体系。下游方面,应依托区位优势发展智能制造、智慧城市和电子商务等新模式、新业态,拓展数字技术应用场景。其次,打造数字经济产业园区,建设高质量创新平台。天津需强化数字经济产业园区顶层设计,依托"中国信创谷"等载体,创建中国软件名城,形成合理布局、错位发展、功能互补的产业格局。最后,依托"津产发"数字经济综合应用平台,推动产业链和创新链深度融合,促进数字经济高质量发展。

（二）深化校企协同创新,打造"产学研"成果转化新高地

区域协同创新是推动科技进步和产业升级的关键引擎,也是构建区域创新体系的核心路径。第一,构建产学研合作平台,促进资源共享与协同创新。天津市应依托高校和科研院所,建立联合研发中心和技术转移机构,推动基础

研究与应用研究衔接。第二,强化政策支持与服务,提高创新成果转化效率。天津市需完善科技成果转化政策,提供税收优惠、资金扶持和政策指导,降低合作门槛和成本。此外,建立创新成果评价与激励机制,对成功转化成果给予奖励,加速成果产业化进程。第三,建立产学研合作评估机制,提升合作质量和效果。天津市应设立评估委员会,定期监控项目进展,每年或每半年评估合作成效,及时发现问题并调整策略,确保合作质量与成果转化效率不断提升。

(三)实施"海河英才"战略,加快数字技能人才引育与结构优化

天津市需着力构建以市场为导向的数字经济人才发展体系,打造数字经济人才发展高地。第一,制定数字人才发展战略,明确培养目标。天津市应根据数字经济发展需求,识别关键岗位和紧缺技能,制定中长期人才发展规划。例如,设立专项基金,支持人才培养、引进和激励,为数字经济提供持续的人才保障。第二,构建多层次人才培养体系,提升专业技能。可以通过校企合作和产学研结合,提供实习和实践机会,提高学生解决实际问题的能力。同时,鼓励企业开展在职培训和继续教育,提升员工数字技能和职业素养。第三,优化人才引进政策,吸引高端数字人才。天津市应深化实施"海河英才"行动计划,通过可观的薪酬、职业发展机会和住房补贴等措施吸引优秀人才。简化高端人才引进流程,提供一站式服务,降低流动障碍。

(四)建设"数据滨海"共享平台,推动跨行业数据要素流通与高效治理

为充分释放数据的潜在价值,天津市必须完善数据共享机制,推动跨行业数据流通。具体而言,第一,必须明确数据共享的基本原则和框架。建议天津市制定数据共享的相关政策和标准,明确数据共享的范围、条件、流程和责任,确保数据共享活动在合法、合规的框架内进行。第二,推动跨行业数据流通,激发数据要素活力。天津市可以依托其在信创、大数据与云计算、人工智能等为代表的9大特色优势产业,促进数据资源的市场化交易。第三,构建数据治理体系,提升数据治理能力。构建包括数据采集、存储、处理、分析、应用等全生命周期的数据治理体系,确保数据资源的高效管理和利用。此外,建立"部

门间"数据共享、"政企间"数据开放、"企企间"数据融通的数据要素流通公共服务体系,推动数据资源优化配置和高效利用。

参考文献：

［1］ 洪银兴、任保平:《数字经济与实体经济深度融合的内涵和途径》,《中国工业经济》2023 年第 2 期。

［2］ 韩沈超:《数字基础设施与生产性服务业全球价值链地位攀升》,《统计与决策》2024 年第 14 期。

［3］ 王申、许恒、吴汉洪:《数据互操作与知识产权保护竞合关系研究》,《中国工业经济》2022 年第 9 期。

［4］ 余东华、李云汉:《数字经济时代的产业组织创新——以数字技术驱动的产业链群生态体系为例》,《改革》2021 年第 7 期。

［5］ 孙大明、胡苏敏、黄菁菁:《数字协同创新的区域数字治理归因》,《科学学研究》2024 年第 11 期。

科技创新引领天津制造业
数字化转型的路径研究

白玉芹　河北省社会科学院财贸经济所研究员

摘　要： 制造业是国民经济的重要支柱,也是参与国际竞争的重要基础。近年来,随着数字经济的快速发展,以及新一代信息技术的相互渗透,为制造业数字化、智能化升级带来新的历史机遇。当前,天津正处在深化供给侧结构性改革、壮大发展数字经济的关键阶段,利用信息技术对制造业进行全方位、多角度、全链条的数字化改造,是提高经济效率、实现高质量发展的必然选择。本报告深入剖析了科技创新引领天津市制造业数字化转型的现实意义,并在参考各省市制造业数字化转型实践经验的基础上,提出了天津市制造业数字化转型的发展路径。

关键词： 科技创新　数字经济　工业互联网　制造业数字化转型

加快推进互联网、大数据、人工智能与以制造业为代表的实体经济深度融合,以智能制造为主攻方向推动产业技术变革和优化升级,推动制造业产业模式和企业形态根本性转变已成为国家发展的重要议题。[1]近年来,党中央、国务院高度重视企业数字化转型,工业互联网连续7年被写入《政府工作报告》。党的十九大报告提出,要加快发展先进制造业,推动互联网、大数据、人工智能和实体经济深度融合。党的二十大报告指出,"实施产业基础再造工程和重大技术装备攻关工程,支持专精特新企业发展,推动制造业高端化、智能化、绿色化发展"。天津市是我国北方重要的工业城市和先进制造业研发基地。当前,数字经济浪潮席卷全球,国内外产业竞争日益激烈,以科技创新引领制造业数字化转型,是天津市深化供给侧结构性改革、构建现代化产业体系和实现高质量发展的必然选择。

一 天津市制造业数字化转型的现实意义

(一)制造业数字化转型是驱动经济增长的主要动力

习近平总书记强调:"数字经济发展速度之快、辐射范围之广、影响程度之深前所未有,正在成为重组全球要素资源、重塑全球经济结构、改变全球竞争格局的关键力量。"[2] 目前,全球经济发展面临下行压力,在这种压力下数字经济通过加速产学研融合提升技术产出,为全球制造业转型升级带来了新的发展机遇。尤其是以机器人等代表先进生产力方向的一批颠覆性技术,将带动新科技产业革命走向新的技术高潮,推动更深层次的制造业升级。据测算,全球目前有 60 多个万亿级的产业集群,仅在航空、电力、医疗保健、铁路和油气 5 个重点领域,如果引入机器人等自动化与数字化设备支持并提升 1% 效能,在未来 15 年这 5 大领域将节省近 3000 亿美元能耗,平均每年可以节约 200 亿美元。天津虽地处东部沿海地区,在航空航天、汽车制造、电子信息、石油化工等领域具有良好的发展基础。但与发达城市相比,经济发展水平还有一定差距。近年来天津制造业发展速度慢,增加值增速始终未跑赢全国平均水平,同时面临着技术、人才等资源环境的约束。通过引入新兴数字化技术,不仅能提高各制造行业的生产效率,降低成本,也会使市场竞争力不断增强。因此,加快数字化、网络化、智能化改造升级,实现制造行业的效率提升,将带来巨大的价值空间和市场空间,这是天津市培育壮大新增长点、驱动经济持续快速高质量增长的重要途径。

(二)制造业数字化转型是锻造产业链供应链的关键

锻造产业链供应链优势,是提升产业链供应链现代化水平的重要一环,这既包括打造新兴产业链,又包括推动传统产业升级。近年来,"5G+工业互联网"作为数字化转型的强大引擎,通过打造工业互联网平台,对制造业进行全方位、全角度、全链条的升级改造,不断释放数字技术赋能红利。工信部统计,目前我国工业互联网已经在航空、石化、钢铁、家电、服装、机械等多个行业得到了应用,具备行业、区域影响力的工业互联网平台已超过50家,重点平台平均工业设备连接数约60万台,工业APP达1500个,注册用户数平均超过50万。"十五五"时期,天津市供给侧结构性改革和产业转型升级的任务更加艰巨,石油、化工、钢铁等重点行业,不仅大多都处于全球产业链中低端,同时还面临着环境污染和产能过剩等压力,制造企业通过引入数字技术,加快实现生产线的智能化改造,制造业数字化转型成效显著,其中海尔天津工厂、联合利华天津食品工厂和丹佛斯工厂入选全球"灯塔工厂"。[3]但与发达国家相比,制造业数字化水平还有一定差距。以云计算为例,企业主要采用云计算技术实现业务的快速部署,而美国大型企业已广泛采用云计算技术来实现IT资源的共享和管理,亚马逊、微软和谷歌云等已成为全球领先的云计算服务提供商之一。由此可见,通过加快科技创新引领制造业数字化转型步伐,实现制造业价值链由中低端向技术附加值含量高的高端迈进,既可以保持天津市先进制造领先地位,也可以不断缩小天津与国际关键核心技术的差距,使其成为现代产业体系的重要组成部分。

(三)制造业数字化转型在创造就业方面发挥重要作用

制造业数字化转型不仅是技术的转型,更要实现人的转型。近年来,在制造行业领域,人工智能、区块链、机器人等新技术的开发应用越来越广泛,互联网医疗、线上办公、新个体经济等新业态和新模式层出不穷,创造了大量灵活的就业岗位,世界各国也重新认识到制造业在创造就业方面的作用。比如工业5.0开始涉及工业转型、生产流程加速和人工角色改变,更加关注高技能人员与机器人协同工作,这相对于工业4.0的全部无人化,呈现过渡性特征,也有利于缓解全球下岗潮。数字经济还催生了诸如共享经济、在线教育等领域的新兴产业,创造了更多的就业机会和经济增长点。[4]天津市是重要的工业城市和先进制造业研发基地,制造业具有先发优势,在满足消费和解决就业等方面发挥着无可替代的重要作用。通过科技创新引领,类似"数字型""技能型""能工巧匠"之类的岗位,可以保障就业结构多样化,为庞大的就业群体提供更多样化的选择,加快工业强市建设步伐。

二 科技创新引领制造业数字化转型的经验借鉴

随着数字经济快速发展,全国各省市积极推动数字科技与制造业深度融合,不少地区走在全国前列,尽管仍面临问题与挑战,却也正在展现强大的发展实力和活力。通过对各地区数字化转型实践的总结,并试图结合天津市的实际情况,为天津市制造业的数字化转型提出若干参考借鉴。

(一)推动数字技术和颠覆性技术加速涌现

数字经济的核心技术包括互联网、大数据、人工智能、区块链、云计算、物联网等。[5]近年来,全国各地正在集中力量进行数字技术能力创新,比如上海在工业元宇宙领域,通过构建数字化应用场景,正在打造数字孪生工厂,并建立工业数字化创新中心,加强技术整合,同时加速高端装备与纺织行业跨界融合。近年来,天津不断加强关键核心技术攻关,锻造了飞腾 CPU、麒麟操作系统、天河超级计算等核心技术。神州通用、南大通用等国产数据库的国内市场占有率达 1/2。河北省数字经济以先进制造业和现代服务业为主导,以大数据、云计算等新一代信息技术为支撑,推动数字技术与实体经济深度融合,为全省经济发展注入新的动力。截至 2023 年底,全省有效发明专利 64618 件,同比上年增长 24.39%,组织实施国家和省高新技术产业化项目 574 项,为制造业数字化转型奠定了良好的技术基础。但从科技创新实力、研发投入和研发强度看,各省市目前仍然有明显差距。从各地经验看,大多通过搭建跨学科、大协作、高强度的协同创新基础平台,并布局一批未来产业技术研究院,加强前沿技术多路径探索、交叉融合和颠覆性数字技术源头供给,在加速数字技术能力创新的同时,不断推动制造业数字化转型。

（二）充分释放数据要素潜能

2017 年 12 月，习近平总书记在中共中央政治局集体学习时强调，"在互联网经济时代，数据是新的生产要素"。当前，随着移动互联网、物联网和智能终端的快速发展，数据作为新型生产要素，对制造业转型升级产生重大影响。近年来，移动互联网、物联网和智能终端的发展，为制造业数字化转型创造了良好条件。比如广东，加快推动工业企业"上云上平台"，累计推动约 2.7 万家规上工业企业数字化转型，培育了 300 多家数字化和工业互联网示范性企业。宁波全方位推进产业数字化，着力打造全球制造创新之都，通过构建完善的"基础级 + 行业级 + 企业级"工业互联网平台体系，探索推广"产业大脑 + 未来工厂"模式，培育了吉利汽车、雅戈尔服饰等 17 家省级未来工厂和试点工厂。河北数据量快速增长，目前钢铁领域数智创新已成为河北数字经济的主战场，河钢数字已入选 2023 国家"双跨"平台。全省钢铁行业两化融合水平为 64.5，高于全省平均水平 12.8%，居全省制造行业第 1 位；生产设备数字化率和数字化生产设备联网化率分别为 53.9% 和 59.8%，均高于全国平均水平。近年来，随着数字化转型的基础设施建设不断加快，天津市网络覆盖范围和承载能力全国领先，累计建成 5G 基站 7.3 万个，忽米、海尔、华为等国家级"双跨"平台落地，中汽中心、宜科、新天钢等一批行业级平台基本建成，为天津市制造业数字化转型提供了坚实的基础。目前，全国大部分省市数据价值化发展仍处在初级阶段，数据对产业的贡献度较低。从各地经验看，重点在以下方面进行突破：一是加快构建大型科学装置和公共科研平台，推进"连接 + 算力"基础设施的高质量发展。二是积极推进数据标准化体系建设，完善数据产权登记制度，创新数据开发利用机制，不断加快推动数据要素充分流动，促进产业、数字、绿色深度融合。三是完善网络体系，继续推动 5G 赋能行动，持续部署 IPv6 产业发展。四是加快培育各行业、区域工业互联网公共服务平台，继续开展工业互联网一体化进园区"百城千园行"活动，遴选省市级"工业互联网 + 园区"试点。五是加快算力产业体系布局，围绕算力产业链，推动一批芯片、服务器、操作系统等软硬件企业和大模型、云服务、元宇宙等数据服务企业落地。同时,重点围绕软件、大数据等开展招商,带动生态合作伙伴和产业链上下游企业聚焦发展。

(三)重视人才并完善人力资本结构

加快推动制造业数字化转型的关键要素是人才,既包括高水平科技创新人才,也包括具有前瞻眼光的企业家和投资家。近年来,河北省积极引进和培育高端人才,为产业转型提供智力支持,如河北省科技厅、省国资委共同签署了《河北省科学技术厅 河北省人民政府国有资产监督管理委员会 2023—2025年科技创新战略合作协议》,提出共同实施国有企业关键技术研发、引育人才、设立国企科创基金等 10 项务实举措。但全省专业技术人才中,新材料、新能源、生物技术等新兴产业的人才占比不足 20%,高层次创新型人才仅占人才总量的约 5%,远低于国内先进地区的水平。比如浙江,作为中小传统制造企业占比高的制造业大省,为加快推动中小企业数字化转型人才队伍建设,制定了数字化人才标准,纳入"高精尖缺"人才目录,并给予人才补贴和政策倾斜。江苏在打造先进制造业集群过程中,非常重视人才的引进和培育工作,并逐步建立完善的人才激励机制和培训体系。但随着数字化转型的深入推进,高端人才储备不足,仍不断制约着各地企业智能化改造。从各地发展经验看,重点在以下方面进行突破:一是大力引进和培养高水平科技创新人才,特别是在新材料、新能源、智能制造等领域一流科技领军人才和创新团队、青年科技人才和高技能数字人才,以及能够把握未来需求、熟悉技术变革趋势、洞悉商业机会的企业家和投资家,为制造业数字化转型提供智力支撑。二是提高劳动者素质,完善人力资本结构,建立多层次人才培养体系,加强人才梯度培养,重点提升基础学科拔尖人才的培养水平,强化数字产业、战略性新兴产业、未来产业所需人才培养,培育适应制造业数字化转型要求的劳动力队伍。

(四)推动传统制造行业数字化、智能化发展

传统制造行业是制造业的基础,也是数字化、智能化转型的主战场。近年来,全国不少省市通过深入贯彻落实制造业数字化转型各项工作部署,加快推

动工业互联网建设,走在了全国前列。苏州市鼓励数字化转型标杆企业输出技术解决方案和管理经验,支持大中型企业成立信息服务等独立法人实体,提供"智改数转"服务。2024年2月,山东省印发了《全省规上工业企业数字化转型工作方案(2024—2026)》,持续优化工业企业数字化转型。同时,深化实施"工赋百景"行动,聚集行业转型需求,"揭榜挂帅"打造可推广的典型场景解决方案,带动行业快速提升数字化转型水平。河北省地理空间广阔,内环京津,全省制造业产业体系完备,为数字化产业配套提供了重要配套条件。经过多年发展,在全部41个工业行业大类和207个行业中类中,河北省已覆盖40个行业大类、184个行业中类,覆盖率分别达到97.6%和88.9%,其中钢铁产业和装备制造业优势突出,有丰富的数字化转型的场景。天津市工业历史悠久、门类齐全,近年来大力引育新动能,制定出台了国内首部智能制造发展条例,并出台"智造十条"实施细则,几年间支持资金50多亿元,支持项目2700多个。建成丹佛斯、海尔5G工厂、长荣科技等200家智能工厂和数字化车间。全国各省市通过不断深化大数据、人工智能等研发应用,开展"人工智能+"行动,通过推动工业设备上云、应用数字技术改造生产线等措施,推动传统制造企业实现了生产效率的大幅提升和运营成本的明显降低。从各省市发展经验看,重点在以下方面进行突破:一是在智改数转网联方面,继续推进新一代信息技术与制造业深度融合,大力支持工业互联网重点建设项目,如加强钢铁企业的数字化基础设施建设,实现生产过程的智能化监控和管理等项目;深入实施节能降碳改造,利用制造业数字化转型推广应用先进绿色技术,构建绿色低碳循环经济体系。二是合理规划制造业数字化转型的发展环境,加快建设工业互联网协同发展示范区,成立数字化转型促进中心,打造工业互联网和网络安全产业链。三是推动优势产业链数字化升级,如推动智能制造、轨道交通等装备制造产业链上下游企业之间的紧密合作,形成数字化协同创新的良好氛围,培育一批具有国际竞争力的领军企业,打造装备制造产业数字化发展新高地。

(五)聚焦数字领域打造战略性新兴产业集群

近年来,数字领域较强竞争力的战略性新兴产业集群正在形成。比如广东,新一代电子信息、现代轻工纺织、先进材料、绿色石化等产业集群的规模都已经超万亿元级。2023 年,广东省制造业增加值占 GDP 比重达到 32%,8 家企业入围《财富》世界 500 强。但从制造业集群内部看,企业的信息化和数字化水平参差不齐。河北省通过实施新一代信息技术产业三年"倍增"计划、加快建设生物医药原料药基地等措施,努力打造新的经济增长点。同时,河北省还积极培育战略性新兴产业和未来产业,抢占数字产业发展的制高点,为制造业数字化转型注入了强大的动力。2023 年,河北省全年规模以上工业战略性新兴产业增加值增长 4.4%;高新技术产业增加值增长 7.5%,占规模以上工业增加值的比重为 21.4%。但从产品市场占有率、关键零部件替代率和区域经济贡献率来看,产业能级和现代化水平并不高。天津市积极抢占发展机遇,将信创产业作为高质量发展的战略引擎,大力发展以新一代信息技术为引领的数字产业,并打造集成电路、智能传感器等一批新增长点,在智能终端、信创、人工智能等多个领域形成超千亿级的产业集群,成为国内领先的数字产业聚集区。从各省市经验来看,大多在以下方面进行突破:一是把新一代电子信息、绿色石化、生物医药、先进材料、智能制造等战略性新兴产业发展作为重中之重,实施产业数字化创新工程,完善产业生态,拓展应用场景,促进战略性新兴产业融合集群发展。同时,加大招商引资力度,谋划实施一批科技含量高、投资规模大、市场前景好的重点项目。二是在制造业数字化转型方面,持续加强区域间的协同创新和产业协作,积极布局发展未来产业和数字经济,开辟量子技术、生命科学等新赛道,利用先进数字技术不断催生产业新形态。三是根据资源禀赋、环境容量和市场需求,优化各区域产业布局,并依据不同产业特点和自身优势,打造数字经济主导产业集群和创新中心,形成一定规模的数字经济产业生态圈。

（六）完善制造业数字化转型创新生态

数字化转型必须聚焦数字生态建设。近年来,全国各省市通过系统谋划,层层布局,不断释放创新生态效应。比如江苏,以智能制造为产业数字化基础,在全国具有示范效应,人工智能领域核心企业超过1000家。如南京成功创建国家人工智能创新应用先导区,在信息服务、新型电力装备等领域优势突出,苏州在生物医药及高端医疗器械、纳米新材料等领域有着突出表现。上海也通过挖掘示范区引领数字化转型的深度,加快了张江数字生态园、市北数智生态园等建设,不断释放数字化转型引领效应。河北省着力完善协同创新体系,不断提升科技成果在京津冀区域内转化效率。2023年河北省吸纳京津技术合同成交额达810亿元,是2014年的12倍;京津专利技术在河北省转化1339次,同比增长74.74%。同时,对接企业实际需求,河北省引入京津等地科研资源,与省内11家产业技术研究院构建产学研协作新模式,已攻克30多项关键共性技术难题。天津市数字化转型生态良好,重视数字化技术创新中心建设,拥有天津数字城市研究院、天津智能制造数字化赋能中心等平台载体,并组建了工业互联网产业联盟,为制造业数字化转型提供了技术支撑。同时,积极布局人工智能、车联网等新兴产业发展,成功获批国家新一代人工智能创新发展实验区、天津(滨海新区)国家人工智能创新应用先导区、天津(西青)国家级车联网先导区。目前,全国各省市科技研发平台建设在国内竞争力并不相同,科技创新能力高低决定了高质量发展的步伐。从各地发展经验看,重点在以下方面进行突破:一是继续深化产学研合作。建立数字技术需求发布机制,构建产学研协作新模式,促进产学研联合攻关。二是强化企业创新主体地位。鼓励企业采用先进的数字技术,形成具有自主知识产权的核心技术和产品,如钢铁企业加大在特殊钢、高附加值钢材等领域的技术改造。三是围绕制造业产业链数字化转型,强化人才统筹和柔性共享。比如京津冀地区,为了加强京津冀地区人才一体化发展,加快制定出台"京津冀人才发展战略规划"。除此之外,各地区通过完善科技成果高质量供给、高效率转化的创新生态,不断加快推动制造业数字化转型。

三　科技创新引领天津制造业数字化转型的路径

加快推动天津制造业数字化转型,关键是要围绕制造业的发展特色、既定优势以及国家战略的需要,以科技创新为引领在关键点寻求突破。

(一)加强顶层设计,从不同层面建立制造业数字化转型战略思路

结合天津实际建立战略思想。一是区域层面,瞄准新一代信息技术前沿和数字创新需求,充分借鉴国内外成功经验,精准选择、顶层设计,研究制定针对性支持政策,培育打造一批有数字化竞争优势的产业生态圈,使之成为引领制造业数字化转型的主体力量。一方面,聚焦电子信息、智能终端、工业机器人、车联网等制造业重点领域,强化产业集聚,打造具有国际竞争力的数字产业集群。另一方面,不断拓展产业融合路径,持续推进先进制造业与现代服务业深度融合,加快培育先进制造业与现代服务业融合优势产业集群和示范载体,如工业互联网平台、智能制造新模式等。二是在产业链层面,在继续强化天津制造业竞争力的基础上,把握全球新一轮产业革命新趋势,扬长避短,加快全方位、全角度、全链条的数字化改造,实现从全球产业链中低端向中高端跃升。三是在产业层面,继续打造网络化、数字化、智能化生产制造新方式与产业运行新模式。强化技术引领,依托天开高教科创园等平台,加快形成科技研发和产业转化"握手通道",推动数字技术与实体经济深度融合,催生新产业、新业态、新模式。

(二)强化调控,根据发展目标创新制造业数字化转型模式

根据制造业不同行业的发展特点,探索多途径、多方式的数字化转型模式,推动天津优势制造产业数字化转型实现"质"的飞跃。一是加快创新平台建设,建立和完善产业共性技术研究中心,为制造产业相关企业数字化技术创新提供平台。二是加快推进技术创新,引进新技术并进行消化吸收再创新,对制造产业进行数字化转型和数字技术升级,促进新产品和新工艺的开发。三

是加快智能化改造,通过制定重点行业领域智能化路线图,分行业、分步骤开展数字化制造普及、网络化制造示范和智能化制造探索。四是创新生产方式和组织管理模式,将精益生产、敏捷制造、模块化制造和个性化定制等与制造产业关键环节有机结合,提高投入要素的配置效率。五是通过利用数字技术发展清洁生产和再制造,促进传统制造业向先进绿色制造业转型升级。

(三)优化环境,营造有利于制造业数字化转型的政策与服务体系

一是政府应制定和实施相关政策,持续优化营商环境,出台更多支持制造业数字化转型的政策措施,如税收减免、资金补贴、融资便利等,鼓励数字产业的发展,降低企业转型成本,激发市场活力。依托海河产业基金、天使母基金等政府引导基金,设立数字化转型种子基金,培育壮大本土数字化服务商。二是强化新型基础设施支撑。加快推进5G设施和千兆光纤建设应用,加快全国一体化算力网络京津冀国家枢纽节点建设,实施工业互联网建设工程,加快构建云边协同、云网协同、固移协同的工业互联网网络体系等,特别是5G网络、数据中心、工业互联网平台等新型基础设施的建设,为制造业数字化转型提供坚实支撑。三是激活数据要素,加大高质量数据要素的投入。重点加强公共数据资源有序开放,建设省公共数据开放平台;加快数据要素资源高效有序市场化流通,推动筹建雄安新区数据交易中心,为全面推动传统产业数字化升级提供服务。四是建立健全数字化转型服务体系,包括技术咨询、人才培训、知识产权保护等,帮助企业解决转型过程中遇到的实际困难,提升整体转型效率和质量。同时,相关部门整合天津市目前的技术创新政策、技术改造政策、高新技术产业政策,制定出适合制造业数字化转型的支持政策,借鉴先进省市经验,在实行分类指导的基础上增强政策聚焦度,引导制造业选择科学、有效的数字化转型路径和战略,为天津市"智改数转"工作提供指导遵循。

(四)注重人才培养,打造适应数字化转型的高素质人才队伍

人才是制造业数字化转型的第一资源。一是加大对数字化转型相关人才的培养和引进力度,升级"海河英才"行动计划,创新高层次数字人才引育机

制,为高端数字化行业领军人才、复合型人才以及具备创新思维的创新后备人才提供全方位保障。二是通过校企合作、产教融合等方式,支持行业重点企业与高校、科研机构共建制造业数字化转型等产业学院,有针对性地培养一批既懂制造业又懂信息技术的复合型人才,为天津市制造业数字化转型提供坚实的智力支持。三是鼓励企业设立内部培训机制,有针对性地开展与数字化相关的技术和管理人才培养,提升现有员工的数字化技能水平。四是通过设立数字人才引进计划,吸引国内外优秀人才来天津市工作,为制造业数字化转型提供强大的人才保障。

（五）强化创新驱动,推动制造业数字化转型与产业升级深度融合

一是鼓励制造企业开展关键核心技术攻关,提升自主创新能力,并加大数字化创新研发力度和技术改造投入,提升企业数字化的创新水平。特别要高度重视高科技中小企业数字化升级,加快推动处于产业链和价值链高端环节的高成长型企业、创新型中小企业升级,并通过数字化转型构建一批专业化优势明显、竞争能力强的多层次、递进式中小企业梯队。一方面,对标全球"灯塔工厂",推动价值链高端环节的高成长型企业加速数字化转型,打造数字化转型标杆;另一方面,以滨海新区为试点,面向汽车零部件、生物医药等行业中小企业,构建公共性工业互联网平台,加快推进中小企业数字化转型。二是推动数字化技术与传统制造产业深度融合,通过智能化改造、服务化延伸、绿色化转型等方式,促进制造业数字化转型升级,培育发展新动能。如在汽车制造、石油化工等传统制造领域,推广应用智能制造、绿色制造等技术,提高资源利用效率,减少环境污染,实现可持续发展。三是继续打造网络化、数字化、智能化生产制造新方式与产业运行新模式,健全"基础级＋行业级＋企业级"工业互联网平台体系,提升工业互联网平台能级,加快推进忽米、海尔、华为等国家级"双跨"平台的应用,培育一批国内一流的行业级平台,重点开展企业上云行动,推动电子信息、生物医药等新兴优势行业数字化转型。四是培育一批基于数字化平台的虚拟产业集群,引导平台通过完善运营机制、共享数据资源、选择不同的作用点、重点和方法,推动汽车制造、电子信息、石油化工等优势制造

集群进行数字化转型升级。

(六)深化合作,构建开放协同的制造业数字化转型生态

在全球化背景下,天津市应进一步深化与国内外先进地区、知名企业及科研机构的交流合作,共同探索制造业数字化转型的新路径、新模式。一是加大政府支持力度,营造产学研紧密合作的创新生态环境。天津市地处京津冀经济圈,可主动对接北京中央企业、科研院所、高等院校等,吸收高端的创新资源,协力打造京津冀协同创新共同体,着力建设先进制造业创新高地,建成一批科技企业孵化器和众创空间。同时,聚焦新一代信息技术、制造业数字化等领域,按产业链一体化部署,组织实施关键核心技术攻关,建设一批市级以上重点实验室、工程研究中心等创新平台,为制造业数字化转型提供高端平台。二是强化创新平台建设,通过搭建开放共享的合作平台,全力支撑"京数津算",成为"东数西算"重要节点,促进技术、人才、资金等创新要素的流动与优化配置,推动数字服务产业规模突破和出口能力显著提升,形成互利共赢的数字化转型生态。如举办国际制造业数字化转型论坛,邀请国内外专家、学者及企业家共商发展大计,推动合作项目落地实施。与此同时,依托人工智能、大数据应用分析、网络安全等大赛,充分挖掘全社会创新创业资源。三是鼓励市内企业"走出去",参与国际竞争与合作,吸收借鉴国际先进经验和技术,加速提升自身数字化转型能力。

参考文献:

[1] 新华社:《习近平出席中国科学院第十九次院士大会、中国工程院第十四次院士大会开幕会并发表重要讲话》,2018 年 05 月 28 日,http://www.gov.cn/xinwen/2018-5/28/content_5294268.htm。

[2] 习近平:《不断做强做优做大我国数字经济》,《求是》2022 年第 2 期。

[3] 李莹杰:《推动天津制造业数字化转型策略研究——学习贯彻党的二十大精神》,

《天津经济》2024 年第 7 期。

　　［4］杨佩龙、郭克莎：《数字经济对制造业发展的影响探析》，《经济学家》2023 年第
9 期。

　　［5］刘伟：《数字经济对制造业产业链韧性的影响研究》，《技术经济与管理研究》2023
年第 8 期。

数字经济赋能天津绿色技术创新的思路与对策研究

兰梓睿　天津社会科学院生态文明研究所副研究员

摘　要： 党的二十大报告提出"加快发展数字经济,促进数字经济和实体经济深度融合",党的二十届三中全会进一步强调"健全促进实体经济和数字经济深度融合制度"。天津在数字经济赋能绿色低碳技术创新方面进行了积极探索,但也面临政策法规有待完善、技术壁垒仍然存在、数据安全风险不断显现、融合协同度尚需提升等挑战。建议天津积极实施数字技术升级、分类协同合作、创新发展模式等发展思路,强化数字经济政策的支持与引导、加强数字化技术创新与供给、提升数据安全风险抵御能力、持续推进数字化技术赋能绿色创新。

关键词： 数字经济发展　绿色技术创新　数字化技术

绿色低碳技术创新是全球新一轮产业革命和科技变革的重要内容,更是我国应对气候变化、推动高质量发展、实现美丽中国建设目标的重要支撑。天津作为国家首批低碳试点城市,应聚焦绿色低碳循环发展关键核心技术,创新科研攻关机制,加快构建绿色低碳技术创新体系,推动低碳前沿技术研究和产业迭代升级,抢占绿色低碳技术制高点,高质量引领支撑我市如期实现碳达峰碳中和。同时,数字经济的快速发展为天津绿色低碳技术创新提供了新机遇、新要求,以数字经济赋能绿色低碳技术研发与应用已成为至关重要的研究领域,更是天津因地制宜发展新质生产力的具体表现。

一 数字经济推动天津绿色技术创新举措

（一）关键核心技术加速攻关

基础研究项目重点支持数字经济推动绿色低碳技术创新。2024 年天津市自然科学基金项目指南中,在新能源领域强调项目面向新能源技术数字化和智能化的发展需求,开展智慧电网、热网关键技术攻关,获得对提升新能源发电系统效率和稳定性具有关键作用的原创性成果。采用"揭榜挂帅"机制实施"碳达峰碳中和科技重大专项",注重数字化赋能工业产业园近零碳关键技术、数字化推动零碳港区关键技术等方向的项目立项。在年度科技领军（培育）企业重大创新项目、京津冀协同创新项目中,突出数字化赋能新能源技术、生态环境治理技术方向的科技立项。

关于生态文明建设中的重大科技需求,科研院所以及重点研发企业聚焦于数字化赋能绿色低碳技术创新。在绿色低碳领域中的先进适用示范性技术成果方面,赫斯辛克（天津）智能自动化技术有限公司聚焦数字化赋能能耗监测技术,围绕"一种能耗在线监测用一体化数据采集终端"展开技术攻关,该能耗监测系统以物联网、云计算等数字化技术为支撑,实现对重点用能单位能源消费情况的实时监测,提高能源数据的准确性、及时性,实现部门信息共享,为政府部门强化能源管理,企业节能降本增效,社会公众加强节能意识提供基础支撑。天津科技大学和天津市塘沽鑫宇环保科技有限公司围绕"互联网＋环境应急污水处理装备的研发与示范"展开技术研发和工程示范,聚焦数字化赋能污水处理技术,共同研发出"一种海上平台高盐生活污水处理回用装置"。

（二）政策支持力度不断加大

支持企业搭建数字化创新平台。支持天津市圣威科技发展有限公司建设"基于生态环境新污染物监管指挥与决策平台",实现对新型污染物和排放单位的监测和预警、对治理技术的支持和指导。推动玖龙纸业（天津）有限公司完成"绿色造纸废弃物循环利用技术及智能化平台的研发",实现从原料、制浆、造纸到废物资源化全产业链的绿色造纸平台建设,项目成果近一年销售额高达416433.55万元。

支持环保企业积极利用数字化技术赋能绿色低碳技术创新。通过科技领军(培育)企业重大创新项目、重点研发计划等各类科研计划,重点支持天津环博科技有限责任公司围绕"12英寸超大硅片智能化柔性产线核心装备研发及产业化"、中船风电工程技术(天津)有限公司围绕"风储一体化控制关键技术研究及应用验证"、合力(天津)能源科技股份有限公司围绕"油气钻采设备智能化创新项目"开展技术攻关。2024年通过技术创新引导专项(基金)、制造业高质量发展专项、重点研发计划等支持麒麟软件有限公司、先进操作系统创新中心(天津)有限公司、飞腾信息技术有限公司等围绕"面向开放生态建设的操作系统兼容性工具链开发及应用"展开技术攻关。

(三)先进技术推广力度持续加强

依托数字化平台对绿色低碳先进技术进行推广。以科服网·天津成果网线上平台为核心,推动高校院所、行业、服务、区域等四类技术转移机构协同配合,打造"1+4"技术转移体系,积极为"低碳"领域的各类民营企业提供成果路演、供需对接等服务。完善科技成果评价机制,指导天津产权交易中心持续完善技术产权股权交易平台,实现绿色低碳等领域科技成果全流程线上交易。

利用数字化传播手段对绿色低碳技术进行推广。组织专场成果推介会,遴选了6项节能降碳领域先进技术,召开"天津市2023年节能降碳先进技术推广会",并连续在官网展播,宣传推广科技发展成效、技术成果和示范案例,推动低碳、清洁、高效的发展技术,提高天津市节能降碳科技成果转化效率。通过科学技术普及项目、创新基地(平台)与人才专项计划组织"碳普惠微课堂""'生态环境多元共治,协同助推双碳目标'科技人才大讲堂"等科普推广活动。

二 数字经济赋能天津绿色技术创新面临的机遇与挑战

(一)数字经济赋能天津绿色技术创新面临的机遇

"十四五"期间,天津持续推进数字化发展,发布《天津市加快数字化发展三年行动方案(2021—2023年)》《天津市算力产业发展实施方案(2024—2026年)》等政策方案。天津数字经济快速发展,为绿色低碳技术创新带来了前所未有的发展机遇,不仅为推进绿色低碳技术研发和应用提供了技术支撑,还为提升绿色低碳技术创新效率提供了重要保障。

一方面,数字经济为天津推进绿色低碳技术研发和应用提供了技术支撑。天津重点发展互联网技术,实施5G应用示范推广工程,提升端到端网络切片、边缘计算、高精度室内定位等关键技术支撑能力,开展更大范围、更深层次5G应用协同创新,在重点行业打造5G应用试点示范。互联网技术将迅速而精准地捕获大量与绿色低碳技术创新相关的技术数据,利用大数据分析功能,进一步挖掘技术数据的核心价值和技术关联性,为研发绿色低碳新技术提供强有力的技术支撑。同时,天津在人工智能技术发展方面持续发力,打造新型智能化计算设施,加快与量子计算、区块链技术融合发展,建设超大规模人工智能计算与赋能平台,提供多层次智能算力服务,实现数据中心从数据存储型向计算型转变。利用人工智能技术将从各种技术数据中甄别出有价值的核心信息,通过深度学习技术进行准确地分析挖掘,找到未来潜在的绿色低碳技术创新关键点,增强绿色低碳技术的研发能力。人工智能技术还有助于打通绿色低碳技术创新链条中的上下游,连接不同技术领域的创新资源,实现绿色低碳领域中多种创新技术之间的共同协作和融合发展。

另一方面,数字经济为天津提升绿色低碳技术创新效率提供了重要保障。天津推动新型基础设施建设,夯实数字化发展技术,进一步助力提升绿色技术创新效率。例如,按照国家生态质量监测网络统一部署,天津不断加强大气、地表水环境质量自动监测点位与国家生态质量网络的互联互通;建设细颗粒物与臭氧协同控制监测网络,逐步构建天地一体、上下协同、信息共享的生态环境监测网络,为建设智慧生态环境平台夯实基础。再如,建设天津市能源大数据中心,打造能源大数据运营服务基地、协同创新基地、产业聚集基地,构建滨海能源互联网综合示范区等。生态环境监测网络、能源大数据中心等平台收集的基础数据为绿色低碳技术研发的可靠性提供佐证,有利于绿色技术研发效率的提升。另外,天津继续拓展算力赋能领域,助力绿色化智能制造、智能网联汽车等领域技术创新效率的提升。绿色智能制造方面,推动工业基础算力资源和应用能力融合,提升工业机器人和自动化设备智能化水平,实现更高效的生产和资源利用;支持研制工业细分垂直行业大模型,加速释放工业数据价值,支撑制造业新场景运转,优化生产资源、重构生产流程,提高制造业绿色生产效率。智能网联汽车方面,以边缘算力资源支持自动驾驶算法决策和场景开发,推进解决智能网联汽车面临的复杂场景、多样的交通参与者及突发事件等驾驶难题;整合算力资源,建设智能网联汽车运营服务平台,促进"车、路、云、网、图"有机协同,发展智能网联服务新业态。

(二)数字经济赋能天津绿色技术创新面临的挑战

一是政策法规有待完善。近年来,天津只出台了数字化发展、算力产业发展等数字经济发展的促进政策,缺少对数字化技术具体应用的激励政策,如鼓励企业利用数字化技术推进绿色低碳技术研发的奖励政策、引导高校科研院所在数字经济赋能绿色技术创新领域投入研究的支持政策等。同时,也缺乏完善的评价和监管制度,某些企业利用政策法规漏洞从事不正当的数字经济活动,不仅没有推动绿色低碳技术的研发和应用,还对生态环境造成破坏。此外,现阶段天津缺少针对不同行业的数字化技术赋能绿色低碳技术创新的具体方案和评价指标。

二是技术壁垒仍然存在。目前,针对高耗能高碳产业的数字化转型技术还未能满足落地使用的要求。一方面,高昂研发成本问题尚未解决,以风电行业为例,天津目前使用的可再生能源并非来自本地,风电能源产地远离负荷中心,必须通过跨区域输电系统以及智能电网调度等数字化基础设施的配合,这将大幅增加绿色技术研发成本。另一方面,关键核心技术存在缺失,如数字化技术在新能源发电并网、电力调度的应用过程中的稳定性还需提高,由于新能源发电具有间歇性且较大波动的特点,对数字化技术调控电力供应提出了更大的挑战。

三是数据安全风险不断显现。数字经济赋能绿色技术创新过程中,对海量数据(包括企业的财务数据、客户信息等)的获取和管理是重要一环,一旦出现网络遭到非法攻击或是数据失窃等问题,将带来极其严重的损失。如在电力行业,天津大部分小区已经换上智能电表,以及虚拟电厂等数字化技术应用在天津的推广,用电消费者的缴费记录、个人信息等敏感数据更容易被获取,甚至被上传到网络云空间且被第三方机构管理、分析。在数据被保护不足的情况下,敏感数据将会被泄露或是滥用,用电消费者的隐私权益将被侵犯。

四是融合协同度尚需提升。碳市场作为以碳排放权交易为主的市场平台,集合了多种绿色低碳创新技术。天津作为国家首批七个碳排放权交易试点之一,已经连续9年履约率保持100%,但数字化技术对天津碳市场的优化机制仍需加强,数字经济与碳市场之间还未形成有效的融合协调机制,仍有许多问题亟待解决。例如,区块链技术如何赋能碳市场便捷功能的优化;大数据技术、人工智能等数字化技术如何促进碳市场交易效率的提升;云计算、物联网等技术如何赋能碳市场扩容能力的提高等。

三　数字经济赋能天津绿色技术创新的思路

（一）数字技术升级赋能天津绿色低碳技术研发

数字经济通过大数据技术、云计算、人工智能、区块链等领先科技手段,借助数字化技术升级迭代赋能天津绿色低碳技术创新,尤其在环境数据采集与核算、全流程节能降碳等方面。

在环境数据采集与核算方面,借助数字化技术重新构建数据模型,赋能原有环境数据采集与核算模型,精准采集和核算企业生产过程中的能源使用以及污染物排放数据,充分分析及掌握企业生产过程中污染物排放规律,从而实施有针对性的治理措施。在电力领域,深度学习算法、虚拟现实技术等数字化技术将有助于国家电网天津公司实现电网智能化监测,并提出促进能效提升、减少碳排放的实施方案,做到能源管理全过程的智能调控。据统计,数字化技术将有助于我国电力行业在 2030 年减少二氧化碳排放 4.2 亿吨。在交通领域,云计算、人工智能技术等数字化技术将赋能天津滨海国际机场的调度技术,实现智能化调度,将大幅度减少航空燃油消耗量。例如,百度推出的智能云有效提升机场调度效率,每架飞机将减少 10—20 升的燃油消耗量,从而使航空碳排放量大幅下降。

在全流程节能降碳方面,利用数字化技术赋能各生产环节的绿色低碳技术创新,做到精准监测控制排放、优化能源利用结构、改善生产工艺流程等全流程节能降碳。首先,借助大数据技术搭建能源、碳排放等数据管理平台,通过信息技术赋能监测设备、传感器等,从能源供给侧到能源需求侧实施精准监测,基于监测数据利用人工智能技术提出节能减排的具体方案。其次,基于企业、行业等能源消耗海量数据,利用深度学习算法对能源供需动态变化进行拟合分析,为逐步优化能源利用结构、提升清洁能源调度优化能力以及提高能源系统稳定性等提供决策依据。最后,借助大数据技术、区块链等数字化技术厘清生产过程各个环节的数据关联逻辑,构建能源消耗数据交换接口,疏通各生产环节的能源数据流,通过建立多维度多类别数据分析模型对生产全过程进行精准控制,从而改善生产工艺流程。

(二)分类协同合作推进天津绿色低碳技术变革

不同类型行业对绿色低碳技术创新的需求不同,导致数字经济赋能不同行业绿色低碳技术创新的战略以及举措不同,因此,应按行业分类协同合作持续推进天津绿色低碳技术变革。

建筑类行业作为传统行业,如中建六局、天津建工集团等企业,应聚焦数字经济与绿色低碳技术创新的深度融合发展,利用数字化技术赋能建筑业各环节的节能降碳技术研发,推动建筑企业降本增效、绿色生产。如人工智能技术有助于建筑企业优化绿色生产决策,实现绿色化和智能化生产;5G 技术有助于赋能建筑业每个碳生产单元,使每个生产环节变得可连接可通信;云计算技术有助于促进建筑生产数据应用到绿色低碳技术研发中。

能源类行业绿色低碳转型压力较大,如天津能源集团、国家电网天津公司等企业,对绿色低碳技术创新需求十分迫切,应聚焦其生产设备的信息化和自动化能力的提升。一方面,借助数字化技术赋能能源行业生产工艺流程,在能源领域关键核心技术方面实现创新突破;另一方面,利用数字化技术构建能源原材料及能源加工产品销售平台,缩短采购流程,将交易成本最小化,实现资源配置效率最大化。

制造类行业在数字化转型以及绿色低碳技术创新方面均处于较高水平,如天津渤化集团、天津百利机械等企业,应引导其将数字化技术赋能绿色低碳技术研发作为行业发展新动能,帮助解决制造类行业产能过剩、产业结构调整、降本增效等问题。利用数字化技术整合产业链供应链中的上下游企业资源,推动其在产能、技术、信息等方面精准而高效对接,提升绿色生产效率,赋能绿色制造全过程、全环节。

文旅类行业往往数字化转型程度较高,但在绿色低碳技术创新方面投入不足,如天津旅游集团等,应以数字化技术赋能文旅消费应用场景,降低文旅产品的开发成本,推动绿色文旅消费方式。借助数字化技术赋能文旅产业全过程,实现数字化销售、数字化管理和数字化服务,最大化开发文旅产业中的数字化资源,倡导绿色文旅消费观念。

(三)创新发展模式推动天津绿色低碳技术应用

数字经济通过数字化技术赋能手段创新管理模式、商业模式以及市场交易模式等,优化要素资源配置,进一步推动天津绿色低碳技术创新。

管理模式方面,借助数字化技术,优化现有的资源共享网络技术,补齐管理信息系统漏洞,实现全面数字化管理,促进绿色创新要素流动,提升资源配置效率,充分满足企业绿色低碳技术创新需求。完善的数字化管理平台将为绿色低碳技术信息、低碳管理理念以及创新服务提供共享、交流渠道,促进绿色低碳技术人才要素流动,有效解决资源错配问题,激发绿色低碳技术创新活力,因地制宜发展绿色新质生产力。另外,数字化赋能的绿色智能技术服务以及管理模式将影响邻近地区,产生正向的空间溢出效应,如天津经济技术开发区天河数字产业园区将为邻近区域绿色低碳技术创新提供数字化技术支持。

商业模式方面,借助云计算、物联网、大数据等数字化技术赋能商业平台提升,实现商业模式的数字化、平台化和智能化,引导企业向绿色低碳的经营模式转变。一方面,数字化技术赋能天津传统产业如钢铁行业、轻工行业等商业模式,优化资源配置,控制生产成本,针对未来的商业风险提出科学的应对策略,有效节省成本,做到资源利用最大化。另一方面,数字化技术与传统产业融合发展催生新的商业模式,如电子商务、在线教育、在线医疗等,不仅满足消费者多元化需求,也减少了物质产品消耗,进一步降低碳排放,实现绿色化服务。

市场交易模式方面,数字经济通过改善数据要素供给,有效推进绿色低碳转型发展的数据要素供给端改革,利用大量数据作为载体,搭建企业碳资产管理系统,为市场交易主体提供决策参考。例如,利用物联网、区块链等数字化技术赋能天津制造业企业碳资产管理以及碳排放权交易,实现碳排放权交易全过程实时透明、链上碳排放数据不可篡改,推进天津碳排放权交易市场有序发展。

四　数字经济赋能天津绿色技术创新的对策建议

(一)强化数字经济政策的支持与引导

研究制定数字经济赋能绿色低碳技术创新规划,明确制造业、建筑业、交通等重点领域数字化技术推进绿色低碳技术创新具体措施和实施路径;选取数字化基础设施完备的重点区域如数字产业园区、数字化企业等,围绕云计算、大数据技术、人工智能、物联网等数字化技术赋能绿色低碳技术创新,打造应用示范点。研究制定财政补贴、税收减免以及贷款利率优惠等相关政策,支持和引导重点行业、重点领域借助数字化技术赋能绿色低碳技术创新,鼓励企业利用数字化技术积极转型。研究制定数字化技术赋能绿色低碳技术创新相关标准和规范,引导企业有序进行数字化转型和绿色技术研发,进一步推动数字经济标准化建设。构建数字化技术与绿色低碳技术创新等融合发展的公共服务平台,为企业绿色低碳技术研发、数字化人才培训、产品测试验证等提供有力支撑。

（二）加强数字化技术创新与供给

持续开展数字经济关键核心技术研发攻关。聚焦数字化技术赋能绿色低碳技术创新方向,围绕重点产业和未来产业领域打造新型研发机构群。实施重点领域研发计划,集中力量开展基础通用技术、前沿颠覆技术和非对称技术的研究创新。在大数据、云计算、人工智能、区块链等新技术领域开展基础理论、核心算法及关键共性技术研究。加快布局6G、太赫兹、8K、量子信息等前沿技术。加强集成电路制造设备、材料和工艺、基础软件、工业软件等重点领域研发突破与迭代应用。支持在数字化技术领域开展高价值专利培育布局,持续支持云计算装备产业创新中心建设,推动云数据库应用等多项技术实现突破。

大力培育优质创新主体。实施企业技术创新项目计划,鼓励数字经济领域企业牵头在重点领域和产业链关键环节开展技术攻关,争创技术创新项目。聚焦绿色低碳技术创新等重点领域,积极支持骨干单位联合上下游优势科研力量,加快争创国家级创新平台。大力培育国家和市级技术创新示范企业,充分发挥企业创新主体作用,健全企业主导产业技术研发创新机制,加强政策、资金、人才等保障,新培育一批市级研发中心、技术创新示范企业。实施科技型企业梯次培育工程,加大数字经济领域科技型中小企业和高新技术企业培育力度。

（三）提升数据安全风险抵御能力

完善数据安全管理体系。完善数据分类分级、监测预警、应急处置、检测评估、监督检查等管理机制,出台天津重点领域数据安全管理实施细则。面向重点企业推进开展重要数据识别、督导检查、安全防护等工作,有效落实数据安全主体责任。开展新型智慧城市、数字经济产业园区网络安全试点,开展一体化安全运营中心和网络安全保险试点,推进网络安全技术措施与数字经济领域工程项目一体规划、一体建设、一体使用。加强数据安全法律政策宣贯,强化典型案例推广,提升数据安全防护水平。

强化数据安全保障能力。开展数据安全政策咨询、风险评估、产业协同等公共服务能力建设。常态化推进网络安全攻防实战演练,不断提升网络安全防护水平和应急处置能力。建立健全个人信息保护统筹协调机制,深入开展App违法违规收集使用个人信息专项治理、能源数据安全专项治理,组织实施重点行业领域数据安全和个人信息保护专项检查。

增强数据安全产业供给能力。制定天津数据安全产业发展行动方案,遴选一批数据安全优秀产品、服务和解决方案,打造一批数据安全标杆示范单位,加强推广应用,丰富天津数据安全产业资源池。通过联合培养、共建实验室、创建实习实训基地、数据安全竞赛等形式,加快培养复合型、专业型数据安全人才。

(四)持续推进数字化技术赋能绿色创新

深入实施数字化绿色化协同转型发展行动。加快数字产业绿色低碳发展,深入推动数字技术赋能传统行业绿色化转型。建设智慧能源系统,推进传统能源基础设施数字化、智能化改造,加快构建碳排放智能监测和动态核算体系,推动能源绿色低碳转型。倡导绿色智慧生活方式,打造一批低碳智慧建筑和低碳智慧城市,提升社区水资源、垃圾、电力等智慧化管理水平,积极倡导远程办公、在线会议、绿色出行、绿色消费。

加强生态环境监测平台数字化转型。构建生态环境天、空、地一体化智能立体监测监控体系,加快智慧生态云平台建设,推动大气、水、海洋、土壤、固体废弃物、气候变化、核与辐射等业务协同互联。推进智慧自然资源建设,强化自然资源数据采集汇聚、协同关联、智能分析,全面提升山、水、林、田、湖、草、沙等自然资源要素的调查监测、资产管理、审批监管和时空数据管控能力。推进天津智慧水利综合应用平台建设，探索构建数字孪生试点流域，推动水利业务管理流程数字化全覆盖。

本报告为天津市 2024 年度哲学社会规划项目（TJYJ24-011）的阶段性成果。

参考文献：

［1］孙全胜：《数字经济赋能绿色技术产业创新的内在机理和实现模式》，《新经济导刊》2024 年第 Z1 期。

［2］孙全胜：《数字经济赋能企业绿色技术创新效率提升的三种模式》，《科学管理研究》2024 年第 1 期。

［3］魏文栋、孙洋、刘备，等：《"技术—组织—环境"视域下数字经济赋能低碳转型发展的路径》，《中国科学院院刊》2024 年第 6 期。

［4］焦豪：《双碳目标下国有企业数字化战略变革的模式、路径及保障机制研究》，《北京工商大学学报（社会科学版）》2022 年第 3 期。

［5］周珺、周明生、卓娜：《数字经济时代我国制造业的绿色转型发展》，《科技导报》2023 年第 22 期。

天津制造业数字化转型
成效与展望

何艳辉　天津社会科学院数字经济研究所助理研究员

摘　要： 制造业数字化转型是制造业高质量发展的有效路径。天津制造业数字化转型政策体系不断完善，规模初见成效，数字技术助力制造业结构不断优化升级，数字基础设施不断夯实，重点区域数字化转型实现示范引领，为制造业提高生产效率、降低生产成本、提升产品质量、增强竞争力提供了重要支撑。然而，天津制造业数字化转型目前还存在一些问题，建议进一步加强顶层设计，完善新型基础设施建设，积极打造数字化转型服务商，强化人才培引力度，加快推进中小企业实现数字化转型升级。

关键词： 制造业　数字化转型　产业结构优化

党的二十届三中全会指出，健全促进实体经济和数字经济深度融合制度，加快推进新型工业化，培育壮大先进制造业集群，推动制造业高端化、智能化、绿色化发展。实体经济和数字经济深度融合，成为推动企业生产方式、组织结构和管理模式深刻变革的核心驱动力。天津抢抓信创产业发展机遇，不断推动实现产业数字化，加速制造业数字化转型，全面推进制造业数字化、网络化、智能化发展。当前天津市制造业数字化转型政策体系不断完善，制造业数字化转型初具规模，数字技术助力制造业结构不断优化升级，数字化转型服务体系持续优化。然而，天津目前还存在数据标准缺乏统一规范，中小企业数字化转型力度有待加强，产业生态有待进一步优化等问题，建议加强制造业数字化转型顶层设计,完善新型基础设施建设,推动中小企业实现数字化转型升级,持续构建数字化转型服务平台,进一步推动实现天津制造业数字化转型。

一 天津制造业数字化转型取得成效

（一）制造业数字化转型政策体系不断完善

天津市持续出台一系列鼓励制造业数字化转型政策文件,通过提升天津制造业数字化、网络化、智能化发展水平,扎实推进天津制造业高质量发展行动实施。2021—2024 年,天津市先后出台了《天津市制造业高质量发展"十四五"规划》《天津市制造业数字化转型三年行动方案（2021—2023 年）》《天津市推动制造业高质量发展若干政策措施的通知》《天津市制造业数字化转型服务商管理规范（试行）》《天津市工业技术改造行动方案（2024—2027 年）》等一系列相关文件,围绕推动天津市制造业数字化转型提供目标和路径指引,旨在推进新型工业化,建设现代化产业体系。天津市对于制造业数字化转型的政策,包含了政策规划、资金支持、重点行业和区域差异化发展以及基础设施建设等多个方面,出台制造业数字化转型政策,通过明确制造业数字化转型的目标、主要内容和保障措施,为传统产业应用数字技术,实现传统制造业全过程、全周期、全链条的数字化改造,提供了重要保障。

（二）制造业数字化转型初具规模

制造业数字化转型涵盖了产出能力、企业数量、投资规模以及产业链完备程度等多个方面,制造业投资增长较快,产业链不断完备,产出能力不断提高。2024 年,天津市规模以上工业增加值同比增长 4.6%,增速较前三季度加快 1.4%,高技术制造业增加值同比增长 8.9%,快于规模以上工业 4.3%。高技术产业投资增长 12.1%,其中高技术服务业投资增长 21.6%,高技术制造业投资增长 3.2%。以天津市高端装备产业链为代表,2024 年上半年天津市高端装备产业链增加值占规模以上工业增加值的 5.68%,增长 4.9%,高于全市规模以上工业平均增速 0.5%。根据上述指标分析,天津市数字赋能实体经济水平大幅提升,制造业数字化转型也在持续加速。

天津市重点区域正在持续推进中小企业数字化转型进程。滨海新区入选全国首批中小企业数字化转型试点城市,通过选取数字化转型需求迫切、发展潜力巨大、经济社会效益明显的 534 家中小企业,根据智能测控装备制造、重大成套设备制造、海洋工程装备制造 3 个细分行业作为试点行业,建立"企业+服务商"联动机制,打造数字化转型服务平台,推进中小企业实现数字化转型。滨海新区获批国家级新型技术改造试点城市,并公布了滨海新区制造业新型技术改造城市试点首批项目名单。武清区入选全国第二批中小企业数字化转型城市试点,在实现传统制造业数字化、网络化、智能化改造方面,累计建成大禹节水、特变电工等 34 家智能工厂和数字化车间,引进培育了丹佛斯、虎翅云等一批领先的工业互联网、智能制造解决方案供应商,不断推动武清区中小企业制造业数字化转型升级走深走实。

(三)数字技术助力制造业结构优化升级

数字技术助力制造业结构优化,体现在改造升级传统产业、培育战略性新兴产业、布局建设未来产业三个方面,通过传统产业、新兴产业和未来产业的数字技术应用,为推动制造业结构优化升级、实现高质量发展提供重要途径。天津市聚焦于统筹传统产业、新兴产业和未来产业,实现新旧动能转换,不断构建完善的现代化产业体系。在改造升级传统产业方面,以汽车产业为例,不断向电动化、网联化、智能化升级,吸引蘑菇车联、吉大正元等一批企业落地发展,汇聚整车及关键零部件企业超过 1000 家。以装备制造产业为例,形成以智能制造装备、轨道交通装备、海洋装备等高技术领域为主导的发展格局,磁悬浮鼓风机技术国际先进,大中型数控液压机等设备市场占有率位居全国前列。在培育战略性新兴产业方面,"360 智脑""天河天元"等通用大模型,以及"海河·岐伯"、"蜜度文修"、菲特"菲凡"等垂类大模型,在中医药、汽车、装备制造等领域加速应用。在布局建设未来产业方面,天津在未来智能、生物制造、机器人等未来产业领域的优质企业正加速成长,不断赋能商业航天和低空经济等领域,推动低空经济领域直升机、无人机、eVTOL(电动垂直起降飞行器)等低空航空器研发制造实现,促进未来产业实现未来智能、生物制造、机器人等未来产业领域优质企业加速成长。

(四)数字化转型服务体系不断完善

制造业数字化转型服务商不断增加。天津市数字技术应用融合持续深化,数字产品和数字服务不断提升,打造了一批优秀的智能制造和工业互联网解决方案服务商,为国内领先的智能制造解决方案提供策源地和生产地。天津市公布的制造业数字化转型服务商资源池(第一批)名单,共遴选推出工业互联网服务商 8 家、云服务商 14 家、数字化解决方案服务商 26 家。制造业数字化转型服务商作为工业企业自动化产品和智能制造解决方案的供应商,在汽车、冶金、装备制造、生物制药、机器人、物流配送、纺织机械等领域,提供自系统层、控制层、网络层到执行层自上而下的全系列服务,全方位帮助工业企业实现智能制造转型。

制造业数字化转型平台持续构建。京津冀共同举办京津冀产业链供应链大会、世界智能产业博览会、全球数字经济大会、中国国际数字经济博览会等大型展会,为天津面向全球招商推介和资源聚合提供重要平台。天津市国家级创新平台已达到 170 家,其中包括 77 家国家级企业技术中心,12 家国家产业技术基础公共服务平台,信创等 6 家海河实验室,华慧芯科技等首批 4 家市级中试服务平台等。以忽米、海尔、华为等为代表的国家级工业互联网双创平台已相继在天津市落地应用,以紫光云、中汽中心、宜科、360 为代表的数十家牵头企业获批国家工业互联网创新发展工程专项,空客、国网电商、赛象科技等 20 个项目获批国家工业互联网试点示范项目,培育新天钢、沃德、中汽数据等一批行业级、企业级工业互联网平台,为企业数字化转型赋能。

(五)数字基础设施不断夯实

数字化基础设施支撑有力。天津市工业互联网内外网络和标识解析体系建设在持续加快。天津市千兆5G 和千兆光网"双千兆"宽带网络工程在快速推进,5G 网络覆盖广度和应用深度领先全国。天津正着手启动万兆光网项目试点,全市已累计建成 5G 基站 8 万个,创建国家级 5G 全连接工厂 14 家。天津城镇区域及重点行业应用区域室外实现连续覆盖,其中 10G-PON 端口占比、500Mbps 及以上用户占比等关键指标在各省级行政区中位列第一,天津已入选全国首批"千兆城市"。此外,天津市培育了中汽数据、新天钢等工业互联网平台 41 个,以紫光云、中汽研、长荣、宜科等为代表的龙头企业正在加快建设工业互联网标识解析二级节点,已建设二级节点有 14 个。

算力资源配置持续优化。天津市已形成通用算力与智能算力有序发展、超级算力规模突出的格局。天津市三种算力总体规模已达到 1 万 P(FP32 格式,即单精度浮点数),依托天河一号及天河三号新一代超级计算系统,占全国超级算力资源超过 20%。依托"天河"系列算力数据,天津市打造上线了天河工程仿真云 3.0,以此助力天津市汽车行业、高端装备等重点领域,推动企业实现节约研发成本和缩短研发周期。在算力布局方面,中国联通京津冀数字科技产业园、中国电信京津冀智能算力中心等重点项目落地实施,打造"双万卡"智能算力资源池,半年全市新增智能算力可达 6000P 以上(FP16 格式),可以有效应对智能算力爆发性增长趋势。天津市算力交易中心在 2024 智能产业博览会期间上线,成为北方首个"通智超"一体的省级算力交易中心。

(六)重点区域数字化转型实现示范引领

北辰区以工业互联网为抓手,打造了国家级智能制造示范工厂 2 个,市级智能工厂和数字化车间 22 家,通过做大高端装备制造、中医药、汽车与新能源汽车 3 条优势产业链,做强新能源、新材料、生物医药、信息技术应用创新 4 条新兴产业链,做优现代轻工、绿色石化 2 条传统产业链,不断形成了先进制造产业链发展体系,助力制造业实现数字化转型。此外,北辰区引入了中国通用技术机床天津研究院,以天锻公司为核心不断绘制产业链图谱,通过打造重型锻压装备客制化工艺与智能化健康管理服务平台,将应用配套联合体与创新联合体相结合,持续扶持上下游创新型企业实现数字化转型,从而不断增强产业链韧性。

经济技术开发区积极参与支撑国家首批制造业新型技术改造城市试点和中小企业数字化转型城市试点,注重数字化转型与大规模设备更新、工业领域技术改造升级等并行实施,通过聚焦高端化、智能化、绿色化发展,推动实现以数字技术为核心要素的数字化转型,以此发挥新型工业化示范带动作用。经开区围绕电子、装备、石化三个重点产业,积极开展数字化智能化改造示范,开展产业链供应链数字化协同改造,开展产业集群及科技产业园区数字化改造,不断形成一汽大众新质生产力示范园区、渤化化工糊树脂等一批重点项目。当前,经开区已拥有市级数字化车间和智能工厂 42 家,均位居天津市首位。此外,国家超级计算天津中心、天津国际生物医药联合研究院等一批高能级科技创新平台依托区域强大的制造业优势,不断形成以产业创新为基础,不断提升科技创新带动能力的先进制造研发区域。

二　天津制造业数字化转型过程中面临的问题

(一)数据标准缺乏统一规范

天津市制造业体系较为完善,工业门类齐全,但与数字技术融合沉淀的海量工业数据缺乏统一规范和数据标准。部分制造业信息化水平低、生产线老旧,不具备数据采集能力,且设备存在不互联、通信协议不兼容、工业软件不互通等问题,导致包括企业生产数据、经营管理数据、设备运维数据以及外部市场数据等在内的工业数据未能有效归集和汇聚。工业企业在设备、产品、运营、用户等方面,因缺乏统一规范标准的数据,无法有效整合形成统一有效的数据资源。

(二)中小企业数字化转型力度有待加强

中小企业普遍面临资金、人才、技术等关键要素短板,使得中小企业数字化转型力度有待进一步加强。天津市实施中小企业数字化赋能专项行动,组织开展中小企业数字化转型试点工作,仅有 3 家企业入选国家试点。中小企业在数字化转型过程中面临融资约束、产业链话语权弱、抗风险能力低等困难,对数字化转型认识不够清晰,对数字化转型成本及长期收益研判不够精准,使得数字化转型解决方案数量少、针对性弱。此外,数字化转型周期长、投入高,导致中小企业数字化转型难度较大,再加之龙头企业链式带动能力和示范效应相对较弱,转型关键基础能力不足,综合性服务生态有待进一步健全等,均导致中小企业数字化转型意愿不强烈。

(三)产业生态有待进一步优化

天津制造业数字化转型过程中,服务商和工业企业在数字化转型过程中有不同见解,对数字化转型认识存在多元化需求,导致数据交互缺乏统一标准,数据共享程度低,产业集聚效应不足。数字化转型服务商与硬件厂商、软件开发商、数据提供商等产业链上下游企业之间以及跨行业的合作不够紧密,导致行业龙头企业、中小企业与数字化转型服务商等生态合作伙伴的协同联动性亟待进一步优化,导致综合性服务生态有待进一步健全。此外,天津市在数字化转型高技能人才规模和数字化转型服务商打造等方面与沪深等地区还存在差距。专业人才供给难以满足产业发展之需,高端技术人才储备不足,跨领域知识和综合能力的复合型人才引进和培养的力度不够,数字化人才缺口较大。天津市针对特定行业或应用场景的精细化、定制化服务相对较少,数据处理和分析能力有待提升,满足客户的数据价值挖掘和大型成套解决方案的专业化服务商有待增加,销售产品和解决方案的传统商业模式有待升级,产业生态有待进一步优化。

三 推进天津制造业数字化转型的对策建议

(一)加强制造业数字化转型顶层设计

天津市持续出台了一系列制造业数字化转型政策,为传统制造业数字化改造提供了重要保障。要进一步积极发挥政府的引导作用,不断加强政府的前瞻规划布局。在数据标准规范方面,持续出台和部署制造业数字化转型相关政策法规和行业规范,完善制造业数据标准统一规范、数据产权界定、公共数据授权使用、数据交易场所等制度支持。在引导大中小企业开展标准化体系建设方面,鼓励支持龙头企业参与制定制造业数字化转型标准和行业规范,不断制定满足市场主体数字化转型需求的团体标准体系,为中小企业数字化转型持续赋能。在数字化转型应用案例指导方面,通过遴选数字化转型典型区域和典型企业,加大资金支持和政策扶持,培育打造一批可复制推广的数字化转型典型模范,发挥示范引领作用。

（二）完善新型基础设施建设

通过加快部署算力基础设施和搭建工业互联网平台,不断完善新型基础设施建设。在部署算力基础设施方面,通过构建算力基础设施体系,优化算力调度算法,利用机器学习和大数据分析技术进行算力预测和资源优化配置;并建立分层调度机制,根据不同类型的算力需求,确保重要任务的算力需求优先得到满足,提高制造业数字化转型资源利用率;通过引入一体化的算力监测、分析、调度和管理平台,实现全市算力资源的统一管理和动态分配,为数字化转型提供统一的算力管理和调度平台。在搭建工业互联网平台方面,通过优化工业互联网网络、平台、安全、标识、数据体系布局,打造数字化转型服务平台;并开展平台梯度培育,实施工业互联网平台分类分级培育行动,遴选一批在特定行业领域、专业方向具备领先能力水平的平台企业,构建工业互联网平台资源池,提升天津市工业互联网产业发展能力。此外,天津市依托经开区工业互联网产业联盟,组织开展企业交流活动,推动工业互联网等数字基础设施落地普及,为助力制造业数字化转型提供完善的新型数字基础设施。

（三）推动产业结构优化升级

在改造升级传统制造业方面,加快工业企业"上云用数赋智",梯度创建一批智能工厂和数字化车间,推进新一代信息技术在制造业全行业全链条普及应用。积极参与制造业新型技术改造城市试点,推动天津市规上制造企业数字化诊断全覆盖,基于数字化诊断引导企业分类开展数字化改造提升。通过拓展信创应用场景,完善航空航天产业配套等,推动智能科技、航空航天等新兴产业快速发展。不断巩固提升优势产业,提高炼化一体化水平、发展合成材料及下游高端精细化学品、车联网和智能网联汽车、高端工业母机等,推动天津新兴产业持续壮大。通过培育发展未来产业,启动未来产业先导区建设,在人工智能、生物制造、低空经济、商业航天等方面持续重点发力,不断构筑未来发展新优势。

(四)加快中小企业数字化转型

积极探索中小企业数字化转型方法路径,围绕政策、平台、应用、安全、标识、网络等应用领域,为企业提供"小快轻准"数字化产品和解决方案。厘清中小企业数字化转型方向,通过对中小企业数字化转型进行定向支持,实现单个企业数字化转型点状突破,探索促进中小企业数字化转型长效机制。以轻量级服务调用、按需付费等形式,减少中小企业软硬件投入成本,节约逐个环节单独部署和组建数字化转型团队的时间成本,降低中小企业数字化转型门槛,推进中小企业实现数字化转型。为中小企业组织开展智能制造免费诊断服务,组建来自高校、科研机构和企业等行业专家诊断团队,推动试点示范企业开展研学活动,促进标杆案例向规模化推广,实现天津市中小企业数字化诊断全覆盖。遴选一批具有全链控制力和较高数字化水平的链主企业和龙头企业,通过系统开放、数据共享、资源协同等方式,向中小企业开放研发、设备等各类创新资源,深化创新合作,充分发挥链主企业在制造业数字化转型中的引领和带动效应,助力产业链上中下游、大中小企业间业务协同与互联互通,打造产业链生态,优化供应链布局,打通大中小企业的数据链,形成协同、高效、融合、顺畅的产业集聚效应。

(五)积极打造数字化转型服务商

持续整合高水平服务机构和标杆示范企业等数字化转型专业资源,积极打造数字化转型服务商。通过建立资源供给清单、企业需求清单、服务能力清单等,积极鼓励天津市发展国家级双跨(跨行业跨领域)工业互联网平台,大力培育数字化转型服务商,通过搭建制造业数字化标准试验平台,活跃产业生态,从而培育一批优质数字化服务商。依托"天河"系列算力资源,聚焦汽车行业、高端装备等重点领域,促进制造企业由产品设备生产商向智能化产品与服务提供商转型;培育专业数字化转型服务商,鼓励和引导现有数字化转型服务企业向垂直行业深耕,针对医疗、金融等特定行业开发定制化解决方案,提升服务的专业性和适应性,涵盖网络、平台、咨询、集成、工业信息安全等细分领域,为企业提供便捷、有效、低成本的数字化转型软件和综合性产业服务。

（六）优化人才培引工作

系统开展数字化转型高技能人才培养工作,不断优化人才培引工作。鼓励支持高校、职业院校、大型企业等积极开展数字化人才培训工作,扎实构建数字化转型学科体系,开设数字化转型相关专业,加快布局数字化转型高技能人才培养基地,为制造业数字化转型提供高素质人才队伍。逐渐形成天津市智能制造装备产业集群,推动天津市网络安全和工业互联网、高端仪器设备和工业母机产业链建设,打造绿色新能源装备、动力部件制造产业主题园区,形成国内领先的信创产业高地和工业母机创新平台。通过多部门联动,建立多方参与的平台,推动技术、资金、人才等要素资源逐渐向企业集聚,促进生态圈成员合作共荣,推动跨行业联动和技术整合,打造技术、资本、人才、数据等多要素支撑的数字化转型服务生态,不断形成企业高质量发展生态。

本报告为天津市2024年度哲学社会科学规划项目（TJYJQN24-005）的阶段性成果。

参考文献:

［1］ 中国信息通信研究院:《2024年度制造业数字化转型典型案例集》,2024年9月。

［2］ 罗良文、张琳琳、王晨:《数字化转型与企业韧性——来自中国 A 股上市企业的证据》,《改革》2024 年第 5 期。

［3］ 吴非、胡慧芷、林慧妍,等:《企业数字化转型与资本市场表现——来自股票流动性的经验证据》,《管理世界》2021 年第 7 期。

天津培育数字新产业
新业态研究

许爱萍 天津社会科学院数字经济研究所副研究员

摘 要： 当前,全球数字经济规模持续扩大,2024 年全球数字经济规模有望达到数万亿美元,占全球 GDP 的比重超过 20%。其中,新一代信息技术等战略性产业加速突破,国际竞争与合作并存,高技术领域成为国际竞争最前沿和主战场,数据治理成为核心议题。本报告深入探讨了数字新产业新业态面临的国际国内发展形势,分析了天津在该领域的发展现状以及面临的技术挑战、市场挑战和人才挑战,并提出了培育数字新产业新业态的实践路径和对策建议。报告从布局重点数字新产业新业态;在数字产业化与产业数字化进程中挖掘数字新产业新业态;推进数字经济创新平台建设,高效服务新产业新业态;打造优质生态环境,提供数字新产业新业态发展沃土四个方面提出对策,旨在为天津数字新产业新业态的发展提供借鉴。

关键词： 数字技术 新产业 新业态

《中华人民共和国国民经济和社会发展第十四个五年规划和 2035 年远景目标纲要》提出"加快数字化发展 建设数字中国",并就打造数字经济新优势、加快数字社会建设步伐、提高数字政府建设水平、营造良好数字生态作出战略部署。天津市依托产业基础、区位等优势,积极发展新质生产力、打造数字新产业新业态,在做强做优数字经济上,形成了自身新的优势。

一 数字新产业新业态发展的国内外形势

(一)数字新产业新业态发展的国际形势

近年来,我国数字经济蓬勃发展,数字产业规模稳步增长,数字技术和实体经济融合日益深化,新业态新模式不断涌现。数字新产业新业态发展呈现四大发展趋势:

一是全球数字经济规模持续扩大。根据国际数据公司(IDC)的研究,2024年全球数字经济规模将达到数万亿美元,占全球 GDP 的比重超过 20%。这一增长不仅依赖于互联网与移动设备的普及,还受到大数据、云计算、人工智能等技术的推动。

二是新一代信息技术等战略性新兴产业加速突破。《世界互联网发展报告 2024》蓝皮书显示,全球新一代信息技术等战略性新兴产业加速突破,进入加速创新的爆发期。全球数字经济迎来新一轮发展热潮,发展潜力加快释放。

三是国际竞争与合作并存。高技术领域成为国际竞争最前沿和主战场,深刻重塑全球秩序和发展格局。同时,各国也在加强国际合作,共同推动全球数字资产市场的健康发展。

四是数据治理的相关规则制度呈现碎片化、区域化、多极化特征。各国在人工智能治理方面强调尊重用户人权、维护国家间平等、可问责与可解释等人工智能发展的基本价值理念。

(二)数字新产业新业态发展的国内形势

我国数字新产业新业态发展呈现快速发展态势,其中,5G 网络、先进计算、人工智能、量子计算、脑机接口等新产业新业态快速发展,算力产业总规模于 2023 年位列全球第二。具体来看:

一是数字经济规模持续增长,数字新产业新业态蓬勃发展。我国数字经济规模持续扩大,2023 年达到 53.9 万亿元,占 GDP 比重达到 42.8%。数字经济成为推动经济增长的重要引擎。随着新一轮科技革命和产业变革的加速演进,大数据、人工智能等新兴智能技术正深入各行各业,以数字化、智能化技术为驱动的新产业新业态正蓬勃发展。例如,智能制造、工业互联网、智慧城市、数字政务等领域对数字产业化产品和服务的需求不断上升。

二是政策支持成效显著,要素市场逐步建立完善。我国政府高度重视数字经济的发展,出台了一系列政策鼓励和支持企业进行数字化转型。例如,"十四五"规划中明确提出了加快数字化发展的战略部署,《关于深化智慧城市发展　推进城市全域数字化转型的指导意见》等文件为我国数字新产业新业态发展指明了方向。此外,我国已连续三年实施智能制造试点示范行动,培育了 421 家国家级示范工厂、万余家省级数字化车间和智能工厂,人工智能、数字孪生等技术在我国 90% 以上的示范工厂得到应用,5G 应用在制造业质量检测、矿业生产等领域规模推广,工业互联网融合应用已拓展至 49 个国民经济大类,形成了 200 余个工业互联网示范应用标杆,从供应链到生产线,数实融合进一步提速,不断推动产业提质增效。我国正在加快数据要素市场的建设,推动数据资源的有效配置和高效利用。例如,财政部制定印发了《企业数据资源相关会计处理暂行规定》,自 2024 年 1 月 1 日起施行,标志着数据资源开始进入企业财务报表。

三是区域发展特色明显错位竞争格局初步形成。我国数字经济区域发展特色明显,东部地区指数优于全国平均水平,数据要素和数字应用优势明显。北上广苏浙五地集中了全国融资交易数的 70%。其中,以西安以及福建两地为例,西安要构建以数据为关键要素的数字经济,以数字政府建设引领数字经济发展。总体目标是 2024 年数字经济核心产业增加值占 GDP 比重超过9.5%,数字经济成为驱动高质量发展的重要引擎。《2024 年西安市数字经济发展工作要点》将数字产业化的工作任务列于最前,从数字支柱产业、数字新兴产业、数字未来产业 3 方面入手,挑产业重点,点明龙头企业和责任单位,细分工作任务,为的是聚力打造具有西安辨识度的数字产业集群。福建印发《2024 年数字福建工作要点》,明确新培育 5 个左右省级数字经济核心产业集聚区,力争数字经济规模突破 3.2 万亿元。北京将全力塑造数字经济发展优势,推进数据基础设施建设,在集成电路、传感器件、超高清视频、高性能服务器、光通信等领域鼓励和支持企业技术创新,加快培育未来产业,形成新质生产力,力争保持先发优势。

二 天津数字新产业新业态的发展现状

(一)数字新产业发展现状

天津市信创、智能网联汽车、人工智能、云计算、区块链、物联网等数字新产业呈现快速发展态势。具体如下:

1. 信创产业

截至 2024 年 6 月,天津市滨海新区信创产业链在链企业达到 204 家,产业规模达到 840 亿元,占全市的 73% ;2024 年 1—10 月,天津市信创产业链规模达到 1109.33 亿元,在众多的信创产业链中,外设终端子链增长较为明显。滨海新区已成为天津市信创产业发展的主要聚集地,也是全国信创产业链条最全、产业聚集度最高的区域之一。滨海新区集聚了飞腾、麒麟、曙光、海光、360等领军企业,形成了以基础硬件、软件系统、信创 + 服务为核心的产业链条。其中,“飞腾 + 麒麟”和“曙光 + 海光”成为国内主流信创技术路线,飞腾在全国党政系统信创市场占有率超过 70% ,麒麟连续 11 年位居中国市场占有率第一。2024 年 12 月举办了火炬科技成果直通车暨信创应用解决方案推广活动,周期性举办了信创产业博览会、信创产品展示会等大型活动,涵盖了论坛、研讨会、展览会和招商推介会等多种形式,有效促进了信创产业的开放协作。此外,为加速信创产业与其他产业的深度融合发展,天津市紧抓信创产业与实体产业的深度融合发展,汽车产业深度融合成为其中的典型代表,涌现出“车路云网联通信数字化测试平台解决方案”等行业融合示范案例,先进计算与关键软件(信创)海河实验室等优质实验室平台更是将“信创 + 汽车”的研发创新作为重点发展方向,并创新提供适配券助力解决融合过程中的难题。

2.智能网联车产业

天津市聚焦"特定区域、特定场景、差异化部署"统一规划建设智能网联汽车测试道路,截至 2023 年 10 月,已有多个区域实现智能网联汽车测试道路全域开放,示范车辆也已达 200 余辆。截至 2024 年 1 月,天津市智能网联汽车 C-V2X 道路化改造里程已达 400 公里,路侧单元(RSU)部署 466 个,有效支撑了各类型智能网联汽车的测试应用。天津市智能网联汽车产业链已涵盖车路协同装备制造、示范应用和标准测试服务等多个子链,在环境感知、决策控制、信息安全等领域聚集了一批优势企业。

3.人工智能产业

天津积极推进全国一体化算力网络京津冀国家枢纽节点建设,拥有国家超级计算中心,为人工智能等领域的发展提供了强大的算力支持。例如,天河新一代超级计算机在全球超算排名中斩获多项第一。天津举办了天开创新沙龙等活动,聚焦"强化 AI 基座,发展国产人工智能生态",邀请院士专家共同探讨人工智能领域的新趋势和新方向。

4.云计算产业

天津拥有多个大型数据中心,如天津空港数据中心、华苑国际数据港等。这些数据中心入选国家绿色数据中心,为云计算等数字新产业的发展提供了坚实的基础设施。随着云计算技术的不断成熟和普及,天津市越来越多的企业和机构开始采用云服务,推动了云计算产业的快速发展。

5.区块链产业

天津市人民政府办公厅发布的《天津市智慧城市建设"十四五"规划》指出,要统筹全市数字化支撑平台建设,建成全市统一的区块链平台,加速推动区块链等数字产业创新发展。天津积极推进区块链技术在电子商务、跨境贸易及电子交易等领域的应用,重塑可信体系。

6.物联网产业

天津市在物联网基础设施建设方面取得了显著进展,如车联网基础设施建设全面提速、窄带物联网建设步伐加快等。这些基础设施为物联网感知层的发展提供了有力支撑。物联网技术在天津市的多个领域得到了广泛应用,如智能电表覆盖率达 100%、智能网联汽车测试道路开放等,这些应用场景推动了物联网产业的快速发展。

(二)数字新业态发展现状

天津市智慧医疗、自动驾驶、智慧农业、智慧旅游、在线教育等新业态发展迅速并逐步壮大。具体如下:

1. 智慧医疗

天津市卫生健康委出台了《天津市智慧医院能力提升三年行动计划(2024—2026 年)》,旨在全面推进智慧医疗、智慧服务、智慧管理"三位一体"的智慧医院建设。该计划包括提升信息化基础保障能力、开展智慧医疗建设、提升智慧服务能力、创新智慧管理能力等多个方面。天津市二级以上医院全部实施智慧门诊和智慧住院建设,为患者提供多渠道预约挂号、线上支付、检验检查结果推送等便民惠民服务。"津医保"App 已实现全市三级医院全覆盖,提供预约挂号、线上医保结算、缴费记录查询、检验检查结果查询等便捷化服务。

2. 自动驾驶

天津市举办了首届车路云一体化无人驾驶挑战赛,展示了无人驾驶技术在复杂城市环境中的应用潜力。该赛事推动了无人驾驶技术的研发和应用,促进了智能网联汽车产业的发展。天津市在多个区域开放了智能网联汽车测试道路,示范车辆已达 200 余辆。这些车辆搭载了先进的自动驾驶技术,可以在特定区域内按照预定路线进行安全、高效、绿色的网联化公共交通服务。

3. 智慧农业

天津市启动了现代农业产业技术体系创新团队,围绕天津市现代农业发展的重大关键技术问题进行攻关、集成,取得了一系列技术突破。该体系逐步建立了蔬菜、林果、生猪、奶牛(肉羊)、淡水养殖、海水养殖、水稻等多个产业技术体系创新团队。天津市在智慧农业方面开展了多种应用场景的探索和实践,如节水、节肥、节药、轻简省工技术创新、优良蔬菜新品种和重大病虫害绿色防治、土壤培肥、化肥替代、水肥一体化管理、标准化栽培等适用技术示范推广和技术服务等。

4.智慧旅游

天津市积极推动智慧旅游服务平台的建设和应用,如"爱上南开"及"津彩东丽湖"官方线上全域数字化智慧平台等。这些平台通过科技赋能,解决了游客从行前准备到返航的各环节痛点,提供了更加便捷、高效的旅游服务体验。在中国文化旅游产业博览会上,天津市设置了智慧旅游展区,展示了业内众多头部企业的智慧旅游沉浸式体验新产品。这些产品包括智慧出行车辆、新款手机、手表、智慧屏等全场景产品,以及文旅产业联盟的特色产品等。

三 天津培育数字新产业新业态的主要实践与问题挑战

(一)主要实践

1.科技创新引领,全市数字新产业新业态发展取得新成效

天津市在培育数字新产业新业态科技创新方面的发力点主要集中在科技创新平台、科技创新基础设施、科技创新政策等多个层面。

科技创新平台方面,天津市加强国家级创新平台、海河实验室等科研力量建设,聚焦生物医药、绿色石化、人工智能、新能源、新材料等重点领域,推动关键核心技术攻关。例如,信创海河实验室引领作用愈发凸显,聚集信创企业1000余家,拥有电子信息产业、软件和信息服务业两个国家新型工业化产业示范基地。天津市以天开高教科创园(简称"天开园")为重要抓手,推动教育、科技、人才一体化发展。天开园将科技成果转化、企业孵化、产业培育等功能融为一体,为科技成果转化提供平台和支持。例如,天开园已注册1100多家企业,获得订单总额超1亿元,纳米纤维素等一批科研成果从这里走向生产线。

科技创新基础设施方面,天津市积极推进数据基础设施建设,如数联网流通利用基础设施应用场景的发布,旨在实现数据的高效流通利用。为进一步推动天津市数字新产业新业态科技创新基础设施建设,天津市于2024年11

月举办了数据基础设施建设峰会,并在会上创新发布了 46 个数联网相关的应用场景,进一步扩大了数字产业相关基础应用范围、领域。其中,46 个应用场景涵盖新能源汽车数据融合应用场景、养老长护险数据分析、车联网数据融合应用场景、城市 IOC 生成式 AI 驾驶舱、海洋信息应用、智慧医疗数据可信协同计算平台等具体应用场景;子牙经济技术开发区、临空经济区纳入此次的试点园区。此外,为解决企业有数据但担心泄露导致企业数据流通障碍难题,天津市依托市数据局正积极打造市级层面的"底座"平台—数联网,建成之后能助力天津市全市统一的数据流通利用,在企业、产业、公共数据等领域打通数据壁垒并作为公共平台介入各类型数据流通利用主体。

科技创新政策支持方面,天津市深化科技体制改革,优化科技资金投入结构,重点向天津市产业高质量发展亟须、经济贡献明显的科技重大项目倾斜。例如支持优秀青年科技人才成长,实施天津市杰出青年基金项目等。天津市新组建 10 家创新联合体,支持科技领军企业依托创新联合体牵头实施科技重大项目。以信创产业为例,设立"信创专属政策包",每年发布 100 个标杆场景和 100 款优质产品。

2.推动数字产业化发展,助力新场景建设

天津市主要在传统产业的数字化转型与智能化升级中挖掘新场景培育新业态,并加快数字产业化发展培育。

挖掘场景培育新业态方面,截至 2023 年底,天津已累计打造 300 个智能工厂和数字化车间。天津市设立百亿级智能制造财政专项资金,用于推动重点领域智能工厂建设,培育智能工厂和数字化车间。同时,重点支持智能制造关键技术与核心部件研发、智能装备与系统开发等关键环节。在农业、医疗、交通等多个领域持续挖掘新业态。天津市积极推动智慧医疗的发展,通过建设智慧医院、推广远程医疗、开展互联网 + 医疗健康服务等方式,提升医疗服务水平和效率。天津市通过智能感知、精准作业、信息化管理等手段,提升农业生产效率和质量。例如,利用物联网技术监测土壤湿度、温度等环境参数,实现精准灌溉和施肥;通过大数据分析预测农产品市场需求,优化种植结构。

加快数字化产业培育方面,天津市发布了《天津市加快数字化发展三年行动方案(2021—2023 年)》《天津市制造业高质量发展"十四五"规划》等一系列政策文件,明确了数字化产业培育的目标、路径和措施。天津市大力发展信创、智能网联车、人工智能等战略性新兴产业,形成了一批具有竞争力的数字产业集群。通过场景挖掘和应用,天津市培育了一批基于数字技术的新业态和新模式,如数字服务出口、智能制造等。为进一步推动数字新产业中的算力产业发展,天津市于 2024 年 6 月成立天津市算力交易中心,同年 11 月成立了天津市算力产业发展联盟,联盟聚焦推动算力产业协同发展,交易中心则为北方首个"通智超"一体的省级算力交易中心,"中心 + 联盟"将成为促进算力产业发展的两大核心动力,整合双方资源优势,中心为联盟成员提供了算力资源的交易和调度服务,联盟内的企业则通过交易中心进行算力资源的买卖和交易,协同促进天津市算力产业发展。截至 2024 年 11 月,联盟成员单位达到 117 家,算力中心入驻单位达到 27 家,已构筑起促进算力产业发展的扎实基础。

3.积极探索利用数字技术,促进绿色低碳发展

天津市主要在绿色园区、绿色工厂、绿色供应链以及结构降碳、技术减碳、管理低碳等方面开展数字新产业新业态路径探索。

绿色园区、绿色工厂、绿色供应链探索方面,天津经济技术开发区运用循环经济、清洁生产理念指导园区开发,通过数字化技术和物联网技术实现园区内各类设备、系统之间的互联互通,实现智能化管理、自动化运营,提升园区整体效率。绿色工厂在能源利用方面采用多种数字化技术,如光伏板发电、风力发电等可再生能源的利用,以及通过智能化系统优化能源使用,降低能耗和碳排放。核心企业通过数字化手段实现绿色采购,对供应商进行绿色评估和管理,推动供应链上下游企业共同实现绿色发展。例如,科迈化工股份有限公司通过搭建统一集成的信息化平台,实现信息化、智能化全环节管理,努力创建高效、清洁、低碳、循环的绿色供应链发展体系。

结构降碳、技术减碳、管理低碳等方面探索,天津市通过发展绿色低碳产业,优化产业结构,降低高耗能、高排放产业比重。例如,推动工业绿色转型发展,培育一批"专精特新"中小企业和制造业单项冠军企业。天津市积极探索

碳捕集、利用和封存(CCUS)等前沿技术的研发和应用。例如,依托天津港保税区临港片区,打造氢能示范产业园,探索开展氢冶金、二氧化碳捕集利用一体化等试点示范。天津市利用大数据、人工智能等数字化技术优化能源管理和生产流程,实现精准节能。例如,通过智能化能源管理系统实时监控能源消耗,利用大数据挖掘节能潜力。天津市积极开展碳排放权交易试点,通过市场机制控制和减少碳排放。例如,对重点企业进行碳排放核查,组织碳排放配额有盈余或存在缺口的企业通过碳市场完成交易履约。

4. 数字技术赋能港产城建设,推动城市能级跃升

天津市主要在智慧港口、港口新业态打造等方面开展港产城融合方面的数字新产业新业态路径探索。智慧港口建设方面,天津港积极打造世界一流智慧绿色枢纽港口,通过建设"数字 + 智慧港口",充分利用 AI 技术,建成"5G + 北斗"智能"零碳"码头。例如,天津港第二集装箱码头作为全球首个"智慧零碳"码头,实现全自动化作业和100%绿电供能。滨海新区依托港口大力发展网络货运等新经济业态,网络货运行业领军企业加速集聚。例如,打造网络货运平台,建设集政府监管、数字货运企业服务为一体的综合性服务平台,通过数据共享、信息交换、业务协同等功能,促进数字货运行业有序发展。

港口新业态方面,天津市保税维修再制造业务涵盖航空、船舶、工程机械等领域,是国内开展保税维修再制造业务门类最全、业务模式最丰富的地区之一。例如,天津广车普汽车零部件公司获批我国首个汽车发动机、变速箱保税再制造试点企业。天津市大力发展航运服务业,推动航运服务业集聚发展。例如,河北区积极融入港产城融合发展布局,打造航运服务业升级版,盘活旺海国际大厦 A 座作为航运新质生产力促进中心。天津市跨境电商进出口额持续增长,拥有空港大通关基地、菜鸟中心仓、京东公共仓等一批优质仓储物流载体。例如,2023 年天津市跨境电商进出口额为 356 亿元,同比增长 16%。

5. 加快政策协同创新,促进数字价值释放

天津市主要在区域一体化与协同创新、协同开放、政策支持等方面开展港产城融合方面的数字新产业新业态路径探索。

数字新产业新业态区域一体化与协同创新方面,天津推进京津冀区域一

体化、京津同城化体制机制改革创新,完善市场化引进北京资源要素的常态化合作机制,健全协同创新和产业协作机制。例如,东疆综合保税区自贸局与天津智慧城市研究院、市大数据协会签署战略合作协议,共同促进天津数字产业化、产业数字化、数字化人才建设。天津利用自贸区数据跨境政策优势,促进数据要素流通和价值释放。例如,东疆综合保税区与智库机构深化合作,探索数据跨境与数据产业发展的新模式、新业态。天津通过搭建开放合作平台,推动数字新产业新业态的协同发展。例如,天津经济技术开发区打造泰达数字经济产业园,吸引数字产业企业入驻,形成产业集聚效应。

数字新产业新业态协同开放政策支持方面,天津市政府出台了一系列政策文件,支持数字新产业新业态的发展。例如,《天津市算力产业发展实施方案(2024—2026 年)》提出构建算网协同、普惠易用、绿色安全的一体化算力体系,为数字经济发展提供有力支撑。天津通过提供资金支持和人才培养,推动数字新产业新业态的创新发展。例如,设立专项资金支持数字经济项目建设,引进和培养数字经济领域高端人才。

（二）主要挑战

天津数字新产业新业态发展主要面临着技术、市场、人才等方面的挑战。

1. 数据安全技术需求更为迫切

技术方面,随着数字技术的广泛应用,数据安全成为一个重要问题。如何确保数据在传输、存储和处理过程中的安全性,防止数据泄露和滥用,是天津数字新产业新业态发展面临的一大挑战。数字新产业新业态的发展依赖于先进的技术支持。然而,技术的成熟度直接影响其应用效果和市场竞争力,新技术可能会迅速替代旧技术,从而给数字新产业新业态带来替代性风险。

2. 市场壁垒限制创业者进入

天津数字新产业新业态的市场集中度较高,头部企业占据较大市场份额。这可能导致市场竞争激烈,中小企业难以进入市场或难以在市场中立足。天津数字新产业新业态的市场门槛较高,创业者如何突破市场壁垒,找到适合自己的市场定位和发展方向也是数字新产业新业态突破的一大难题。

3.中高端数字技术人才储备不足

数字新产业新业态的发展需要大量高素质的人才支持。然而,目前天津在数字技术领域的人才储备相对不足,难以满足行业发展的需求。如何加强人才培养和引进工作,提高数字人才的素质和技能水平,也是天津数字新产业新业态发展面临的难题。

四 天津培育数字新产业新业态的对策建议

(一)布局重点数字新产业新业态,打造具备国际竞争力的新产业新业态集群

重点发展信创、工业机器人、智能制造、车联网、数字服务、算力等数字经济领域中新产业新业态。加强与京津冀及周边地区的合作,共同打造信创产业集群,进一步增加天津市信创产业的辐射能级;鼓励政府部门、国有企业等优先采购信创产品,为信创企业提供市场需求;在"信创+汽车"的融合基础经验上,进一步加强信创产业与其他产业的融合发展,推动形成新的经济增长点。通过数字技术在工业机器人领域的创新应用,推动工业机器人关键零部件、本体制造、系统集成等环节的协同发展,在低空经济、商业航天等领域进一步推动工业机器人的扩展应用。发展基于数字技术的智能制造经济,加快优化智能化生产及产品服务运营,培育智慧销售、无人配送、智能制造、反向定制等新增长点。依托信创海河实验室车联网技术创新平台,在自动驾驶、无人配送等领域进一步丰富车联网应用场景。大力发展包括软件开发、数据分析、数字营销、数字文旅、在线教育、远程医疗、数字餐饮等在内的数字服务新领域,通过数字技术进一步提升服务能级,增强数字服务竞争力。推动算力产业中基础算力资源和应用能力融合,支持研制涵盖三产业的细分垂直行业大模型,发挥算力资源的支撑作用,在港口、教育、医疗、政务、金融等领域持续深化算力产业的深度应用。

数字技术创新可以催生出新产品、新产业、新模式、新业态,加快数字技术

的布局创新,助力催生更多数字新产业新业态。鼓励发展设置新型研发机构、企业创新联合体等新型创新主体,支持数字经济新产业具有自主核心技术的开源社区、开放协作平台、开源项目发展,通过新型创新主体以及创新平台促进数字技术进一步研发创新。发挥数字经济领军企业的引领带动作用,加强资源共享和数据开放,推动线上线下相结合的创新协同、产能共享、供应链互通。以园区、行业、区域为整体,推进产业创新服务平台建设,强化技术研发、标准制修订、测试评估、应用培训、创业孵化等优势资源汇聚。支持企业加快在人工智能芯片、国产化中央处理器等"卡脖子"技术领域的技术攻关和重要产品研发,持续提升关键领域的数字技术水平。通过数字化转型龙头企业、海河实验室等创新平台积极引进产业发展所需的数字技术人才,创新数字技术人才引培模式,打造数字技术人才所需优质配套环境,为数字技术研发提供坚实的人才支撑。

（二）在数字产业化与产业数字化进程中挖掘数字新产业新业态,推动数字技术与实体经济的深度融合

推动数字产业化发展,大力布局前沿新兴数字产业。加大对5G、人工智能、大数据中心等新型基础设施的投资和建设力度,助推合理规划数字产业基础设施的布局,加强新一代机器视觉、物联网核心芯片、智能计算芯片等先进基础设施前瞻布局,推动智能传感、大数据、云计算、边缘计算、人工智能、数字孪生等新一代信息技术与传统基础设施的融合发展,避免重复建设和资源浪费。推进数字企业与高校之间的产学研协作,创新校企技术协作模式,支持以数字龙头企业为核心与高校、培训机构开展数字定制化人才培养合作,充分利用高校院所智力资源攻克数字产业关键技术。提升数字新产业新业态的产品本地配套能力,推动数字产品服务业发展,加强面向多元化应用场景的技术融合和产品创新。聚集优质数字产业化龙头企业,支持数字龙头企业先行先试数字发展先进模式,设立数字产业龙头企业专项财政补贴,支持龙头企业作为示范优先开展技术研发、市场开拓和产业升级。建立完善的数字技术知识产权管理和运营体系,加强数字企业的知识产权保护力度,保障数字企业的技术核心竞争优势。

推动产业数字化发展,在传统产业中挖掘数字新产业新业态。推进产业数字化发展,实施产业链强链补链行动,加强面向多元化应用场景的技术融合和产品创新。引导和鼓励企业利用数字技术发展柔性生产、智能制造,全面提升企业对市场需求的快速响应能力和产能灵活转换能力,推动形成供给与需求、生产与消费互促互动的良性循环。在产业数字化过程中,推动商业模式创新和产品服务创新,通过模式和服务创新衍生新产业新业态,不断丰富数字相关产业业态。推动重点或者规模较大传统产业开展数字化转型,由数字技术龙头企业、传统产业龙头企业、第三方数字服务机构共同主导,根据具体行业本身特点及产业发展阶段,完善运营机制、共享数据资源,协同促进重点传统产业的数字化转型。在制造领域各环节挖掘新业态新场景,充分应用数字技术提升制造的生产、运输、监管等各环节的自动化、网络化、智能化水平,催生个性化定制、智能化生产、网络化协同、服务型制造等新模式、新业态。

(三)推进数字经济创新平台建设,高效服务新产业新业态

加快北方大数据交易中心建设,高效服务数字新产业新业态。引入专业数据安全团队入驻北方大数据交易中心,运用先进隐私计算技术,确保催生的数字新产业新业态数据在交易过程中的安全性和隐私性。探索数字新产业新业态的知识数据交易模式,将低价值高风险的原始数据交易转变为高价值低风险的知识产品交易,引入"数据交易 + 算力交易 + 大模型"等可信流通交易新模式,提升数据交易的效率和价值。建立全过程监管的数据交易流程,确保交易过程的透明性和公正性,制定统一的数据交易规则和标准,明确数据交易的合法性、合规性和安全性要求。依托北方大数据交易中心,针对不同行业的特点和需求,开发定制化的数据产品和服务,并推动数据跨境流动和交易,拓展数据交易的国际市场。

在已有数字平台基础上建设完善更高能级、服务于新产业新业态的数字平台。在天津市网上办事大厅、"津心办"App、天津市大数据综合服务平台、天津港口生产大数据平台、天津智能网联汽车大数据平台、智慧天津地理信息

大数据平台、天津环境大数据平台、天津交通大数据平台等数字平台基础上按照全国统一大市场建设要求,建设更高能级的数字平台,连通天津市已有的各大数字服务平台,链接企业、政府、数字经济服务机构、数字服务第三方服务机构、孵化器、众创空间等各类创新主体,打破数据孤岛,减少信息不对称,提升数据要素配置效率,降低数据要素市场交易成本。鼓励企业、高校和研究机构之间的合作与交流,共同推动数字平台的技术创新和应用发展。通过搭建信息共享平台、中介平台、众创平台等,为数字平台的发展提供资源和服务支撑。制定和完善数字平台在支持数字新产业新业态发展方面相关的政策举措,为数字平台更好支撑数字新产业新业态发展提供保障和支持。

(四)打造优质生态环境,提供数字新产业新业态发展沃土

完善数字新产业新业态发展的体制机制。天津市政府不断优化审批流程,提高审批效率,为数字新产业新业态的发展提供便捷高效的政务服务。加大对知识产权的保护力度,打击侵权行为,为数字新产业新业态的创新发展提供有力保障。推进设立专门服务于数字新产业新业态的专项基金,支持数字新产业新业态的关键技术研发、示范应用和产业化发展。简化数字新产业新业态的市场准入程序,降低创业门槛,鼓励更多市场主体参与数字新产业新业态发展。建立高校院所与数字企业之间的人才培养协作机制,支持高校和培训机构开设数字新产业新业态相关专业课程。

打造优质的数字人才宜居宜业的环境配套。针对数字方面人才制定优惠的引才育才及生活落户政策,吸引国内外高端数字人才来天津创新创业。建立健全数字新产业新业态公共服务体系,提供信息咨询、技术支撑、人才培训等服务。推动数字基础设施建设,提升网络带宽、数据中心等基础设施对数字人才的支撑能力。建立健全数字新产业新业态所需人才的评价、激励和流动机制,为优秀人才提供职业发展机会和待遇保障。在交通、住房、公共服务等方面发力,加强环境配套基础设施建设,为数字人才提供优质生活空间;建设并完善科技创新园区、创业孵化器、加速器等创新平台及数字服务平台,为数字人才提供优质工作环境。举办各类文化艺术活动,如音乐会、展览、演出等,

丰富数字人才的精神文化生活。

加快构建政府、企业、社会多方协同的新产业新业态治理模式。政府、企业和社会组织之间建立定期沟通机制,就新产业新业态的发展、政策制定等问题进行交流协作。推动社会组织和公众参与到社会治理中来,形成多元共治格局。政府加大对新产业新业态的监管力度,确保市场秩序和公平竞争,建立跨部门协作机制,提高监管效率和覆盖面,鼓励企业和社会组织对政策进行评估和反馈。定期对新产业新业态发展情况进行评估和反馈,根据评估结果及时对数字新产业新业态的发展开展引导支持。

参考文献：

［1］徐浩田:《港产城"融"出天津发展新动能》,《中国交通报》2024 年 7 月 9 日。

［2］战旗、张广艳:《港产城"融"出天津开放新格局》,《滨城时报》2024 年 7 月 15 日。

［3］董建国、张华迎、秦宏:《乘"数"而上蓄势向"新"开辟增长新空间》,《经济参考报》2024 年 5 月 28 日。

［4］徐杨:《上"云"下沉 天津扩大优质医疗资源供给》,《天津日报》2024 年 11 月 11 日。

［5］路熙娜:《培育壮大区域数字经济 推进港产城融合协同发展》,《滨城时报》2024 年 9 月 21 日。

［6］路熙娜:《"智改数转"促产业加速转型升级》,《滨城时报》2024 年 8 月 11 日。

［7］巩丽媛:《寻找城市公共汽电车行业发展的第二增长曲线——行业数字化转型发展研究》,载中国城市规划学会城市交通规划专业委员会编《绿色数智 提质增效——2024 年中国城市交通规划年会论文集》,中国建筑工业出版社,2024 年。

［8］卢梦琪:《我国数字经济核心产业发明专利授权量近五年年均增长 21%》,《中国电子报》2024 年 7 月 30 日。

区域协同篇

数字经济视域下
京津冀数字技能人才发展研究

陆小成　北京市社会科学院市情研究所所长、研究员

摘　要： 随着数字经济快速发展和产业数字化转型提速,社会对于数字技能人才的需求日益增长。京津冀地区数字技能人才发展面临区域分布有待均衡、"金字塔"型梯队有待健全、社会培训平台有待加强、社会保障机制有待完善等诸多难题。深入推动京津冀协同发展战略实施,应加强京津冀数字技能人才结构优化,推动跨区域自由流动;扩大培养规模,打造"金字塔"型人才梯队;加强高校数字人才储备,健全社会培训平台;完善数字化人才政策,提高社会保障水平,为京津冀数字经济发展和产业转型升级提供有力支撑。

关键词： 京津冀　数字经济　数字技能人才

党中央高度重视数字经济与数字技能人才发展。习近平总书记强调,加快发展数字经济,促进数字经济和实体经济深度融合。党的二十届三中全会明确提出,着力培养造就卓越工程师、大国工匠、高技能人才,提高各类人才素

质。数字经济作为以新一代信息技术为重要支撑的新型经济形态,依托数字化技术创新和模式创新的数字技能人才发展,为新质生产力发展、产业转型升级、区域协同发展提供强劲支撑。京津冀地区数字资源丰富、数字经济发展态势良好,需要大量的数字技能人才作为支撑。目前,京津冀地区存在数字技能人才缺口大、高校数字人才供给不足、人才政策还有待完善等诸多难题,一定程度上制约了京津冀城市群经济高质量发展、产业转型升级与区域协同发展,亟待研究破解。

一 京津冀地区数字技能人才发展现状

近些年来,京津冀地区深入实施协同发展国家战略,在数字经济发展、数字技能人才培养等方面取得了阶段性的重要成效。京津冀地区大力发展数字经济,离不开大量的数字技能人才支撑。数字经济及其所依托的数字技能人才发展,成为推动京津冀地区新质生产力发展、区域协同发展的新动能新引擎。面向数字经济、产业数字化转型需求,数字技能人才需求日益增长。数字技能人才与数字技术人才存在一定的区别与联系,如表1所示。

表1 数字技术人才与数字技能人才的主要区别

比较维度	主要区别	
	数字技术人才	数字技能人才
专业领域	通常指的是在数字技术领域具有专业能力的人员,专注于技术层面,如云计算、大数据、物联网、区块链、人工智能等,具备较强的技术创新能力,能够进行技术开发、产品设计和管理	更广泛地指具备数字技能的人才,这些技能包括但不限于信息和通信技术(ICT)相关数字技能,以及其他与信息技术专业技能互补协同的跨界人才。数字技能人才需要能够理解和应用数字技术来提高工作效率和创造价值

比较维度	主要区别	
	数字技术人才	数字技能人才
工作职责	在组织中扮演技术支撑的角色,建立和维护数字化平台,成为数字化转型的技术骨干和质量保证	更多涉及数字技术的应用和实践,将数字技术应用于工作中,促进业务提升、优化工作流程、驱动业务变革、提升生产效益
能力要求	需要具备更深层次的技术能力、产品能力、运营能力和项目管理能力	需要具备技术应用能力、产品生产能力、生产协同能力和项目管理能力
行业分布	主要集中于互联网、电子通信、机械制造等行业	在互联网、服务外包、消费品等行业中分布较为广泛

数字技术人才与数字技能人才均是适应数字经济、数字转型需求的人才,在很大程度上有一定的重合性和交叉性,数字技术人才更侧重于技术层面的深入研究和开发,而数字技能人才则侧重于数字技术的应用和实践。两者都是数字化转型中不可或缺的角色,但侧重点和专业要求有所不同。也有研究认为,数字技能人才是指具备一定数字职业能力,了解或掌握具体的学科知识、生产技能、业务流程。[①] 数字技能人才具有三个方面的特征,如表2所示。

表2 数字技能人才的基本特征

属性	基本特征
职业属性	从事与数字相关的职业,且具有一定的数字职业能力
技能属性	具有与数字化相关的技术技能,能够将大数据、人工智能等新一代信息技术应用于传统产业链之中,推动产业的数字化转型与升级
价值属性	运用数字化技术,通过生产劳动助力全社会的产业数字化、数字产业化、数字化治理

---

① 吴帅、李琪:《新发展阶段数字技能人才开发机制研究》,《科技中国》2023年第5期。

　　基于以上研究,本文并不严格区分数字技术人才或数字技能人才,而是从更加宽泛的意义上理解,主要是面向数字经济发展需求的各类数字技能人才,偏向于能从事生产一线工作并掌握一定的数字技术的技能人才。京津冀三地充分利用数字经济发展和产业数字化转型契机,不断完善数字人才发展政策,持续优化数字人才引进、培养、激励等服务,在数字人才培养与发展方面取得了显著成效。

　　北京作为国家首都,相继出台了多项政策措施,形成了产学研一体化、订单化的数字技能人才培养模式。2024 年 7 月,北京市印发《北京市加快数字人才培育支撑数字经济发展实施方案(2024—2025)》,建立和完善数字技能人才培养体系。截至 2023 年,北京共举办数字技术领域高级研修班 83 个,培训专业技术人员 5000 余人。目前,北京市拥有超 200 所数字人才高校,加快全球数字经济标杆城市建设,数字人才队伍建设力度不断提升。北京各区高度重视本区数字技能人才在区域产业转型、数字经济发展中的引擎作用,出台支持政策促进数字技能人才发展。比如,大兴区在《大兴区数字经济创新发展三年行动计划(2021—2023 年)》中提出广泛吸引海内外数字经济领域高层次人才来大兴区创业,探索人才离岸创新、外籍人才管理等领域新机制。丰台区发布《"十四五"时期"智慧海淀"建设规划》指出,要鼓励校企合作,培养一批具有较强竞争力的数字经济产业技术人才和技能型人才。西城区出台《北京市西城区加快推进数字经济发展若干措施(试行)》提出,开展"数字英才"培育行动。

　　天津市立足区域经济中心定位,加快产业数字化转型,发展数字经济,制定了一系列政策推动数字技能人才的培养与发展。2022 年 12 月,天津市人社局、财政局联合发布数字经济领域技术技能人才培育项目实施方案,重点围绕人工智能、物联网等数字技术工程应用领域,推出数字技能人才培育项目。天津还鼓励企业或机构设立首席数字官,支持高技能人才参训并享受职称贯通政策,建立数字经济卓越工程师人才库等,推动产教融合,以"政、产、学、研、用"联动破解企业数字人才缺口问题。

　　河北省在数字技能人才发展方面采取了多项具体措施。河北省制定了

《河北省加快数字人才培育支撑数字经济发展行动实施方案(2024—2026年)》,提出开展数字人才育、引、留、用等专项行动。河北省重点在提升数字人才自主培养能力、丰富数字经济创新创业载体、畅通数字技能人才成长机制等方面出台鼓励政策,推动数字技能人才培养与发展。利用数字人才园区、创新创业基地、职业技能竞赛等载体,搭建创新服务平台,丰富创新创业载体,为数字技能人才发展搭建平台和拓展发展空间。

　　从高校和职业院校来看,如表3所示,京津冀三地不少高校和职业院校开设了数字经济相关专业或课程。京津冀地区依托相对集聚的高校和职业院校,加大了数字技能人才的培养,形成了一定的数字技术技能人才培养规模,为京津冀地区数字经济创新发展提供了重要的人才支撑。

表3　京津冀三地主要高校开设数字经济专业情况

地区	高校或职业院校	开设专业或课程情况
北京	中国人民大学、对外经济贸易大学、中国传媒大学、北京交通大学、北京师范大学、中央民族大学、北京工商大学、北京金融科技学院、首都经济贸易大学、北京林业大学、北京农业职业学院、北京电子科技职业学院、北京交通运输职业学院等	北京地区的高校开设数字经济专业,在全国排名前列。比如中国人民大学、对外经济贸易大学、中国传媒大学、北京交通大学、北京师范大学等。此外,北京地区高校和高职院校还开设了大数据技术、数据科学与大数据技术、大数据与会计等专业。北京市工贸技师学院、北京市工业技师学院、北京劳动保障职业学院等近10所学校或机构建立了公共实训人才基地

地区	高校或职业院校	开设专业或课程情况
天津	南开大学、天津财经大学、天津电子信息职业技术学院、天津美术学院、天津外国语大学国际传媒学院、天津职业技术师范大学、天津传媒学院、天津外国语大学、天津科技大学、天津理工大学中环信息学院、天津职业技术师范大学等	南开大学、天津财经大学等高校开设了数字经济专业,以数字技术为手段,推动数字技术与制造业、服务业等行业的深度融合发展。天津电子信息职业技术学院首创跨专业领域的"数字化人才培养课程体系框架"。天津美术学院开设了数字技术基础专业课程,培养学生利用数字技术进行艺术创作的能力。天津外国语大学国际传媒学院开设数字媒体技术专业,培养能够将创意媒体与计算机技术相结合的复合型、应用型专门人才。天津职业技术师范大学开设数字媒体技术专业,属于师范专业类课程,涉及计算机类和媒体类课程等
河北	石家庄铁道大学、石家庄学院、燕京理工学院、河北经贸大学、邯郸学院、河北金融学院等	河北省不少高校均开设或提供数字经济专业。还有一些高校开设了与数字专业相关的课程,例如河北水利电力学院开设了数字媒体技术专业,培养在文化及传媒产业相关领域从事数字产品技术开发、制作、传播、运营或管理的高素质应用型人才

二　京津冀地区数字技能人才发展存在的主要难题

目前,具备较高数字素养的技能人才紧缺,存在数字化人才供给不足和数字技能人才需求量巨大的结构性供需矛盾。[①] 有研究指出,我国数字技能人才供需规模出现矛盾,数字化综合人才预计未来三至五年内都将呈现出紧缺状

---

① 王荣扬、何彦虎、王英杰:《高职院校数字技能人才培养的实践路径》,《湖州职业技术学院学报》2024 年第 1 期。

态,目前缺口约2500万人至3000万人,人才供给难以支撑数字经济高质量发展的需求。① 随着国家经济社会的数字化转型以及数字产业快速发展,京津冀地区数字经济规模还将持续扩大,对数字技能人才的需求也不断增长,这就意味着京津冀地区的数字技能人才缺口还将扩大。京津冀地区集中了全国70%的数字技能人才,但数字技能人才的规模、质量和结构与京津冀地区数字经济产业发展需求还不匹配。面对日益增长的数字经济发展需求,无论从人才规模和总量上看,还是从具体行业需求来看,京津冀地区数字技能人才发展还面临不少的难题和短板,主要表现在以下几个方面:

(一)数字技能人才结构复杂,空间分布有待均衡

第一,数字技能岗位需求涉及领域多,结构复杂多元。根据专业领域分类,数字技能岗位需求领域主要表现为大数据、数字内容、集成电路、数字金融、人工智能等多个领域,软件开发工程师、集成电路设计工程师和安全工程师等岗位需求迫切。

第二,区域分布较为集中,部分区域不够均衡。比如,从北京来看,数字人才区域分布主要集中在朝阳区和海淀区等。朝阳区聚集了阿里、360、携程、58同城、自如等互联网大厂,这些企业吸引了大量数字人才,形成了数字人才的聚集高地。海淀区则是北京人工智能公共算力中心的所在地,也是数字人才的重要聚集地。但其他区域的数字人才相对较少,呈现出区域分布不够均衡的特征。从天津来看,一方面,数字经济带来的"马太效应"严重,北京中心城区对边远区域以及经济发达地区如北京、上海、深圳、广州等对其他区域的数字技能人才"虹吸效应"太强。天津远郊区的数字技能人才主要向天津中心城区流动,而天津市优秀的数字技能人才又主要向北京、上海等发达地区流动,但反向流动相对较少。另一方面,天津数字技能人才供给存在结构性短缺。京津冀三地来看,数字技能人才主要聚集在北京、天津等超大城市特别是中心城区,而远郊及边远区域的数字技能人才严重短缺。

① 马玥:《数字技能人才发展现状、问题及对策建议》,《中国经贸导刊》2024年第2期。

第三,数字人才薪酬待遇好,但入职门槛相对较高。北京数字人才的薪酬待遇呈现出较高的水平。随着"北京智造"发展进入快车道,智能/高端制造产业月平均薪酬中位值为 13219 元/月,薪酬同环比涨幅相对领先。其中智能网联汽车专业技术及高技能数字人才的薪酬尤为突出,如自动驾驶研发工程师、新能源汽车工程师的薪酬中位值超过 28000 元/月,而车联网测试工程师、电池算法工程师等热招岗位的薪酬也超过 24000 元/月。从入职门槛来看,大部分数字技能岗位要求 1—3 年的工作经验和数字技能积累,对学历要求不断升高,本科、硕士、博士等高学历要求占主体,专业和技能要求不断提高。

(二)人才缺口持续增大,"金字塔"型梯队有待健全

数字经济发展带来数字技能人才需求。尽管京津冀地区特别是北京数字经济及其数字技能人才发展在全国走在前列,但数字技能人才长期存在供给不足、缺口持续增大等难题,尚未形成较为合理稳定的"金字塔"式人才梯队结构。既缺乏"金字塔顶部"的高精尖领军人才,又缺乏"金字塔中部"的技术型应用人才,还缺乏"金字塔底部"的普通数字劳动者。京津冀地区的数字技能人才缺口大,其原因主要有:第一,京津冀数字技能人才培养与数字经济发展不够匹配。以北京为例,北京尽管出台了数字人才发展实施方案,但缺乏立足北京、统揽全局、辐射京津冀的数字技能人才发展专项规划,导致人才引进、培养等政策相较于其他发达城市优势并不突出。第二,以高等院校为主体的数字化人才培养体系难以适应产业发展形势,多层次人才培养模式亟待完善。有的技工教育院校还是不少工匠学院、技工学校等越来越重视数字技能人才培养,但培训的岗位和工种以培养通用技能为主,仅限于少部分专业,针对人工智能、大数据、云计算等领域的人才培养力度还有待提升。与数字经济关联度高的专业开设不多,课程改革滞后于企业一线需求,难以破解数字技能人才的瓶颈制约。[1] 第三,数字人才供需不适配且需求断层愈加明显。当前数字经

---

[1] 严宇才:《数字化转型背景下技工院校数字技能人才培养路径研究——以浙江台州为例》,《职业教育》2024 年第 7 期。

济已步入后移动时代,人才需求结构发生变化,更加强调运营、交互、增长等综合性要求,产教融合有待推进,尚处于"结合但尚未真正融合"的状态。

(三)高校人才储备不足,社会培训平台建设有待加强

目前,京津冀地区部分高校、高职院校开设了大数据相关专业和课程,加强高校数字技能人才培养与储备。比如北京农业职业学院等10余所大学和高职院校开设了大数据技术、数据科学与大数据技术、大数据与会计等专业,但从规模上看远远难以满足全球数字经济标杆城市建设的人才需求。数字人才培训特别是数字经济领域公共实训人才基地建设相对不足。从天津来看,不少高校和职业学院开设了数字经济等相关专业,加强数字技能人才培养,但与天津数字化转型和数字经济发展需求还不相匹配。从河北省来看,也有不少高校开设了数字经济专业或课程,加强数字技术技能人才培养,但与河北省产业转型升级、数字经济发展不相适应,河北省还缺乏更多适应数字经济发展的高素质复合型人才。企业数字化人才储备严重不足,难以充分发挥先进技术设备潜力,难以充分挖掘企业数据价值。京津冀地区的数字技能人才培训严重不足,人才需求与社会教育培训能力不匹配,数字技能人才供给侧短缺与传统人才过剩并存的结构性矛盾突出。京津冀地区的公共实训基地不足,多数仍停留在传统技能培养和提升上,对于具有现代化特征、面向战略性新兴产业发展的大数据、人工智能等数字技能岗位培训投入不够、培训能力有待加强。

(四)数字化人才政策不够完善,社会保障机制有待完善

目前,京津冀地区的企业人才偏重传统型产业工人,数字技能人才总体数量不多,企业数字技能人才仍然存在"引进难、育不好、留不住"等问题,尚未形成吸引、培训、评价、选拔、使用、激励于一体的人才培育保障机制。数字化转型涉及数字技术在传统行业的有效利用,需要引入更多复合型人才。复合型技术人才具有多学科的知识储备,具有多个行业的技能。当前对于数字经济中的人才政策,较多关注复合型技术人才,而较少关注复合型管理人才,容易

造成数字技术引入易、管理难以及掌握数字技术容易、掌握数字技能难的尴尬局面。数字技能人才政策不够完善,在职称评定、医疗教育等社会保障方面机制有待健全。第一,数字技能人才的社会认可度不高。不少数字技能人才出自技工院校,但由于技工教育的社会认可度不高,技工院校毕业生同等待遇落实不彻底,技工院校进入中职招生平台受限,导致招生困难、生源素质偏低等问题,技工院校的学历仅在人社系统备案,未纳入教育系统的学信网平台,导致许多技工院校毕业生未能得到更多企业或社会认可。第二,数字技能人才的薪酬与福利待遇保障不到位,技能人才成长激励不足。技能人才成长空间及通道不够畅通,技能人才与专业技术人才贯通发展成效微弱,技能人才成长的立交桥还未完全搭建起来。

三 数字经济视域下 京津冀数字技能人才发展的路径选择

京津冀协同发展战略作为国家战略,对于推动三地数字经济融合、协调、高质量发展具有里程碑意义。京津冀协同发展的国家战略与三地数字经济发展,为打造中国式现代化的先行区、构建以首都为核心的世界级城市群提供了良好契机,也为三地数字技能人才的培养、合作、发展提供了重大历史机遇。①新征程上,针对以上发展难题,根据京津冀地区数字经济发展的人才需求结构特征,从人才空间布局、培养规模、社会培训平台、社会保障等维度加快数字技能人才培养,建立京津冀数字技能人才生态圈,加快打造世界级数字经济产业集群与经济新高地。

(一)加强京津冀数字技能人才结构优化,推动人才跨区域自由流动

一方面,根据不同岗位需求及其专业要求,鼓励大学、高职院校、社会培训机构,面向大数据、数字内容、集成电路、数字金融、人工智能等领域灵活开设

---

① 刘颖:《京津冀协同发展视阈下天津市高技能人才培养的思考》,《职业教育研究》2017 年第 6 期。

专业和课程,社会培训机构面向企业和市场需求开展数字化人才技能培训,加快京津冀地区的数字技能人才规模和质量提升。另一方面,随着数字经济全面推进,京津冀城市群的产业数字化、数字产业化转型提速,对数字技能人才的需求也不断增长,这就要求京津冀三地应面向数字经济发展,加快数字技能人才的引进和培养,优化人才结构,推动数字技能人才分布相对均衡和自由流动,形成更多的数字经济发展高地。未来应依托京津冀优势主导产业,面向产业链创新链深度融合,进一步推动数字技术技能人才资源随产业升级转移而有序流动,推进数字技能人才结构和空间布局的双优化。比如,鼓励北京、天津的高校、科研院所到城市周边及远郊区地区共建数字经济研究基地、数字技能人才培养合作平台,建设京津冀地区的高等学校、职业院校、技工院校的数字技能人才联盟,推动京津冀三地数字技能人才联合培养、跨区域流动。根据京津冀协同发展的数字经济需求及其结构特征,加快建立和完善京津冀地区数字经济、数字技能人才生态圈,创新数字经济应用场景,因地制宜地推动京津冀数字技能人才结构优化、自由流动,切实提升京津冀数字经济产业集群竞争力,加快打造世界级数字经济产业集群。

(二)适度扩大人才培养规模,弥补人才缺口和健全"金字塔"型人才梯队

加强京津冀三地在数字经济发展、数字技能人才发展方面的协同,进一步完善数字技能人才引进、培养等相关政策。加强政府与高校之间的合作,政府向高校提供资金支持,用于开设数字经济相关的课程、研究项目和创新中心,培养更多的高技能人才,共同开展数字经济领域的研究项目。[①] 借助大数据、云计算、人工智能等新一代信息技术,推动职普融通、产教融合,加快形成高等院校、高职院校、社会培训机构等多元化的京津冀地区数字技能人才培养与发展体系。引导更多的大学生、研究生以及社会待业人员加强数字化技能培训,弥补数字人才需求缺口,加快形成适应高精尖领军人才、技术型应用人才、普

---

① 张庆红、赵春玲:《数字经济发展对高技能人才就业的影响》,《宜春学院学报》2024 年第 7 期。

通数字劳动者等不同层次需求的数字化技能人才梯队。引导更多学校参与数字技能人才培养,引导北京地区本科、高职院校开设人工智能、云计算、大数据、物联网、金融科技等相关专业或方向,加大涵盖数字经济的交叉学科人才培养力度。深入推动数字经济领域产教融合,既有德高望重的老教授,也有优秀出色的青年学者,实现"老中青"三代衔接,完善"金字塔"型数字人才梯队。建设数字经济产教融合示范基地,鼓励高校和企业联合开设数字技能"订单班"等,共建一批现代产业学院、联合实验室、实习基地等,破解产教"结合但尚未真正融合"难题。

(三)加强高校数字人才储备,拓展社会化技能培训平台

加强高校复合型数字技能人才的专业教育、技能培养、学历提升。特别是在区块链、集成电路、大数据、云计算等行业需求增多,应加强这些领域的高校数字技能人才储备和培养规模。深入推进数字技能提升行动,鼓励和引导数字经济标杆企业、数字技能培训机构、高等院校新建一批数字技能类公共实训基地和技能大师工作室。高校、职业院校和技工院校等应持续加强校企深度合作与发展协同,加大交叉学科人才培养力度。加快制定京津冀三地校企协同的高技能人才培养方案,明确校企协同思路,构建校企协同机制,更加契合区域经济发展。[①] 加强数字经济、数字技术、数字技能的相关课程、教材教程、教学团队、实训中心建设。聚焦企业职工数字技能提升需求,开展大数据、人工智能、云计算、机器人系统操作等"项目制"培训,培养创新型数字技术工程师,打造一批京津冀"数字工匠"。畅通资金投入渠道,增加对大数据、人工智能等数字技能岗位培训投入,支持各地根据行业发展需要增设数字领域的新职称专业。特别是针对中小企业、数字技能岗位劳动者,免费开放数字教育资源与线上学习服务,搭建更多的社会化技能培训平台,举办数字化技能培训活动和研讨会,支持数字经济创新创业载体建设。

---

① 高伟:《校企协同京津冀高技能人才培养方案研究》,《石家庄职业技术学院学报》2020 年第 1 期。

(四)完善数字技能人才政策，提升社会待遇和服务保障水平

破解企业数字技能人才"引进难、育不好、留不住"等难题，加快制定京津冀三地统一的、有针对性的职称评定、教育医疗保障等支持性政策。第一，加快面向数字经济领域的高级职称评审试点，比如增加面向数字技能人才的高级职称评定指标，健全数字职业标准和评价标准体系。第二，建立京津冀数字技能人才奖励基金，面向数字技能人才适度增加优秀人才称号、评优评先指标等，创新人才评价机制，健全人才激励机制，优化人才流动机制，提高数字人才社会地位和认可度。将高层次数字技能人才纳入京津冀专家库，在住房、落户、就医服务、子女入学等方面给予必要的支持，推动京津冀三地社会保险互通、教育医疗资源共享，促进区域人才顺畅流动。第三，建立京津冀地区数字技能人才公共服务保障机制。比如，北京非首都功能疏解到天津、河北等地就业的重点工程人才、高技能人才，继续享受北京的教育、医疗、社保等公共服务资源。第四，实施京津冀区域协同创新的数字技能人才链接计划，打通三地数字技能人才信息链条，促进人才合理流动，推进京津冀地区数字经济高质量发展。链接更多政府、学校、企业、服务机构资源，重点支持本土猎头公司、外包企业建立面向全球的引才网络平台和数字人才海外孵化器，每季度发布《京津冀地区产业数字化转型数字技能人才需求目录》。在京津冀地区建立数字人力资源服务产业园区，加强京津冀数字人才市场建设，打造京津冀数字人才政产学研用创新联盟，助力京津冀城市群产业数字化转型与区域高质量协同发展。

参考文献：

[1] 谢经良、余贝:《高校数字技能人才培养的时代价值、现实困境及对策》,《中国成人教育》2023 年第 1 期。

[2] 毕娟、王鹏:《推动京津冀数字经济协同发展》,《前线》2022 年第 6 期。

［3］吴帅、李琪:《新发展阶段数字技能人才开发机制研究》,《科技中国》2023 年第 5 期。

［4］王荣扬、何彦虎、王英杰:《高职院校数字技能人才培养的实践路径》,《湖州职业技术学院学报》2024 年第 1 期。

［5］马玥:《数字技能人才发展现状、问题及对策建议》,《中国经贸导刊》2024 年第 2 期。

［6］严宇才:《数字化转型背景下技工院校数字技能人才培养路径研究——以浙江台州为例》,《职业教育》2024 年第 7 期。

［7］刘颖:《京津冀协同发展视阈下天津市高技能人才培养的思考》,《职业教育研究》2017 年第 6 期。

［8］张庆红、赵春玲:《数字经济发展对高技能人才就业的影响》,《宜春学院学报》2024 年第 7 期。

［9］高伟:《校企协同京津冀高技能人才培养方案研究》,《石家庄职业技术学院学报》2020 年第 1 期。

京津冀数字产业集群协同发展机制研究

王　峥　北京市科学技术研究院研究员
姜宛贝　北京市科学技术研究院副研究员

摘　要： 2024年,京津冀聚焦数字产业集群建设,数字经济核心产业实力显著提升,数字产业集群发展成效显著。京津冀数字产业集群的发展有赖于纵向发力、横向联动的产业协同发展机制,实现了产业协同发展重点由疏解存量向共谋增量的转变,正在促进产业协同由单个企业、单一项目对接向产业链供应链区域联动转变,以产业集群演化升级为基础、产业链延伸完善为核心、产业廊道优化拓展为路径,推动形成北京优而精、天津韧性强、河北升级跳的发展新格局。针对京津冀数字产业存在的产业链与创新链融合不足、集群短板突出、数字治理机制有待完善等挑战,建议以"新基建筑基、创新链攻坚、产业链协同、生态圈开放"为核心,突破制度与技术瓶颈,进一步提升京津冀数字产业协同发展水平,推动京津冀数字经济的高质量协同发展。

关键词： 京津冀　数字产业集群　协同发展

数字产业是指以信息为加工对象,以数字技术为加工手段,通过数字化手段提供产品或服务的产业集合。数字产业作为数字经济发展的基础性、先导性产业,具体包括软件业、电信业、电子信息制造业和互联网行业等,正成为支撑国民经济发展的重要产业部门。在京津冀区域协同发展的大背景下,伴随产业变革与政策演进的良性互动,京津冀数字产业协作逐步从产业疏解承接为主的模式,迈入产业链合作共建为主的新阶段,集群化发展特征明显。京津冀三地加快"六链五群"联合共建,推动数字产业集群成为京津冀产业协同发展的主要发力点,并向数字经济更加广泛的领域纵深拓展。

一　2024年京津冀数字产业集群总体发展情况

(一)京津冀数字产业发展受到国家高度重视

京津冀协同发展是党中央亲自谋划、亲自部署、亲自推动的区域重大战略,是党的十八大以来的第一个重大区域发展战略。在党中央、国务院的指导下,京津冀三地会同中央部门,攻坚克难、狠抓落实,推动了以数字产业为核心的数字经济的长足发展。2024年2月,习近平总书记视察天津并发表重要讲话,特别指出"要坚持科技创新和产业创新一起抓,加强科创园区建设,促进数字经济与实体经济深度融合,推动制造业高端化、智能化、绿色化发展。要加强与北京的科技创新协同和产业体系融合,合力建设世界级先进制造业集群"。之后,李强总理于2024年分别在北京、天津和河北省进行调研,高度关注数字经济重点领域发展现状。在北京调研时强调,人工智能是发展新质生产力的重要引擎,要大力开展"人工智能+"行动,统筹推进通用大模型和垂直大模型应用,引导更多行业领域开放应用场景,加强分类指导和典型示范,让人工智能更好赋能千行百业。

(二)京津冀务实推进数字产业"织网补链"

2024年,在京津冀党政主要领导座谈会的基础上,三地根据新形势、新任务,共同修订深入推进京津冀协同发展工作机制运行规则,将三地人大、政协协同纳入工作机制,同时在现有15个专题工作组基础上增加能源、水务、统计3个专题工作组,在更大范围形成合力,推动各领域任务高效落实。2024年5月,产业协同专题工作组印发《京津冀产业协同专题工作组2024年工作要点》,提出要自觉从全局谋划一域、以一域服务全局,推动三地共同编制《京津冀三省市推动6条重点产业链图谱落地的行动方案》，联合绘制网络安全和工业互联网、新能源和智能网联汽车、机器人等6条产业链图谱，动态完善形成包括"卡点"、"堵点"、重点企业的三张清单，逐链出台产业链招商方案，首次与长三角、粤港澳和成渝地区举办产业链织网合作对接会。同时，京津冀三地科技主管部门持续推进京津冀基础研究合作专项，设立14个优先资助的研究方向，支持新能源和智能网联汽车、机器人两大产业链的基础科学问题和前沿技术问题研究。

（三）京津冀数字经济核心产业实力显著提升

2024年，京津冀地区生产总值达到11.5万亿元，京津冀协同发展以来连续跨越6个万亿台阶。数字经济成为驱动京津冀经济增长的重要力量，以北京为例，2024年全市数字经济增加值超过2.2万亿元，同比增长7.7%，占GDP比重超过44%。京津冀三地在数字产业领域持续发力，数字经济核心产业增长势头良好。北京信息软件业2024年营业收入突破3万亿元，跃升为全市第一支柱产业。北京人工智能产业快速壮大，现有人工智能企业超2400家，核心产业规模突破3000亿元。天津形成了以信创、大数据与云计算等为代表的9大特色优势产业，天津港保税区汇集了一批业内领先企业和专精特新"小巨人"企业，2024年前三季度数字经济产业规模突破640亿元。河北省软件和信息技术服务业蓬勃发展，2024年入统企业较上年增加130多家，全年实现主营业务收入1032.6亿元，同比增长22.1%，其中软件业务收入709.6亿元，同比增长37.4%，增速连续12个月居全国第一。

（四）京津冀共建数字产业集群取得初步成效

2024年，京津冀新一代信息技术应用创新等5个集群入选"国家队"，京津冀国家先进制造业集群增至7个，其中5个由三地联合共建，涵盖了集成电路、新一代信息技术应用创新、智能网联新能源汽车、安全应急装备、生命健康等关系国计民生的重点产业。京津冀三地全力打造新一代信息技术应用创新国家级先进制造业集群，集群总规模超过2万亿，占全国比重超过一半；集聚

3.3万余家企业,国家级高新技术企业超过5000家。京津冀集成电路集群产业规模持续壮大,2024年1—11月三地集成电路实现销售收入约2600亿元。作为我国重要的汽车产业基地,京津冀三地围绕汽车产业链"卡脖子"环节,联合推动22项卡点攻关,车载操作系统等4项已实现规模化应用。

(五)京津冀数字产业发展实现广泛赋能

伴随数字技术创新突破和数字产业蓬勃发展,京津冀产业数字化转型不断深入。2024年,北京推动581家规模以上制造业企业实现数字化转型达标,新增9家国家级智能制造示范工厂;天津工业企业数字化转型进入发展快车道,累计打造5G全连接工厂25家,培育高水平制造业数字化转型服务商66个,累计培育智能工厂和数字化车间400个;河北省工业互联网平台应用普及率达到39.34%,居全国第8位,实现钢铁、装备制造业等重点行业生产过程智能化管理。北京数字广告业规模超过1500亿元,建成北京跨境电子合同签署平台。天津深度应用AI、5G、F5G、大模型等新一代数字技术,大力推进世界一流智慧港口建设。河北省积极推进人工智能与智慧城市深度融合,雄安新区建成全域感知、全域IPv6、全域鸿蒙"3个全域"。京津冀自动驾驶实现跨域全场景应用,开放自动驾驶测试里程4311公里,实现1053个政务服务事项"跨省通办"。

二 京津冀数字产业集群协同发展机制及其演进

京津冀协同发展进入了全方位、高质量推进的新阶段,围绕京津冀数字产业发展和集群建设,各类主体深度参与,系统构建了纵向发力、横向联动的产业协同发展机制,推动产业协同发展重点由疏解存量向共谋增量转变,正在促进产业协同由单个企业、单一项目对接向产业链供应链区域联动转变,以产业集群演化升级为基础、产业链延伸完善为核心、产业廊道优化拓展为路径,推动北京由"大而强"转向"优而精",天津从"体系全"转向"韧性强",河北由"接得住"转向"升级跳",实现了产业结构调整升级、区域产业融合创新。

(一)战略牵引:国家顶层设计引领定向

京津冀协同发展战略施行之前,京津冀三地主要是基于自身发展需求开展合作,由于三地分属不同的行政区划,在政策制定、资源配置、市场监管等方面存在各自为政的情况,导致数字经济发展的协同性受到限制,难以形成统一的市场和政策环境。

2014 年,习近平总书记在京津冀协同发展座谈会上提出京津冀协同发展战略,强调要打破"一亩三分地"的定势思维,着力促进三地之间的优势互补和协同发展。2015 年,《京津冀协同发展规划纲要》正式出台,标志着京津冀协同发展正式拉开序幕。京津冀协同发展战略实施以来,习近平总书记亲自谋划、亲自部署、亲自推动,多次到北京、天津、河北省视察指导,推动京津冀协同发展不断迈上新台阶,为区域一体化推进数字经济发展奠定了良好基础。2024 年,习近平总书记视察天津并发表重要讲话,要求坚持科技创新和产业创新一起抓,促进数字经济与实体经济深度融合,特别提到天津要加强与北京的科技创新协同和产业体系融合,合力建设世界级先进制造业集群。随后,李强总理同年内分别调研北京、天津和河北省,特别强调要大力开展"人工智能 +"行动,统筹推进通用大模型和垂直大模型应用,让人工智能更好赋能千行百业。

从京津冀协同发展上升为国家战略,再到 2024 年"人工智能 +"行动的提出,党中央、国务院指明了推动京津冀数字经济高质量发展的方向,不断强化京津冀三地政府对战略落实的责任感,突破跨区域发展数字产业集群受到地方利益、行政壁垒等因素的阻碍,确保相关政策和规划能够真正落地实施。在京津冀协同发展国家战略的牵引下,三地产业发展的施政策略从"单打独斗"升级为"联合行动",可以着眼区域整体产业基础和资源优势进行数字经济产业布局,空间视野的扩大一定程度上实现了延链补链效应,有利于提升产业链效能,通过《京津冀协同发展规划纲要》及"六链五群"建设,推动产业链从疏解承接转向共建共享,形成"北京优而精、天津韧性强、河北升级跳"的差异化布局。

(二)系统谋划:京津冀主要领导联合推进

在数字经济领域,京津冀三地之间在战略对接上不够紧密,导致区域数字经济协同发展的整体目标不够明确,发展方向可能出现分歧。此外,京津冀地区在数字经济领域拥有丰富的资源和多样的优势,但这些优势在协同发展过程中没有得到充分整合。北京的科技研发优势、天津的产业应用优势和河北省的成本及空间优势尚未形成有机的协同效应。

2024年2月,北京市、天津市、河北省党政主要领导开展联合实地调研。尹力指出要坚持同向发力,构建更加紧密的协同发展格局,创新工作机制,凝聚协同发展强大合力。陈敏尔指出要提升科技成果区域内转化效率和比重,形成更多新质生产力。倪岳峰指出要持续拓展京津冀协同发展广度深度,要加快推进教育、医疗、养老等公共服务共建共享。同年5月,京津冀党政主要领导在天津举行座谈会,三地主要领导关注点仍然是要突出重点和关键,用好各项协同机制,以深化重点领域合作加快推进区域一体化,在协同创新和产业协作上谋求更大突破,在重点领域联动发展上取得更大成效,在公共服务共建共享上迈出更大步伐,不断完善三地常态化对接机制。

京津冀主要领导通过座谈和调研,从高层会商、问题诊断、政策协同、资源整合等多方面构建起促进京津冀协同发展的作用机制,推动区域一体化发展进程。一是高层会商。京津冀主要领导的座谈和调研活动,由北京市、天津市、河北省的党政主要领导亲自参与,从战略高度统一了京津冀数字经济协同发展的目标和方向,体现了三地对京津冀协同发展的高度重视,对促进京津冀协同发展具有重要指引作用。二是问题诊断。通过联合实地调研,京津冀主要领导能够直观了解京津冀地区的产业发展、基础设施建设、科技创新等情况,发现存在的问题和瓶颈,为制定更加精准有效的政策措施提供依据。三是政策协同。京津冀主要领导在座谈中审议通过一系列行动方案与工作机制运行规则,如推进重点产业链图谱落地、国家技术创新中心提质增效、"通武廊"一体化发展等方案,从宏观规划到具体政策实施全方位对接,关注各地产业规划与区域整体布局契合度,减少政策壁垒与规划冲突,保障协同发展有序推进,促进政策在区域内协同配套。四是资源整合。基于三地资源禀赋差异,京津冀主要领导推动资源整合,在产业协作上北京研发、天津制造、河北算力优势得以结合,在公共服务领域推动北京教育、医疗、养老等优质资源向环京地区布局,天津港优势服务区域双循环,实现资源跨区域优化配置,提升区域整体竞争力。

（三）统筹协调:京津冀联合办聚焦多跨事项

在京津冀协同发展初期,没有一个专门的、强有力的跨区域协调机构。三地政府部门在数字经济协同工作中缺乏系统性的规划和统筹。三地在数字经济产业政策制定上相对独立,可能出现政策目标不一致甚至相互冲突的情况,使得企业在跨区域发展时面临政策障碍。三地之间的沟通主要依赖临时性的会议或者个别部门之间的联系,没有建立起常态化、高效的沟通渠道,导致信息传递不及时、不准确,在数字经济项目合作、技术交流等方面容易出现误解和延误。

为贯彻落实党中央关于京津冀协同发展的重要讲话精神,加强京津冀地区的协同创新和产业协作,推动区域协同发展不断迈上新台阶,京津冀协同发展联合工作办公室（以下简称京津冀联合办）于 2023 年 7 月在北京正式揭牌成立。京津冀联合办由北京市、天津市、河北省联合组建,三地抽调精干力量在北京市集中办公,由原来的协同协作提升到联合融合,主要职责是聚焦跨区域、跨领域的重点事项,推动落实三省市层面协同机制确定的工作任务,并协调督促各专题工作组具体任务落地实施。

在京津冀联合办的推动下,一是建立数据信息共享机制,提高区域数字资源利用效率。京津冀联合办推动跨区域数据交换平台的搭建,确立数据共享的标准和流程,确保政务信息、产业数据、科技资源等的互联互通,三地政府部门和企业能够实时共享市场信息、政策动态和研发成果,极大地促进了信息流动和知识传播。二是关注数字技术的协同发展,形成创新驱动的数字经济发展格局。京津冀联合办积极关注并推动数字技术的协同发展,通过签署合作协议、举办高峰论坛、共建研发平台等实际行动,促进了北京、天津、河北三地在数字经济领域的资源共享和技术交流,为京津冀地区构建起一个以技术创新为引擎的数字经济体系。三是协调督促各专题组,推进数字经济领域创新链和产业链的深度融合。京津冀联合办协调督促产业组和科技组等专题工作组在数据流通、技术创新、产业协作等方面的具体工作,确保各项任务按计划推进。

(四)联动施策:专题工作组开展常态沟通、紧密协作

京津冀数字经济协同发展涉及多个领域和部门,如产业、科技、招商、统计等。在没有有效沟通协作机制之前,各部门往往各自为政,缺乏系统性的合作。比如,在推进数字产业园区建设时,产业部门可能侧重于园区的产业布局规划,科技部门则关注园区内的科技创新平台搭建,由于缺乏协同,可能出现园区内产业配套设施与科技服务设施不协调的情况。

在京津冀联合办工作框架下,三地专业部门及地市(区)共同组建交通、生态、产业、科技创新、毗邻地区等18个专题工作组,相互联系更紧密、沟通合作更顺畅。作为"要事有统筹、任务有督办、落实有专班"工作体系的末端执行机构,专题工作组建立了常态化沟通和团队化协作的工作机制。在常态化沟通方面,建立定期会议机制。在团队化协作方面,发挥各方资源作用,联手攻破重点产业链"卡点"。例如,产业组与科创组、三地招商部门协同推进"卡点"攻关、"堵点"招商,与统计组研究建立统计监测体系框架。

京津冀联合办下属专题工作组的组组联动机制主要体现在:一是常态沟通,实现信息共享和协同发力。京津冀产业协同专题工作组和科技创新协同专题工作组定期召开对接会、工作会等,通过常态化沟通,分享各自领域内的最新进展、遇到的挑战以及未来的规划。二是灵活组配,实现资源汇聚和优势互补。京津冀三地有着不同的产业基础、科研力量等资源,各专题工作组发挥各方资源作用,有助于整合区域内分散的资源。例如,产业组与科创组、三地招商部门协同推进工作,产业组了解产业现状与需求,科创组掌握前沿技术研发情况,招商部门熟悉外部资源引入渠道,三方协作能把技术、产业、招商等资源汇聚整合起来,形成合力,为数字经济发展提供更坚实的支撑,实现优势互

补,共同推动京津冀数字经济的协同发展。三是组组联动,联手突破产业链卡点。在数字经济细分产业链的发展过程中,不可避免地会遇到关键核心技术难以突破、上下游产业衔接不畅等各种"卡点",各专题工作组团队化协作,能够集合不同专业视角和能力,发挥各自专长,协同推进"卡点"攻关,保障数字经济产业链的顺畅发展,进而推动京津冀数字经济协同迈向更高水平。

(五)补链织网:产业工作组务实攻克产业链"卡点""堵点"

京津冀数字经济产业链条在区域内尚未形成有效整合。由于缺乏统一的规划和协调,三地数字经济产业布局存在碎片化现象,产业同构和无序竞争问题较为突出。在招商方面,京津冀三地之前各自开展招商活动,缺乏统一的招商战略和协同配合,在引进数字经济相关企业和项目时,容易出现内部竞争,无法形成区域合力吸引更具规模和影响力的数字经济龙头企业。

产业工作组为推进京津冀产业协同发展,建立了轮值组长制,构建起主要负责人、分管负责人、处室间"3＋3＋3"对接机制。天津作为2024年的轮值组长,开展了大量工作。一是持续深化协同工作机制。联合召开2024年工作会议、产业协同专题工作组和科技创新协同专题工作组握手对接会等。二是携手共育区域"六链"。聚焦京津冀6条重点产业链,三地联合绘制产业链图谱,动态完善形成包括"卡点"、"堵点"、重点企业的三张清单。推动三地经(工)信、发改、科技、招商等多部门联动,加快图谱转化落地,联合打造产业协同发展实景图。三是联合开展"堵点"招商、"卡点"攻关。聚焦产业链"堵点",联合印发重点产业链招商方案,联合开展系列招商活动,组团赴外地开展招商推介。聚焦产业链"卡点",组织京津冀2024年第一批高精尖产业筑基工程项目揭榜工作,围绕新能源和智能网联汽车、氢能、网络安全和工业互联网等产业链,联合攻关"卡点"技术和标志性产品,引导龙头企业开展应用示范。

深化协同工作机制,搭建沟通桥梁,统一发展思路。联合召开工作会议、握手对接会等活动,为京津冀三地数字经济相关部门、企业等搭建直接沟通交流的平台。各方可以借此分享数字经济发展的经验、成果以及面临的问题,有助于找到三地数字经济协同发展的契合点,比如在数字技术研发合作、数字产业园区共建等方面达成合作意向,加速数字经济协同进程。持续深化的协同工作机制还能让三地在数字经济的发展战略、重点方向等方面逐渐统一思想,围绕共同目标制定相应的举措,确保数字经济在京津冀区域内沿着科学、有序、协同的路径向前发展,避免出现由于发展思路不一致而导致的产业衔接不畅等问题。

携手共育六链,明晰产业定位与分工,推动产业落地实施。聚焦重点产业链绘制图谱并完善相关清单,对于数字经济而言,能够清晰地梳理出京津冀三地在数字产业链各环节中的优势和定位。比如,哪些地区在数字技术研发、数字产品制造、数字基础设施等方面更具实力,进而实现精准的产业分工协作,形成完整且高效的数字经济产业链条,提升京津冀区域数字经济产业的整体竞争力。多部门联动推动图谱转化落地,打造产业协同发展实景图,这意味着数字经济相关产业规划能够切实转化为实际的产业项目和成果,从理论走向实践,真正让数字经济产业在京津冀区域内扎下根、发展起来,促进数字经济产业的实体化、规模化发展。

联合开展"堵点"招商、"卡点"攻关,补齐产业短板。针对数字经济产业链的"堵点"开展联合招商活动,能够吸引外部优质数字经济资源,比如数字技术研发团队、数字产业项目等,填补京津冀数字经济产业链在某些环节上的不足,完善产业生态。同时,聚焦"卡点"进行技术攻关和引导应用示范,有助于突破制约数字经济发展的关键技术瓶颈,实现数字安全、工业互联网核心技术等方面突破,为数字经济高质量协同发展提供技术支撑,增强数字经济产业的核心竞争力,带动整个区域数字经济向更高水平迈进。

(六)多元聚力:园区、联盟、创新联合体等主体活力涌现

在京津冀数字经济协同发展初期,数字经济企业在区域内分布较为分散,企业之间缺乏有效的合作平台和沟通机制,信息不对称问题严重,不同地区的企业很难了解彼此的业务范围、技术优势和合作需求。各地数字经济企业具有自身发展特质,受分散招商、数字技术发展变化快等原因影响,未能形成基于产业链关联关系的地域分布,难以实现产业集聚所带来的规模经济和范围

经济。

针对京津冀数字经济协同发展存在的产业集聚效应不足、创新资源分散孤立、企业间合作渠道不畅等问题，京津冀三地共同建设重点园区和产业载体，推动京津冀"机器人＋"产业园签约共建、京津冀智能制造装备产业联盟成立、天开高教科创园开园，持续建设涵盖京津冀重点企业、高校的产业链创新联合体，同时用好用活产业联盟。

园区、联盟、创新联合体等多主体参与促进协同发展的机制主要体现在：一是共建产业园区，通过整合区域资源、互补短板、融合提升，形成京津冀数字经济深度融合的良好生态。以"机器人＋"产业园为例，由于三地在机器人产业链条上优势各有差异，共建园区后，北京可以借助天津、河北在制造业、土地和劳动力资源方面的条件将先进技术快速落地转化成实际产品，天津、河北的企业则能够得到北京技术的赋能，提升自身产品的智能化水平，弥补在高端技术上的短板，从而使京津冀区域在机器人产业技术层面形成完整且互补的体系，促进数字经济产业链向高端化、智能化发展。二是成立京津冀产业联盟，通过搭建产学研深度融合、资源高效配置的共享平台，共同推动京津冀数字经济产业协同发展与创新升级。以 2024 年成立的京津冀智能制造装备产业联盟为例，整合全国优质智能制造企业资源，推动高档数控机床、机器人、增材制造装备、仪器仪表、工业互联网、工业软件等智能制造装备技术应用和成果转化，推动智能制造装备产业链强链补链延链，引领京津冀乃至全国智能制造装备产业实现高质量发展。三是建立创新联合体，通过合作开展技术研发、人才培养等创新活动，提升京津冀数字技术研发效能。成立于 2024 年 12 月的天津市天开高教科创园津南园精密仪器产教联合体包括高校、科研院所和企业在内的 12 家单位，合作建设开放型生产性区域产教融合实践中心，聚焦创新环节，整合创新资源，通过合作开展技术研发等创新活动，能够更快地攻克技术难题，缩短研发周期。

（七）区域联动：京津冀首次跨区域进行合作对接

京津冀数字经济协同发展主要集中在本区域内部，存在着产业生态相对封闭、市场规模受限等问题。数字经济产业的供应链和产业链主要依赖于京津冀本地的企业和资源,缺乏与外部经济圈的广泛交流与合作。此外,京津冀地区虽然自身具有一定的市场规模和资源优势,但与长三角、粤港澳、成渝等经济圈相比,其市场辐射范围和资源种类仍相对有限。在没有与其他经济圈互动之前,京津冀数字经济企业主要在本地市场竞争,难以充分利用其他地区的庞大市场来扩大规模。

2024年京津冀首次与长三角、粤港澳和成渝地区举办产业链织网合作对接会,旨在构建京津冀跨区域的产业协作配套、产业链供应链高效衔接的交流平台,进一步加强京津冀与其他区域的产业联动。联合招商活动通过详细解读"六链五群"产业协同新图景,梳理提出京津冀与其他区域优势互补合作的切入点,从而拓展京津冀数字经济产业链条。

不同区域在数字产业链的不同环节往往各有专长,京津冀三地开展跨区域联合招商,合作切入点的明确能促使京津冀与其他区域在产业链上进行深度对接与融合,推动产业链横向拓展,形成更加完整、紧密的产业链条,增强产业链的稳定性和抗风险能力。京津冀产业链"织网工程"合作单位通过签署"行业协会—企业"合作协议,提供全产业链一站式的专业服务,为成渝地区的企业在京津冀拓展市场、落地项目、跨境出海提供全方位、全链条的支撑和服务,吸纳其他区域企业到京津冀布局相关业务,有利于形成特色鲜明的数字经济产业集群,营造更具活力的产业生态环境。通过定期组织企业间的互动交流、项目考察以及资源共享,创造京津冀与其他区域更好地对接资源、共享机遇、优势互补的发展空间,可以帮助京津冀数字经济企业将产品和服务推向更广阔的市场,提升京津冀数字经济产业在全国乃至全球市场的影响力和占有率。

三　京津冀数字产业集群发展存在的主要问题

(一)产业链与创新链融合不足,在地转化率低

京津冀三地创新研发能力与产业梯度差异显著,北京以高附加值研发为主,天津、河北在制造端承接能力有限,产业存在断层现象,过大的产业落差导致数字技术成果难以落地转化,区域内产业关联度较低,制约数字产业集群的协同创新能力。大量在北京研发的成果并没有在京津冀转化落地,而是流向长三角、粤港澳等地区,一个重要的原因是北京的创新结构与津冀的产业结构衔接分工不足。北京市对外输出的技术合同领域主要集中于电子信息、绿色环保、智慧交通等新兴产业领域,而天津、河北仍相对集中于资源密集型产业,使得城市群内部的单个城市很难享受城市群一体化的整体红利。

(二)数字产业集群短板突出,区域内零部件配套率低

有报告指出,对于企业主导产品与零部件配套的调查,北京企业仅有23.7%的主导产品能实现80%以上关键零部件在京津冀区域内配套,26.1%的主导产品在京津冀区域内关键零部件配套率不足30%。以智能网联汽车产业集群为例,供应链企业主要分为以底盘系统、动力系统、车身系统为主的传统汽车零部件和以电池、电驱动、智能网联感知系统、智能座舱为主的新能源智能网联汽车零部件,长三角地区的传统汽车零部件本地化供货率在95%以上,新能源智能网联方面的本地化供货率已经达到了90%。而京津冀地区的新能源智能网联汽车的本地自给率较低,需要从长三角、大湾区采购大量的新能源智能网联方面的零部件,导致北京研发成果落地成本高。

(三)高端资源过度集中于核心城市,集群效应有限

北京集聚了京津冀地区80%以上的数字经济头部企业和高层次人才,但受行政壁垒限制,技术、资本、数据等要素难以向河北省流动。例如,张家口、

承德等生态功能区虽定位为绿色数字产业承接地,但因配套不足、物流成本高,难以吸引优质企业入驻。同时,北京疏解的部分低端数据中心在河北省面临能耗指标约束,进一步加剧区域产业承接矛盾。尽管"六链五群"建设提高了京津冀数字产业集群的空间关联性,但是目前仍处于推进建设阶段,产业汇聚更多体现在物理空间上的挪移,尚未形成产业集群内部协同高效的集群效应。

四　促进京津冀数字产业集群发展的对策建议

京津冀数字产业集群已形成初步的规模优势与区域协作机制框架,但需以"新基建筑基、创新链攻坚、产业链协同、生态圈开放"为核心,突破制度与技术瓶颈,持续打造具有世界影响力的数字产业集群。

(一)大力推进数字新基建,夯实数字产业发展底座

一是补齐传统基础设施短板。精确识别京津冀地区传统网络基础设施建设薄弱环节,重点关注河北省原深度贫困地区传统网络基础设施建设,加快在京津冀地区实现千兆光纤网络的全域覆盖,扩大5G/5G-A轻量化基站覆盖范围,加快IPv6改造,为京津冀数字产业发展筑牢基础设施根基。

二是加快推进新型基础设施布局。依托"东数西算"工程,打造以算力平台为核心的新型基础设施,统筹做好国产算力芯片供应保障。以全国一体化算力网络京津冀国家枢纽节点为依托,协同推进集约高效的数据流通算力体系,积极推动边缘算力基础设施的布局,打造"核心+边缘"算力体系,支撑自动驾驶、工业互联网实时需求。

三是推进京津冀基础设施一体化。在京津冀交通一体化的基础上,逐步完善信息网络、物流网络、能源网络等基础设施体系建设标准与对接机制,逐步实现基础设施的互联互通,推进高级别自动驾驶在区域内示范应用,为京津冀一体化发展奠定基础。

（二）强化数字技术协同攻关，引领数字产业发展方向

一是共筑人工智能协同创新平台。支持人工智能大模型迭代升级，推动建立人工智能自主可控技术创新体系。通过协同产学研各方力量，形成一批高质量行业数据集，降低人工智能的研发和应用门槛，形成富有活力的数字创新生态。积极推进实施京津冀"人工智能＋"行动，拓展人工智能垂直应用场景，依托区域先进制造业优势促进具身智能发展。

二是积极布局未来产业关键技术。设立未来产业重大基础理论的科技专项，聚焦人工智能、6G、量子通信、脑机接口等前沿方向，鼓励京津冀三地国家重点实验室、科研院所和大型企业联合开展前沿基础理论的重点攻关，构建数字经济原创理论体系，夯实未来数字产业发展的理论基础。

三是加快数字技术创新和在地转化。鼓励京津冀头部企业、高校及科研院所组建数字经济创新联盟，推进跨地区、跨领域、跨行业数字科技创新合作，在集成电路、新型显示、通信设备等领域开展技术创新和产业升级工程，开展核心零部件研发攻关，加强技术成果的转移转化，推进相关联合科研合作的项目成果优先在京津冀地区实现产业落地。

（三）持续发力产业链协同，放大数字产业集群效应

一是持续深化"六链五群"建设。深入推进以"六链五群"为核心的京津冀数字产业集群建设，构建横向协同、纵向贯通的联合工作体系，解决产业协同中的"堵点""卡点"问题，促进集群内创新链、产业链、资金链和人才链的深度融合，推动大中小企业融通发展。

二是促进数字产业集群内涵式发展。围绕"六链五群"产业协同发展格局，前瞻布局京津冀商业航天、低空经济、合成生物等产业链，带动相关产业的协同发展，增强数字产业集群发展的内生动力。预先部署新兴产业，协同培育新质生产力，提升数字产业集群核心产业链的竞争优势，不断孕育数字经济新模式、新业态与新产业。

三是合理打造数字创新平台和应用场景。以创新平台为落脚点，围绕新

能源、智能网联汽车、生物医药等重点领域,建设以创新链与产业链深度耦合为基础的数字创新平台,实现由单一项目对接向产业链联动转变。积极布局具有示范效应的应用场景项目,形成一批可复制、可推广的典型案例,加快数字技术的应用场景创新,全面推进传统产业的数字化转型。

四是打造若干京津冀数字经济的标杆园区。依托北京数字经济发展先导区和示范区、天津数字经济产业创新中心和雄安新区国家数字经济创新发展试验区的资源和政策优势,打造协同载体,建设一批产业协同创新园区、产业转移承接平台等,共同开发数字技术应用场景,缩短数字技术产业化周期,推动前沿技术在产业园区的落地应用。

(四)积极构筑开放生态圈,塑造协同发展长效优势

一是推动数字产业链协同布局。筛选具有行业影响力的领军企业作为"链主",通过利用其技术、市场、管理等规模优势,构建京津冀数字产业链协同布局体系,促进产业链上下游企业的协同发展。打造区域内"一链一平台",搭建共性技术服务平台和数据共享平台,发挥龙头企业的示范效应,激发全产业链的创新创业活力,推动数字产业链向高价值环节延伸。

二是完善数字产业协同工作机制。强化部门之间的横向协作机制,针对数字经济协同发展的"堵点"问题,推动横向协同、纵向贯通,发挥好政府部门、行业协会等各类主体的促进作用。加强不同层级政府之间沟通与协作,加快数字产业项目落地,逐步将数字经济发展纳入地方政府绩效考核体系,激励地方政府积极推动数字经济发展。

三是完善数字人才协同引培机制。加强京津冀三地高校、科研院所和大型企业的深度合作,实现数字人才的联合培养、联合招聘、联合使用,探索数字经济科技、教育、人才一体化的人才发展模式,增强内生动力。搭建多层次创新合作平台,推动区域教育科研资源的共建共享,引导数字人才在京津冀三地科研院所、高等院校和重点企业等机构之间合理流动。

参考文献：

［1］周密：《积极消除区域发展不平衡的关键影响因素》，《国家治理》2024 年第 16 期。

［2］光明日报调研组：《京津冀产业协同走深走实——京津冀产业升级转型成效调查》，《光明日报》2025 年 2 月 11 日。

［3］帅婷：《统筹抓好天津科技创新和产业焕新》，《天津经济》2024 年第 8 期。

［4］尚虎平，刘俊腾：《京津冀协同发展的政策效应及空间分异研究》，《地理学报》2024 年第 8 期。

［5］米彦泽：《产业协同正向区域联动转变》，《河北日报》2024 年 4 月 23 日。

［6］马俊峰，马小飞：《新质生产力的生成逻辑、价值意蕴与实践理路》，《理论与现代化》2024 年第 2 期。

京津冀协同发展下雄安新区构建
数字经济产业集群的思路与对策研究

严文杰　河北省社会科学院经济研究所副研究员

摘　要： 数字经济是实现高质量发展的强劲引擎。京津冀作为我国数字经济发展的重要板块之一,在打造具有国际竞争力的数字产业集群过程中,雄安新区是重要节点。京津冀协同发展背景下,雄安新区构建数字经济产业集群面临承接疏解企业和知名高校、数字基础设施水平超前发展等后发优势和发展潜力。未来,雄安新区构建数字经济产业集群需加强与北京、天津、河北省的联动。其中,与北京联动,要推动数字经济领域重大疏解项目在雄安新区落地、实施"以疏带链"推动数字经济产业集群成势;与天津联动,要推动数字经济协同创新、智能制造协同发展、数字贸易联动发展;与河北省联动,要实施数字经济纵向、横向和混合联动模式,并推动"雄数张算"。

关键词： 京津冀协同发展　雄安新区　数字经济　产业集群　"以疏带链"

　　数字经济产业集群是建设"数字雄安"的关键举措,也是推动雄安新区高质量发展的重要引擎。京津冀协同发展背景下雄安新区培育发展数字经济具备明显的后发优势,陆续承接了北京一批总部企业、知名高校、金融机构等,且在新城规划和建设过程中数字基础设施建设走在全国前列。在京津冀协同发展背景下,雄安新区如何构建高质量数字经济产业集群? 笔者认为,应加强雄安新区与北京、天津、河北省在数字经济发展上的联动,推动数字经济产业聚链成群、集群成势。

一 京津冀协同发展下 雄安新区构建数字经济产业集群的后发优势

数字经济产业一直是全国各地争取布局的产业，尤其是当下各地都把发展数字经济产业作为发展新质生产力的突破口，全国各地争抢数字经济产业项目异常激烈。京津冀协同发展背景下，雄安新区发展数字经济产业集群具有较大的后发优势：

一是在数字经济领域一批疏解企业正在向雄安新区集聚，并吸引了产业链上下游企业在此集聚，初步形成了规模较小的数字经济产业集群。近年来，一些央企总部和二、三级子公司在雄安新区落户，如中国卫星网络集团、中国时空信息集团，以及中国移动、中国联通、中国电信三大运营商的子公司等。这些疏解企业均是数字经济各行业的龙头企业，龙头企业的到来会陆续吸引一批中小企业供应商在雄安新区集聚。

二是一批在京高校向雄安新区疏解，不仅直接带来"双创"项目，且为雄安新区发展数字经济提供源源不断的人才支撑，形成教育—科技—人才的良性循环。高校在科技创新和高科技产业发展上的作用十分显著，例如，在合肥，中国科学技术大学学子先后孵化培育具有自主知识产权的高新技术企业若干家，其中科大讯飞、科大智能、科大立安、科大国创、国盾量子通信等企业已成为知名的行业龙头企业。可以预见，疏解到雄安新区的北京科技大学、北京理工大学等知名高校，在未来也必将孵化培育出一批高科技企业，并成为雄安新区数字经济发展的中坚力量。

三是相比其他城市，雄安新区数字基础设施水平超前，有利于数字经济企业集聚。雄安新区管委会的数据显示，截至2023年6月，雄安新区新建区域每平方公里安装公共传感器达到20万个，基础设施智慧化水平超过90%，在国内独一无二。此外，雄安新区的城市计算中心、产业互联网、"城市大脑"等数字基础设施在全国也处于领先地位。先进的数字基础设施有利于拉动数字经济企业在雄安新区集聚和发展。

二 雄安新区构建数字经济产业集群
与北京的联动思路与措施

（一）推动数字经济领域重大疏解项目在雄安新区落地

推动数字经济领域重大疏解项目落地是雄安新区构建高质量数字经济产业集群的重要"支点"。雄安新区承接的大型企业总部、高校和科研机构等"产学研"将是数字经济创新的主体，承接的金融机构则为数字经济发展提供金融支持，疏解人员则为雄安新区数字人才队伍建设提供支撑。从中短期来看，重大疏解项目尤其是数字经济领域疏解项目落地是雄安新区数字经济产业集群发展的基石，起着重要"支点"作用，并将发挥巨大的"乘数效应"。据调查，四大国有商业银行和一些地方商业银行已在雄安新区布局，百度、阿里巴巴、腾讯、京东等大企业以及睿哲科技、浪潮思科等高新技术企业也逐步入驻，新型科研机构"新一代网络实验室"已投入运营，科技创新综合服务中心国家重点实验室项目已启动建设。总体看，雄安新区数字经济研发机构、企业和一些银行逐步集聚，但仍存在大型企业总部数量不足、"专精特新"企业偏少、知名高校落地难、数字人才缺乏等不足，未来需加快重大疏解项目落地，并加强雄安新区数字经济与北京联动发展。

1. 加快承接"产学研金"重大疏解项目

第一，创新公共服务供给机制，提升优质公共服务资源总量。针对公共服务特别是优质教育和医疗等公共服务存量有限的情况，雄安新区应通过创新供给机制提升增量，逐步弥补优质公共服务短板，为疏解人员提供与北京基本均等的公共服务。如，在政务服务方面，推动"数字身份＋政务服务"新模式，打造以疏解项目和人员为中心的政务服务环境；在教育方面，启动"名校＋新校""名企＋政府"等办学模式，增加优质教育资源总量；在医疗卫生方面，完善整合型医疗卫生服务体系，加快提升医疗卫生服务能力等。

第二,推进数字经济新技术新产品新模式应用场景建设。当前雄安新区与北京存在"应用场景鸿沟",雄安新区承接北京"产学研金"的同时,应同步推进建设与北京水平相当的数字经济领域应用场景,针对一些标志性疏解项目在雄安新区科技创新和成果转化的特定场景需求,谋划打造一批应用场景,如建筑施工的智能化,智慧政务服务、智慧治理体系、智慧公共服务等应用工程,以及智慧能源、交通、物流系统等。

第三,针对"产学研金"标志性疏解项目建立前沿科技领域人才和团队稳定支持机制。探索稳定支持"产学研金"标志性疏解项目前沿科技领域人才和团队,如明确新区投入前沿科技领域人才和团队开展研究的资金比例、大力引导支持企业及其他社会力量通过设立基金或捐赠等方式,以此来资助开展数字经济领域应用基础研究。

2. 精准搭建京雄数字经济协同发展载体

在数字经济创新研发、生产制造和服务、贸易等方面搭建协同载体,推动雄安新区与北京数字经济产业协同发展,共建京津冀数字经济发展高地。

第一,搭建协同创新平台。当前雄安新区的创新载体主要有以下几类:承接北京的高校、科研机构、总部企业等"产学研";国家相关部委在雄安新区新搭建布局的国家实验室,如启动建设的科创综合服务中心,拟建设几个国家重点实验室(含公共试验中心、分析中心、检测中心等);外省市在雄安新区布局的实验室,如上海宝冶雄安检测中心;河北省为促进数字经济关键核心技术攻关在雄安新区布局的一批创新平台;雄安新区依托一批"专精特新"企业搭建的重点实验室,如"雄安新一代网络实验室"。雄安新区可根据新一代信息技术发展动态以及国家和自身的需要,在这些创新载体中搭建一些协同创新平台,推动雄安新区与北京数字经济产业协同创新,使雄安新区"产学研"嵌入北京数字经济创新链。

第二,共同推进数字产业园区建设。基于共建共享理念,在雄安新区合作共建一个集数字经济产业创新、新一代信息技术制造和服务、数字贸易于一体的体现"雄安质量"的数字产业园区样板,推动雄安新区与北京数字经济产业链、供应链、创新链、价值链"四链"融合,共同打造具有国际竞争力的数字经济产业集群。

（二）"以疏带链"推动雄安新区数字经济产业集群成势

应立足疏解主体，通过"以疏带链"推动数字经济产业集群成势，即通过疏解企业和疏解高校生态主导力作用，带动数字经济产业链上下游企业、各类供应商、相关产业厂商和相关机构在雄安新区集聚，实现数字经济产业聚链成群、集群成势。

1.实施"疏解＋"计划，完善数字经济产业链条

发挥疏解主体的龙头带动作用，引育数字经济产业链上下游企业和专业机构在雄安新区集聚。

第一，实施"疏解企业＋上下游企业"。立足数字经济产业链，依托雄安新区产业互联网平台，围绕疏解企业研发设计、生产制造、营销服务等环节，引育一批上游供应商和下游客户，推动疏解企业和上下游企业融通发展。

第二，实施"疏解企业＋专业服务机构"。围绕疏解企业的生产性服务需求，引进金融、法律、知识产权、信创、数字化转型等专业化服务机构，为疏解企业提供高质量专业服务。

第三，实施"疏解高校＋孵化企业"。借鉴中科大在合肥孵化培育高新企业的先进经验，通过产学研协同创新，谋划推动疏解高校科技成果在雄安新区转化，并加大对高校团队的创业支持力度。

2.携手北京打造"空中硅谷"，唱响空天信息品牌

北京聚集了我国最主要的航天机构和最完整的产业链，在通信、导航、遥感、测运控等领域企业齐备，拥有卫星研制、地面测运控、通导遥等产业，形成了"南箭北星"的格局，即北京海淀区和北京经开区两个相对较大的产业聚集区。在《北京市加快商业航天创新发展行动方案（2024—2028年）》中，北京市明确指出，推动空天信息与数字经济深度融合，推动空天信息规模化应用，做优做强"南箭北星"。其中，在与雄安新区协同发展上指出，加快雄安新区中关村科技园建设，推动卫星互联网及终端设备、核心元器件等领域科技成果转化落地，支撑雄安新区空天信息产业发展。对雄安新区而言，空天信息产业同样

是重点培育壮大的新兴产业。在《关于全面推动雄安新区数字经济创新发展的指导意见》中,雄安新区把空天信息产业作为积极打造和培育的首个数字经济核心产业。在空天信息产业上,雄安新区和北京协作空间较大,应从战略、空间和产业布局上加强协同发展。

第一,战略布局上加强与北京协同发展。雄安新区应对接工信部和北京市,以北京打造商业航天"南箭北星"战略格局以及京雄空天信息产业廊道建设为契机,共同谋划"空中硅谷"合作项目。

第二,空间布局上以中关村雄安科技园为重点开展产业协作。雄安新区应加强与北京各区在空天信息产业上的协作联动,共同打造贯通亦庄、海淀、丰台、大兴到中关村雄安科技园的京雄空天信息产业廊道。

第三,产业布局上聚焦卫星应用及服务。以中国星网、中国时空信息等新设立的央企为主导,深入布局卫星应用产业链,加强卫星通信、导航、遥感一体化发展,推动空天地信息网络一体化融合。

3. 建设信创产业园,推动与实体产业融合

信创产业,即信息技术应用创新产业,是数字经济和信息安全发展的基础,在各行各业应用领域十分广泛。新一代信息技术产业是雄安新区重点发展的高端高新产业之一,从产业链看,信创产业是新一代信息技术产业下游端,发展信创产业对于雄安新区打造完整的新一代信息技术产业链十分重要。在建设信创产业园上,雄安新区应以信息技术应用创新为主导,重点发展5G、大数据、人工智能等前沿信息技术,并与实体产业深度融合。

第一,加快信创企业集聚。发挥雄安百信、安算等信创头部企业引领作用,形成从研发、生产到应用、适配、测评验证等信创产业链上下游贯通的规模化发展态势。

第二,创建人工智能创新应用先导区。主要包括:开发人工智能算法基础开发平台,并以此为依托吸引人工智能算法头部企业入驻;推进计算机视觉、数据分析挖掘等新一代人工智能技术相关领域集聚发展;推动新一代人工智能在网络安全领域的深度应用和创新突破。另外,积极申报国家人工智能创新应用先导区,争取国家相关政策支持。

第三,实施"信创＋"行动。推动信创与交通、新能源、金融、健康等行业的融合,加快培育智能交通、能源互联网、金融科技、数字健康等数字经济核心产业。

4.实施"雄安通"工程,优化产业发展生态

充分发挥雄安新区"一网一脑"功能优势,实施"雄安通"工程,优化数字经济产业发展生态,吸引更多数字经济领域企业在雄安新区集聚。

第一,"要素通"。推动数据要素合规高效、安全有序流通,以数据流动带动劳动、资本、土地、技术等要素市场化。在数据交易市场上,依托雄安新区自贸区探索建设"数据特区",构建和完善数据流通规则体系和运营机制,促进数据要素市场化流通和应用,充分释放数据要素价值。

第二,"基座通"。进一步巩固雄安新区在数字基础设施建设上的优势地位,适度超前布局通信基础网络,打造高速泛在、天地一体、云网融合的数字基础设施体系,包括5G、数据中心、云计算、物联网、区块链等。另外,加快传统物理基础设施的数字化改造,发展3D打印、智能机器人、AR眼镜、自动驾驶等融合基础设施。同时,进一步完善城市超算中心。

第三,"平台通"。为了更好地为数字经济企业提供全链条服务,雄安新区要聚集数字经济产业集群创新需求,精准布局关键技术平台、资源条件平台、科技服务平台、融资服务平台四类数字经济产业集群通用型高层次重大平台。

第四,"场景通"。聚焦"小切口、大场景",突出惠企高频刚需服务等多跨应用场景,引导数字经济企业和研发机构参与应用系统建设和场景运营,除丰富现有区块链应用场景外,再建设推广一批典型应用和最佳实践,拓展数字经济创新发展空间。

第五,"商事通"。进一步优化企业在开办、融资、税务、政策兑现等营商全链条、掌上办服务,并探索下沉式政务服务,强化企业诉求响应,为企业提供精准化、全天候诉求解决渠道和服务。同时,大力发展会计、咨询、法律服务、知识产权、公共关系、经纪与人才猎头、产权交易等专门专业服务业,为疏解企业和其他企业提供优质化的商业服务,减少企业经营成本。

三 雄安新区构建数字经济产业集群与
天津的联动思路与措施

（一）数字经济协同创新

据笔者测算,2023年京津冀数字经济规模占全国的10%左右,是我国数字经济发展的重要板块之一,在人工智能、云计算以及高端数字服务业等领域在全国处于领先地位。从数字经济创新角度看,京津冀在基础科学和数字前沿领域创新能力较强,今后应继续强化京津冀三地在数字经济领域关键核心技术的协同创新,为构建具有国际竞争力数字产业集群提供动力。在构建数字经济产业集群过程中,雄安新区应加强与天津的联动,立足雄安新区国家数字经济创新发展试验区建设,以推进京津冀协同创新共同体建设为契机,结合天津市先进制造研发优势,在新一代网络技术、基础硬件技术、智能软件技术、网络安全技术以及前瞻性技术等方面加强与天津数字经济关键核心技术协同研发和集成化应用,实现数字经济领域关键核心技术"国产替代"和"白牌替代"。近年来雄安新区在数字经济创新发展上取得一些成效,在国家数据局发布的《国家数字经济创新发展试验区建设案例集》中,雄安新区"全域物联感知赋能城市治理"入选典型案例。与此同时,近些年天津滨海新区数字经济创新步伐也较快,在"2024数字经济论坛"上,滨海新区获评"2024数字经济创新案例"奖项,成为获奖地区中唯一的国家级新区。未来,应加强雄安新区与天津滨海新区两个国家级新区在数字经济研发和产业化上的协作。

（二）智能制造协同发展

京津冀打造具有国际竞争力的数字产业集群,智能制造是重要部分,应加强京津冀三地在智能制造领域的协同发展。天津市先进制造基础雄厚,在数字经济领域,天津在全国率先构建起了涵盖芯片、操作系统、数据库、计算机整机、服务器、超算等完整产业链。未来在智能制造领域,雄安新区应借鉴和学习天津经验,加强与天津的协作,共同打造智能制造场景。具体而言,面向高端、智能、绿色生产制造需求,共同推动机器人在装配、焊接、转运、检测、维护等结构化生产制造领域应用和推广,共同开发柔性化、定制化解决方案和软硬件产品,加强机器人在非结构性生产制造环节与设备、人员、环境协作交互能力。同时,共同开发基于工业机器人的智能制造系统,深化5G终端覆盖,共同建设一批智慧工厂、无人工厂。

(三)数字贸易联动发展

数字贸易是数字经济的新业态,是国内外发展数字经济争先布局的新领域。雄安新区和天津市在数字贸易联动发展上,可以共建数字贸易合作区。具体做法是:在雄安新区自贸片区与天津市共建数字贸易合作区,搭建数字贸易公共服务平台,雄安新区和天津两地可在数字贸易信息共享、项目对接、政策咨询等基础服务,以及知识产权、支付清算、数据合规咨询等专业化服务方面实现共享;在数据流通服务平台上,两地可在数据资产定价、数据交易规则等方面共同创新,依托"雄安大脑"探索建立特色数字贸易交易规则和标准。同时,双方共同探索数据跨境流动制度创新以及与国际规则的对接。

四 雄安新区构建数字经济产业集群与河北全省的联动思路与措施

(一)实施数字经济纵向、横向和混合联动模式

对于雄安新区来说,在构建高质量数字经济产业集群过程中,需要大量腹地开展科技成果转化和产业化,显然雄安新区本地不具备这样的条件,而且不符合雄安新区的功能定位和产业定位,只能在周边寻求腹地空间。河北省在土地、劳动力、能源等资源上拥有绝对优势,和雄安新区联动发展不存在体制机制障碍,是雄安新区进行数字经济成果转化和产业化的最优腹地空间。另外,雄安新区数字城市运行、产业发展等伴生的实时性算力需求和非实时性算

力需求也需要周边地区来承接,而河北省张家口数据中心集群是京津冀算力网络国家枢纽的第一个集群,也是河北省致力于打造我国规模最大、设施先进的数据产业基地,具备承接雄安新区的算力需求。对于河北省其他地区来说,发展数字经济融入雄安新区数字经济产业链、供应链、创新链,也存在较大的内生动力。

1. 纵向联动:"雄安研发、河北智造"

打造"雄安研发、河北智造"数字经济产业集群纵向联动模式。如,在计算产业和算力经济行业,雄安新区可建立计算产业和算力经济共性技术研究中心,瞄准不同行业应用中涉及的计算架构与芯片、器件、算法软件等难点、堵点集中力量攻关。对其研发的技术和产品在雄安新区周边转化,并进行智能制造和服务支持,在雄安新区周边逐步形成服务器、芯片、发电机组、光模块等上游设备制造业,中游数据中心产业,以及下游数据要素流通、数据创新型应用和新型消费产业等领域合作。在区块链、人工智能、网络安全等产业上都可以推进这种纵向合作模式。

2. 横向联动:"众包""外包""分包"

打造"众包""外包""分包"数字经济产业集群横向联动模式。在数字经济产业集群横向联动上,针对某一产业研发设计、生产制造和服务、营销等任一环节,都可以实现联动发展,比如雄安新区可以把一些技术或产品研发采用"揭榜挂帅""赛马制"的方式"众包"给河北省高校、科研机构、企业等"产学研";把信息制造和服务"分包"甚至完全"外包"给周边"产业新社区"。

3. 混合联动:纵横向的混合联动

根据雄安新区与河北省产业发展实际情况和分工需求,可采取数字经济产业集群内纵横向的混合联动,如"雄安研发、河北众包、河北智造"等。

(二)推动"雄数张算"

算力经济是雄安新区构建高质量数字经济产业集群的战略机遇。张家口作为国家"东数西算"工程京津冀算力枢纽节点的核心和 10 个国家数据中心集群之一,有较强的算力供给能力,雄安新区应加强与张家口算力对接,有序转移自身算力资源缺口。随着重大疏解项目逐步落地和建设的深入推进,雄安新区工业互联网、金融证券、灾害预警、远程医疗、视频通话、人工智能推理等实时性算力需求,以及后台加工、离线分析、存储备份等非实时性算力需求将与日俱增,以雄安新区自身数据中心的算力供给,必将产生较大的算力资源缺口。雄安新区应对接张家口,为未来分类有序转移算力资源缺口做好准备。

本报告为河北省社会科学发展研究课题"深化推进河北省制造业数字化转型对策研究"(20230202016)阶段性成果。

参考文献:

[1] 中国信息通信研究院:《全球数字经济白皮书(2024)》,2024,第15页。

[2] 中国信息通信研究院:《中国数字经济发展研究报告(2024)》,2024,第21页。

[3] 广东省人民政府办公厅关于印发"数字湾区"建设三年行动方案的通知,https://www.gd.gov.cn/zwgk/gongbao/2023/31/content/post_4287722.html。

[4] 焦豪、马高雅、张文彬:《数字产业集群:源起、内涵特征与研究框架》,《产业经济评论》2024年第2期。

[5] 河北雄安新区管理委员会印发《关于全面推动雄安新区数字经济创新发展的指导意见》的通知,http://www.xiongan.gov.cn/2022-08/06/c_1211673859.htm。

[6] 殷利梅、何丹丹、王梦梓,等:《打造具有竞争力的数字产业集群》,《宏观经济管理》2024年第2期。

[7] 祝合良、叶堂林:《京津冀发展报告(2020)》,社会科学文献出版社,2020,第101页。

[8] 田学斌,等:《京津冀产业协同发展研究》,中国社会科学出版社,2019,第206页。

[9] 李晓华、陈若芳:《"大雄安"区域产业生态的构建研究》,《北京工业大学学报(社会科学版)》2020年第1期。

[10] 张勋、万广华、张佳佳,等:《数字经济、普惠金融与包容性增长》,《经济研究》2019年第8期。

［11］杨佩卿：《数字经济的价值、发展重点及政策供给》，《西安交通大学学报（社会科学版）》2020 年第 2 期。

［12］郭晗、廉玉妍：《数字经济与中国未来经济新动能培育》，《西北大学学报（哲学社会科学版）》2020 年第 1 期。

［13］李利、王陶冶、张全生：《珠三角地区打造数字经济产业集群的思考》，《广东科技》2019 年第 8 期。

［14］谢丽彬、郑路平：《福州市数字经济产业集群发展战略研究》，《海峡科技与产业》2021 年第 6 期。

［15］周海川、刘帅、孟山月：《打造具有国际竞争力的数字产业集群》，《宏观经济管理》2023 年第 7 期。

京津冀数字经济发展态势与协同发展对策

李　峰　河北工业大学经济管理学院副教授

魏学辉　河北工业大学经济管理学院副教授

张　贵　南开大学经济与社会发展研究院教授①

摘　要： 近年来，全球经济结构和技术革命正在发生深刻变化，数字经济逐渐成为引领经济社会高质量发展的重要引擎。伴随京津冀协同发展的不断深化，数字经济将为京津冀高质量发展提供新的契机和方向，为区域协同发展注入新的动能和活力。目前，京津冀数字经济呈现出数字技术持续创新，数字产业化加速发展，产业数字化转型升级加快，"数绿"融合效益良好，"数实"融合效果显著的发展态势，同时，仍存在数字经济渗透率不均衡、绿色能源供给不足、"数据孤岛"现象、顶层设计衔接不够等问题。建议加强区域协同与企业引导，促进数实融合进程；优化产业结构与能源供给，增强数字经济与绿色经济协调性；拓展数字场景应用广度，构建三地数字场景协同机制；完善数字经济协同政策体系，整合区域资源优势；加强对外开放水平，拓展发展空间，助力京津冀迈向高质量发展。

关键词： 京津冀协同发展　数字经济　高质量发展

数字经济是以新一代信息通信技术和人工智能为基础所衍生出来的一种

---

① 共同作者：滕湘，河北工业大学经济管理学院硕士研究生；张梓欣，河北工业大学经济管理学院硕士研究生。

新型经济形态,数字经济是新一轮全球科技革命的重要标志,是世界各国必争的新产业高地。习近平总书记指出,数字经济发展速度之快、辐射范围之广、影响程度之深前所未有,正在成为重组全球要素资源、重塑全球经济结构、改变全球竞争格局的关键力量。京津冀区域是我国创新资源最丰富、吸纳人口最多的区域之一,京津冀协同发展战略实施以来,人口流动、产业协同、政策联动等发生了显著变化。伴随京津冀协同发展的不断深化,数字经济为京津冀高质量发展提供了新的契机和方向,为区域协同发展注入新的动能和活力。数字技术从消费、投资、技术转化和生产制造等多个方面,全面提升服务业和整个经济的效率水平,带来新的增长空间。同时,数据要素的流通应用,打破传统要素与数据之间的壁垒,推动创新资源共享,通过要素配置变革的演化差异、产业升级驱动演化和经济增长质量的演变等促进经济高质量发展,助推京津冀区域进入协同发展新阶段。

一 京津冀数字经济发展态势分析

数字经济作为一种新兴的经济形态,其核心在于数字化知识和信息的有效利用,以及现代信息网络的广泛应用。这种经济形态推动的全要素数字化转型有利于促进公平与效率的更高层次统一。通过提供多元化的应用平台和丰富的消费场景,激发消费者的消费潜力;通过推动要素流动机制重塑,优化资源配置,避免资源错配和效率低下;通过与绿色产业融合,加快绿色转型,助力实现碳达峰碳中和目标;通过调整产业结构,促进产业升级,助力传统产业提质增效,从而推动经济高质量发展。

(一)数字技术创新持续加强

1.科技投入显著提升

京津冀研发投入处于全国领先水平。京津冀三地对科技投资力度加大。2023年北京市信息传输、软件和信息技术服务业投资比上年增长47.1%,河北省信息传输、软件和信息技术服务业投资比上年增长25%,天津市信息传输、软件和信息技术服务业在建和新开工项目共 63 个,同比增加 6 个。金融汇聚数智合力。全面注册制的实行和北京银行的科企贷、天津银行的科创贷为科技创新型企业提供了融资便利,推动科技投入水平的提升。

2. 数字技术迅速发展

京津冀地区在数字技术创新方面能力显著增强,数字技术迅速发展。北京科技创新区的关键算法技术已达到国际先进水平,发布了总量达 612TB 的高质量大数据模型,为产业发展提供了重要支持。天津超算中心不断提升算力水平,凭借高性能计算、云计算等高端信息技术,成功赋能 8000 余家科研机构、企业、政府等用户。截至 2024 年 5 月,河北省发布 72 项先进算力创新应用场景,其中"算力 +"场景 58 项,算力建设场景 6 项、算力共享场景 8 项。石家庄智算中心一期 100P 算力已正式上线,为政府和企业等客户提供通用计算、智能计算和高性能计算等类型的一体化算力服务。

3. 前沿技术不断取得突破

"十四五"以来,京津冀在前沿技术领域的探索取得了显著成果。清华大学成功研制出高速度、低功耗的全模拟光电智能计算芯片,其在智能视觉目标识别任务中的算力是高性能商用芯片的 3000 余倍,能效提升了 400 万倍。北京大学研制了"转角菱方氮化硼"光学晶体,其能效较传统光学晶体提升了100—10000 倍,实现了材料和理论两大层面的超级突破。研发的"北脑二号"成功解决了大规模单细胞信号长期稳定记录和实时解码的国际前沿难题。天津"脑机接口"部分核心指标领跑国际、半导体石墨烯研究取得里程碑式突破。

(二)数字产业化加速发展

1. 数字产业生态链加速构建

京津冀凭借其丰富的一流高校和研究机构资源、强大的科技人才储备和创新能力,在构建数字产业链方面展现显著优势。北京市聚焦人工智能领域,打造首个国家新一代人工智能产业创新发展试验区,并构建了完整的人工智能产业生态链。天津市通过建设"中国信创谷",实现了超过 800 亿元的产业规模,聚集 1000 余家信创企业,形成了"CPU—操作系统—数据库—服务器—

整机终端—超级计算—信息安全服务"数字产业生态链。河北省利用其坚实的配套发展基础,重点发展智能网联新能源汽车产业,提升了区域配套水平,并打造了"车路云一体化"产业生态链。

2.数字经济新业态快速发展

京津冀数字经济新业态快速崛起。跨境电商在京津冀地区发展迅猛。河北省与深圳盘古集团(正定)强强联合,打造了河北省跨境电商新高地。2023年全省跨境电商进出口额375.6亿元,同比增长31.9%。京津冀首个跨境出口仓落地天津静海区,降低了京津冀商家的物流成本,缩短了物流时效。自2024年10月14日"双11"大促启动以来,北京海关监管验放跨境电商零售进出口清单超60万票,货值超8500万元。数字赋能文旅新业态,故宫博物院基于数字文物的文化价值挖掘,以数字形态传播了故宫所承载的中华优秀传统文化。天津市成立了数字文旅产业研究院,为天津数字文旅产业高质量发展提供了强力支撑。文博会上河北展区"跟着节气游河北"板块,通过数字光影漫游技术,进一步擦亮了"这么近,那么美,周末到河北"的金字招牌。

3.数字产业集群居国内领先地位

京津冀数字产业集群蓬勃发展。北京人工智能核心区域产业集聚能力全国领先,2023年人工智能核心产业产值突破2500亿元。天津建成国家超级计算天津中心、京津冀智能算力中心等,已构建涵盖操作系统、数据库、服务器等业态的完整产业链。河北省支持张家口大数据产业发展,聚力打造京津冀"算力之都",截至2023年底已成功投入运营27个数据中心,拥有标准机柜33万架和服务器153万台,张家口还延伸产业链条,积极构建大数据产业生态圈,发展大数据装备制造等数据中心上下游产业。目前,京津冀地区已经形成了以北京为核心、天津为支撑、河北为承接的协同发展格局,这为三地数据中心产业集群的发展提供了坚实基础。

(三)产业数字化转型升级加快

1.制造业数字化转型加速

京津冀通过加快制造业数字化、网络化和智能化转型,有效推动了制造业质量变革、效率变革、动力变革,促进了京津冀制造业在全球价值链中的地位提升。截至 2024 年,北京已有 103 家企业完成了智能工厂和数字化车间建设,生产效率提高了超 10%,这些高度智能化的工厂成为稳定首都经济大盘的"压舱石"。天津市新建 100 家智能工厂和数字化车间、10 个 5G 全连接工厂,并启动双万兆宽带项目试点建设。河北省依托数字化赋能的柔性制造系统,将最小生产批量从 300 件降为 1 件,实现了"一件订单"的定制化生产。此外,完成了将 AI 技术在工业检测中的应用,使得检查效率提高了 140%,人工干预减少了 90%,有效避免了人为因素导致的损失和漏检。

2. 电子商务迈向新发展阶段

"数商兴农"打造农产品流通电商新平台,打开了京津冀农人新思路。河北省是电商产业发展的重要阵地。2024 年一季度全省网上零售额达到 1115.5 亿元,全国排名第 10,同比增长 13.8%。白沟箱包、平乡自行车、首衡生鲜等参评国家级电商示范基地,清河抖音直播基地、惠康食品直播基地等一批直播电商基地加快建设。天津金仓助力"互联网＋"农产品出村进城,目前金仓在天津市范围内订单涉及农副产品 70 余种,农产品品牌化 6 个,实现网上销售额 8000 万元。"北京优农"品牌溯源直播助力房山大石窝镇农产品跨入电商赛道,品牌影响力成就新动能。

3. 农业农村数字化积极推进

数字农业已经成为现代农业发展的重要趋势。通过引入互联网、大数据、人工智能等先进数字技术,实现了农业生产全过程智能化管理。环京地区示范推广杂交小麦 60 万亩,节水 3000 万吨,增产 4500 万公斤。天津积极打造智能农业园区,利用水肥智能控制系统、室温传感器和植保机等,提升精细化管理水平,减少 30% 用水,提高超过 15% 的肥料利用率,实现了自动化和远程化管理。河北唐山市丰南区现代农业示范园采用物联网等信息技术,建立了"三会一台"服务机制,定期对农业生产时间节点、市场需求等进行分析预测,指导农业生产。保定市徐水区蔬菜 AI 智能种苗展示繁育中心达 26400 平方米,数字化、智能化的育苗方式大大提高种苗的繁育效率和品质,全区域用数字化循环水鱼菜种苗科研繁育示范区 34116 平方米,推动农业科技创新和产业升级。

(四)数字经济与绿色经济融合效益良好

1.绿色资源持续供给

绿色发展是高质量发展的底色,京津冀大力推行绿色设计和应用,以绿色资源支持数字技术创新,促进数字经济的发展。北京市建设大量分布式太阳能光伏设备,所产生的绿色电能通过智能电网等数字化电力传输与管理系统,精准高效地输送到数据中心,保障其稳定运行,减少了对传统能源的依赖,降低了碳排放。天津市新建全球首个全物联网集装箱码头,并自主研发了全球首台氢电混合动力人工智能运输机器人,其新能源发电系统实现了年发"绿电"1亿千瓦时。河北省积极建设新型、绿色的算力基础设施,以夯实数字经济的底座。张家口凭借丰富的风力资源,已完成可再生能源装机规模3383.5万千瓦时,年发电量达到520亿千瓦时,成功将风力资源转化为电力资源,绿电资源持续供给,实现了算力与绿电融合发展。

2.生态环境保护效果显著

京津冀大力推动绿色能源发展和优化能源消费结构,以数字经济引领经济结构优化,赋能产业数字化,助力区域生态环境质量改善。通过物联网技术在京津冀地区广泛部署空气质量检测传感器构建实时监测网络,借助人工智能算法建立空气质量管理智能调度系统,区域空气质量明显改善,北京、天津、河北省PM2.5平均浓度分别为34微克/立方米、43微克/立方米、42微克/立方米,区域空气质量持续好转。在京津冀地区的水域安装水质检测传感器将水质检测数据化,利用大数据和GIS技术快速追溯污染源并及时整治,水环境保护成效显著,北京、天津、河北省地表水国考断面优良比例分别达到82.9%、47.2%和87.3%,近岸海域水质优良比例达到90%以上,水环境质量持续向好。利用遥感、GIS技术和物联网传感器对生态环境进行动态监测和评估,使得生态修复更具针对性,生态系统稳定性和物种多样性持续提升,白洋淀水质稳定保持Ⅲ类,野生鸟类增加了80种,生物多样性逐渐丰富。

3.绿色数字生活高品质发展新范式

京津冀绿色数字生活高品质发展的全新范式正逐步成型。国网天津电力新型电力系统数字化运营中心将"数字化赋能"与项目全生命周期管理通过数字化技术深度融合,降低了施工过程中的能耗和污染排放,通过三维 BIM 技术整合数据为持续推进绿色建筑设计和管理策略提供了有力的数据支持。河北电信推出的绿色照明业务实现了远程照明管理及亮度调整,降低了客户用电成本,实现了照明用电管控。北京 2023 年末共享单车共计 91.6 万辆,比上年末增加 3.5 万辆,减少了私家车使用频率,降低了能源消耗。

(五)数字经济与实体经济融合效果显著

1.融合范围不断扩大

数字经济与实体经济全方位、全周期融合。数字经济与制造业、服务业、农业等产业的全方位融合,重塑了京津冀三地实体经济形态,与研发、生产、销售、售后、管理等价值创造过程全周期融合,缩短了产品研发周期,提高了生产效率,拓宽了销售渠道,完善了售后管理。京津冀企业积极参与数字化转型。北京上榜"2023 新型实体企业 100 强"企业数量 34 家,领跑全国。天津 2023 年上云工业企业突破万家,培育通用半导体、爱玛科技、玖龙纸业、天津钢铁等157 个上云上平台应用示范项目。截至 2024 年 11 月 20 日,河北省累计上云企业突破 10 万家,工业设备上云率居全国第一。

2.融合程度持续拓展深化

京津冀地区数字化融合进程稳步推进。2023 年天津两化融合指数达到108.5,全市累计有 1400 家企业通过两化融合管理体系贯标。制造企业关键工序数控化率达 63.9%,关键业务环节全面数字化的企业比例达 60.2%。北京市智能工厂和数字化车间关键工序装备数控化率达 88.12%,生产设备联网率达 79.55%,工业互联网平台数量、接入资源量居全国第一。河北省关键工序数控化率达到 63.7%,比全国平均水平高 1.5 个百分点,数字化生产设备联网率达 48.4%,比全国平均水平高 0.4 个百分点。

3.融合成果产出效益良好

京津冀企业在数实融合进程中成效斐然。京津冀在产业协作方面取得了显著进展。北京的核心产业部门发展较好,而天津和河北省在传统产业上有坚实的基础,在融合产业上有明显的发展优势。三地区域发展稳步推进。2023年河北省承接京津转入基本单位1738个,天津引进京冀在津投资2305.56亿元,天开高教科创园加强了与北京资源的对接,累计注册企业超过1200家,三地共建京津冀国家技术创新中心,编制完成了6条重点产业链图谱。

(六)支撑体系不断健全

1.战略规划助推数字经济发展

京津冀地区为推动当地数字经济发展,出台了系列政策,明确数字经济发展方向、战略重心。北京市将持续提升人工智能产业规模,形成具有影响力的产业集群,赋能实体经济,促进经济高质量发展。天津市提出优化算力结构,丰富赋能场景,合理区域布局,打造算力产业发展高地。河北省强调加快数字基础设施建设,推动传统产业数字化转型,着力推进雄安新区的数字化建设,明确提出加强智慧农业示范建设,指明农业数字化发展方向。

2.人才支撑体系持续优化

京津冀各地区构建了完善的人才培育体系。在教育培养层面,三地高校纷纷调整学科专业设置,加大与数字经济相关专业如大数据、人工智能、云计算等的招生与教学资源投入。在政策方面,国务院发布了《加快数字人才培育支撑数字经济发展行动方案(2024—2026年)》的通知,京津冀三地为贯彻国务院决策部署,结合各地实际发布了相应的行动决策。

3.数字基础设施建设不断加强

数字基础设施是数字经济与实体经济深度融合的先决条件。京津冀加强战略布局,加快建设云网融合、智能敏捷、安全可靠的智能化综合数字信息基础设施,适度超前建设5G、算力信息等信息基础设施。截至2024年最新数据,北京市已有5G基站11万个,5G-A基站已试点建设超1000个,实现重点区域和典型场景信号精准覆盖。天津市累计建成5G基站7.3万个,已建和在建工业互联网标识解析二级节点6个,标识注册量突破35亿。河北省"5G+工业互联网"项目累计达321个,综合算力指数排名全国第4,其中算力指数排名全国第1。

二　京津冀数字经济发展面临的问题与挑战

（一）数实融合进程需要加快

京津冀地区内部的发展差距较大，数字经济在不同地区、不同产业间的渗透率不均衡，限制了区域内数实融合整体进程。2023年区域综合科技创新水平指数排名情况，京津冀分别位列第2、第4、第21位，"创新极化"和"创新洼地"现象明显。从京津冀三地产业发展情况看，北京汇聚大量数字经济企业，2023年有140家企业上榜数字经济企业TOP500，是唯一数量过百的城市，要素创新与数字融合应用产业在全国处于领先地位。天津在制造业数字化转型方面有一定基础，制造企业关键工序数控化率位居全国前列。河北省在农业数字化方面成果突出，作为农业大省，河北省拥有广袤农田和众多大规模种植基地，积极推进"京津研发、河北落地"模式，京津的智慧农业方案在河北多地变为现实。区域内部产业能级分化明显、发展阶段与发展定位存在差异，导致三地难以形成完整产业链，区域产业数字化转型进程亟待加速。

（二）数字经济与绿色经济协调性有待增强

京津冀三地在数字经济和绿色经济两个领域均取得了一定的成就，但二者之间的协调性仍有待增强。首先，二者协调发展的首要条件是先进的数字基础设施。京津冀地区基础设施建设情况处于全国领先地位，但与发达国家相比较为落后，区域数字基础设施建设与绿色经济发展需求的有效对接需进一步提升。其次，在产业结构方面，京津冀三地呈现不同特点。北京以第三产业为主导，天津和河北省则第二产业占比较高，尤其河北省的钢铁、化工等传统重工业产业占比较大，这些产业即使进行数字化转型，也存在能源消耗大、碳排放量高的问题，与数字经济、绿色经济倡导的低碳环保发展理念存在一定冲突。再者，在数字经济快速发展的背景下，数据中心、算力中心等数字基础设施的能耗不断增加，清洁能源产出不足以完全覆盖区域能源消耗，能源供给压力较大,数字经济与绿色经济发展需求之间的不协调性需要进一步优化。

(三)数字场景建设还需进一步加强

京津冀三地在各自优势领域不断推进,但也面临着场景应用有限、产业协同效应未充分发挥以及数据共享与开放程度不足的问题。第一,京津冀三地的场景应用范围较窄。数字场景在部分行业的应用较为深入,如金融、互联网等。但在制造业、农业等领域的应用相对有限,导致数字经济赋能传统产业效果未能充分发挥,第一、二产业的数字场景建设需进一步加强,拓宽场景应用范围。第二,三地在数字场景建设的规划、投入、运营等方面缺乏有效的协同机制,导致一些跨区域的数字场景项目推进困难,场景创新三地协同力度不够,尚未形成具有区域特色和竞争力的数字场景品牌。第三,京津冀数据资源丰富,但政府部门、企业和机构之间的数据共享机制尚未完全建立,"数据孤岛"现象普遍存在。各部门和单位的数据存储缺乏统一的标准和接口,数据难以流通共享,制约了数字场景建设的协同发展。

(四)京津冀数字经济协同政策体系仍需不断完善

三地在数字经济发展的顶层设计缺乏统一规划和战略布局,三地的政策在产业导向、扶持方式、监管标准等方面存在差异,政策之间衔接不够紧密,区域内数字经济发展目标不一致,难以形成协同共进的合力,无法充分发挥京津冀地区协同发展优势。三地的产业政策协同度不足。三地尚未建立起完善的数字经济产业链协同政策体系,在推动产业链上下游企业之间的合作与协同发展方面存在不足。此外,北京作为数字经济发展的核心,存在产业外溢需求,天津和河北省在承接北京产业时缺乏有效的产业转移与承接的配套政策,产业专利进程缓慢,影响区域数字经济协同发展。总之,三地受制于技术应用、基础设施建设等的差异,且相应的政策支持力度和针对性不足,影响了区域内产业协同效应的发挥。

三 推动京津冀数字经济协同发展的对策建议

(一)深化区域数实融合进程

加强京津冀区域协同与企业引导,促进数实融合进程。一是强化三地协同融合策略,实现区域间资源共享和优势互补。一方面建立统一的数实融合调节机制,针对制造业和农业数字化转型制定联合发展规划与专项扶持政策,共享北京的创新要素资源,提升天津制造业、河北省农业数字化水平,弥补区域不平衡短板;另一方面立足京津冀三地不同产业特点和差异化需求,分阶段引导、分行业施策,不断拓宽数字化应用的广度和深度。二是大力支持三地企业数字化转型,培育数字经济和实体经济深度融合服务生态。一方面加大面向京津冀企业尤其是中小企业的数字经济宣传和培训力度,设立数字化转型激励基金,对积极开展数字化转型的企业给予资金、技术、人才等方面的支持和奖励,增强企业数字化转型的意愿和动力;另一方面聚焦京津冀协同发展培育技术、资本、人才、数据等要素,降低企业数字化转型的门槛和风险,推行普惠性"上云用数赋智"服务,降低企业数字化转型的资金壁垒。三是加快发展新质生产力。依托京津冀丰富的科技资源,以科技培育新动能、新模式、新产业,形成新质生产力,增强其在数实融合进程中的正向促进作用。

(二)提升数字经济与绿色经济的协调性

优化产业结构与能源供给,增强京津冀数字经济与绿色经济协调性。一是利用数字技术深度改造传统产业生产流程,精准监测和控制能源消耗与碳排放。对于河北等传统重工业占比大的地区,借助大数据分析和人工智能算法优化钢铁、化工等行业的生产参数,实现能源的精细化管理,最大程度减少能源浪费和碳排放。与此同时,建立严格的数字化环境监管平台,对企业的排污进行实时监控和预警,促使企业主动遵循绿色发展标准。二是加大企业对新兴绿色产业的培育力度,逐步降低传统重工业比例,使产业结构向绿色低碳化方向发展。政府出台专项扶持政策吸引国内外绿色科技企业入驻京津冀地区,重点发展新能源汽车、节能环保设备制造、绿色材料研发等产业,形成绿色产业集群,带动上下游产业链协同发展,为区域经济注入绿色活力。三是在数字基础设施方面,加大对太阳能、风能等清洁能源在数据中心、算力中心的应用比例,鼓励研发和采用节能型数字设备与技术,提升能源利用效率。

（三）强化数字应用场景建设

强化数字场景建设,推动京津冀数字经济协同发展。一是拓展数字场景应用广度。针对制造业与农业等薄弱领域,设立专项扶持资金与技术指导项目,鼓励企业与科研机构合作研发适用于工业生产流程优化、农业精准种植养殖等场景的数字化解决方案。二是构建三地数字场景协同机制。由三地政府联合牵头,组建跨区域数字场景建设协调委员会,统一规划数字场景建设布局,制定三地协同的投入与收益分配方案,保障跨区域项目顺利推进。三是打破数据孤岛,促进数据共享。建立京津冀统一的数据标准与规范,搭建区域数据共享交换平台,运用区块链等安全技术确保数据流通的可信性与安全性,推动政务数据、企业数据等在合法合规前提下的充分共享与流通,为数字场景建设提供丰富的数据资源支撑。

（四）优化区域协同发展机制

完善京津冀数字经济协同政策体系,促进区域协同发展。一是强化顶层设计协同。一方面组建联合规划小组制定数字经济总体发展规划,明确三地在数字经济领域的发展目标和重点产业,确保政策的一致性;另一方面组建常态化的调节机制,定期召开三地数字经济政策研讨会,优化已出台政策,促进区域政策协调。二是构建产业政策协同网络。首先制定针对三地数字经济产业链上下游企业合作的专项扶持政策,设立产业链协同专项基金,对开展技术合作、数据共享项目的企业给予资金补贴和税收优惠,鼓励企业之间协作;其次针对三地技术与基建差距地区提供无偿培训咨询,对基建薄弱区加大财政转移支付,优先布局基建项目并给予运营企业税收减免,促进产业协同效应最大化。三是构建区域数字产业协同发展的新平台。促使数据在多个使用者之间高速流转,突破内部资源的同质性和稀缺性,并且拓宽数据共享平台的时空维度,达成京津冀范围最大化资源共享和最优化链式生产。

(五)提高对外开放水平

京津冀需广纳国内外各种要素资源,加强对外开放水平。一是构建统一高效的对外开放政策体系。三地应制定数字经济领域对外开放专项政策,统一外资准入标准、数据跨境流动规则以及税收优惠政策等,减少政策差异带来的制度性成本,为外资企业进入三地数字经济市场提供稳定的政策,此外建立区域数字经济对外开放创新试验田,例如在特定产业园区试点实行更加宽松灵活的监管模式和贸易便利化措施,提升整体对外开放效率。二是打造多层次国际数字经济合作交流平台。通过邀请全球知名数字经济企业、科研机构参与国际展览会,展示三地数字经济发展成果,促进技术交流与人才对接,提升三地在数字经济领域的知名度和影响力。三是大力培育数字贸易与跨境服务新业态。加强京津冀地区数字贸易基础设施建设与服务体系优化,完善跨境电商物流配送网络、支付结算体系以及数据安全保障机制,建立跨境数字贸易纠纷解决机制,为数字贸易企业提供全方位的服务保障,降低企业跨境运营风险,促进京津冀数字经济在全球贸易格局中占据有利地位。

(六)完善数字经济协同创新生态

一是探索构建跨区数字经济治理体系,组织协商解决数据要素跨区流动问题,破除京津冀数据和数字技术面临的流通阻碍,打造更加开放自由的数字经济协同创新生态。二是重点关注并解决数字经济协同过程中科技创新与产业技术需求不匹配、科技创新与科技成果转化不顺畅等问题,增强数字技术对经济发展的放大、叠加和倍增作用,提升京津冀区域整体创新效能。三是培育和发展数字经济领域的科研服务机构、行业协会等社会组织,充分发挥其在技术转移、成果转化、标准制定等方面的作用,促进数字技术知识产权的流通和转化应用,激励创新主体的积极性和创造性,提升京津冀数字经济的全球创新生态位。

　　本报告为天津市社科规划智库专项"数字化—绿色化协同促进我市传统制造业转型的路径与对策研究"(ZKZX24-33)阶段性成果。

参考文献：

　　[1]《深入推进数字经济创新发展》,《经济日报》2024年6月12日。

　　[2]李峰、王丹迪:《积极促进京津冀数字经济高质量发展》,《宏观经济管理》2023年第9期。

　　[3]郑建卫、烟成群:《河北电商产业创新发展"加速跑"》,《河北经济日报》2024年7月24日。

　　[4]杨继军、艾玮炜、范兆娟:《数字经济赋能全球产业链供应链分工的场景、治理与应对》,《经济学家》2022年第9期。

　　[5]孟珂:《多地提出企业上市"小目标"国企改革和科创领域成发力点》,《证券日报》2022年8月9日。

　　[6]邹伟勇、熊云军:《中国城市人工智能发展的时空演化特征及其影响因素》,《地理科学》2022年第7期。

　　[7]金京、张永庆:《人工智能视域下金融的发展、风险与对策研究》,《经济研究导刊》2022年第12期。

　　[8]陈增敬、严晓东、冯新伟:《金融科技中人工智能技术典型事实与核心规律》,《中国科学基金》2021年第3期。

　　[9]程硕:《银行从业人员如何应对人工智能的冲击》,《大众投资指南》2018年第20期。

　　[10]陆妙燕、陈敏红:《金融智能化背景下应用型金融人才培养的挑战与对策》,《齐齐哈尔大学学报(哲学社会科学版)》2018年第7期。

　　[11]贾朔荣:《2024中关村论坛年会发布十项重大科技成果》,《北京科技报》2024年4月29日。

［12］《农银学刊》编辑部:《践行金融使命担当　助力数字经济高质量发展》,《农银学刊》2022 年第 3 期。

［13］杜传忠、张榕、刘书彤:《人工智能全面赋能我国现代化产业体系的机制与路径探析》,《经济纵横》2024 年第 11 期。

［14］刘昕:《通关多点发力助企"过考"》,《国际商报》2024 年 11 月 14 日。

［15］罗浩聪:《数字经济赋能长三角区域一体化发展分析》,《投资与合作》2024 年第 8 期。

［16］郑建卫、烟成群:《河北电商产业创新发展"加速跑"》,《河北经济日报》2024 年 7 月 24 日。

［17］《夯实"算力底座"赋予河北经济"隐形的翅膀"》,《中小企业管理与科技》2024 年第 12 期。

［18］戴丽丽:《乘"数"而上　形成核心竞争力》,《石家庄日报》2024 年 6 月 2 日。

［19］姜琳、汤洁峰、戴小河,等:《中国就业大盘如何稳?》,《新华每日电讯》2024 年 4 月 18 日。

［20］陈晓红、曹廖滢、陈姣龙,等:《我国算力发展的需求、电力能耗及绿色低碳转型对策》,《中国科学院院刊》2024 年第 3 期。

［21］汪建:《数智赋能推动京津冀协同高质量发展》,《中国电信业》2024 年第 3 期。

［22］梅雅鑫:《搭起京津冀"算力高速"　让数据"跑"起来》,《通信世界》2024 年第 4 期。

［23］付朝霞:《做强做优做大我国数字经济》,《红旗文稿》2024 年第 2 期。

［24］《科技》,《财富时代》2023 年第 11 期。

［25］赵建伟、彭成圆、王宾:《数字经济与制造业高质量发展耦合协调关系研究——基于江苏省面板数据的实证分析》,《价格理论与实践》2023 年第 5 期。

［26］敖蓉:《就业形势保持总体稳定》,《经济日报》2023 年 7 月 25 日。

［27］吴倩:《为经济社会高质量发展插上数字"翅膀"》,《华兴时报》2022 年 9 月 27 日。

［28］孔琳、马玉欢:《数字劳动的资本逻辑批判——兼论数字劳动可持续发展的中国之举》,《山东青年政治学院学报》2022 年第 5 期。

［29］魏梦佳:《我科学家研制出首个全模拟光电智能计算芯片》,《新华每日电讯》2023 年 11 月 5 日。

京津冀消费场景数字化
实践研究

李晓欣　天津社会科学院经济分析与预测研究所副研究员

摘　要： 随着数字技术持续赋能京津冀消费场景建设,智慧商圈、即时零售、直播带货、文旅元宇宙、数字文博、互联网医疗、线上教育、在线家政、跨境电商等数字化消费场景愈加丰富,新型消费市场潜力不断释放。在京津冀消费场景数字化进程中,仍存在着数实融合层次不高、数字化项目市场影响力不足、区域消费场景数字化发展不均衡、市场主体数字化发展意识不强等问题。为加快推进京津冀消费场景数字化建设,更好地满足消费升级多元化需求,要持续拓展数字消费新业态新模式,着力推动数字消费场景提质升级,以京津为引领推动区域数字化消费场景均衡化发展,持续强化市场主体数字化转型发展意识,加强数字消费领域专业人才队伍建设。

关键词： 消费场景　数字化　新业态

近年来,京津冀消费场景数字化实践不断取得新成效,数字消费场景在扩大内需、激发消费市场活力、推动消费提质扩容等方面发挥着日益重要的作用。随着京津冀协同发展持续走深走实,高质量建设数字化消费场景将会成为区域协同发展的又一重点领域。

一 京津冀消费场景数字化建设迈上快车道

(一)智慧商圈建设加快推进

京津冀区域商圈建设正在加速与移动互联网、云计算、大数据、物联网等先进技术相融合,实现商圈智慧化运营管理,涵盖智慧商务、智慧生活、智慧营销等多项智慧功能,全方位提升消费者体验。天津佛罗伦萨小镇商圈是京津冀知名的购物旅游目的地,通过搭建智慧商圈系统,实现了对客流、消费流等流量数据实时监测和分析,对消费者进行精准画像,有效提高了商圈经营效益;引入智能导览、智能停车、智能支付等便捷服务,为消费者提供了更加舒适、便捷的购物环境。北京三里屯商圈是京津冀著名的时尚潮流元素聚集地,汇聚众多国际潮牌、潮流店铺、特色餐饮,商圈内广泛应用裸眼 3D 大屏、增强现实试妆"魔镜"等数字技术,为消费者带来沉浸式的购物体验;利用大数据分析精准推送个性化广告和优惠活动,提升消费者购物满意度和忠诚度;采用智能楼宇自控系统、智能巡检系统等智慧化管理工具,全面提高商圈运维质量和效率。

(二)即时零售快速兴起

即时零售是近年来国内兴起的一种新型零售模式,通过消费者线上交易平台下单,实体门店(前置仓)完成备货,通过第三方或自有物流在 0.5 小时到 1 小时内实现配送上门的互联网零售模式。2023 年,我国即时配送行业订单增长 22.8%,京东、淘宝、美团等电商巨头正在加大投入和布局,即时零售正在引领零售行业数字化变革与创新。京东七鲜是京津冀即时零售业态的典型代表,作为京东集团旗下自营超市品牌,充分发挥了京东在数字购物平台建设方面的技术优势和商贸资源优势,已实现与前置仓业务完全打通,保障线上线下货品质量相统一,全面提升履约时效和服务体验。截至 2024 年 11 月份,京东七鲜在天津地区开业和即将投入运营的门店就已达到 10 家,大幅提升网点密度,通过加快建设完善"店 + 仓"线上线下全渠道模式,持续扩大即时零售服务辐射范围。

(三)直播带货持续发展

直播带货的兴起,不仅改变了消费者在传统电商平台的购物方式,也为商家提供了新的销售渠道和品牌推广机会。直播带货依托网络视频直播平台,由主播展示、介绍并推荐商品,具有较高引导观众购物互动性的新型销售模式。京津冀正在打造具备相当规模的电商直播基地,其中,北京电商直播基地建设初具规模,已建成大兴星光元宇宙直播基地、新发地直播基地等,2024 年新认定包括东方甄选直播基地、观复直播基地等 13 家特色电商直播基地,预计到 2025 年直播电商交易额达 1.5 万亿元;河北省也在唐山、沧州、邯郸等城市加速布局电商直播基地,如唐山文旅电商直播基地等。京津冀地区老字号企业积极"触网"转型,拥抱直播带货这一新兴消费场景,如 2023 年 9 月天津郁美净火爆"出圈",从郁美净全面入驻各大直播平台起,短短几天,粉丝量就超过百万,销售额更是突破了 2000 万元;老字号企业正在成为直播带货领域的"新势力",越来越多的国货国潮商品出现在了网络直播间。此外,京津冀直播带货模式也在持续创新,如京东在天津东疆综保区创新"保税仓 + 直播"新零售模式等。

(四)文旅元宇宙方兴未艾

以文塑旅,促进旅游和文化深度融合,推动文旅行业蓬勃发展,是释放内需潜力、激发消费活力的着力点。2024 年以来,文旅行业数字化发展持续加快,数字文旅已成为文旅行业的新赛道,以注重沉浸感、突出体验式为核心的文旅元宇宙项目成为文旅体验消费的重要场景。元宇宙文旅利用虚拟现实、增强现实、混合现实、数字孪生等技术,创造出新的跨行业融合的商业模式和全新的文旅消费体验。北京是京津冀元宇宙文旅发展最快的地区,以 2024 年北京打造的文旅融合数字经济标志性示范场景——新春厂甸元宇宙庙会为例,活动运用大场景沉浸式数字孪生、高精度精准空间计算、XR 云渲染等业内领先技术,为用户提供丰富的互动体验,如参与"放烟花·迎福气""猜灯谜·云探店""逛非遗·买年货"等民俗活动,春节期间,注册用户达到5.6万,累计访问11万人次。

(五)数字文博深受市场追捧

随着国内消费需求不断升级,居民文化消费需求日益旺盛,其中,包括数字博物馆、云展览在内的数字文博消费,正在成为文化消费的新场景。数字文博是5G、大数据、实景扫描测绘、人工智能等新兴技术与文化场馆、消费业态等相融合的新型数字文化体验与消费空间。运用数字科技讲述文物故事,不仅提升文化消费便捷性,还增强了消费者的参与感、互动性。京津两市是京津冀数字文博消费的聚集地,以天津数字艺术博物馆举办的"发现敦煌——敦煌艺术情景式特展"为例,使用全息投影、接触互动等数字技术,为观众提供身临其境的艺术享受。2024年"五一"假期,天津数字艺术博物馆共接纳游客近3000人次观展。

(六)互联网医疗逐步壮大

互联网医疗是互联网技术在医疗行业的新应用场景,涵盖健康教育、电子健康档案、电子处方、在线问诊、远程会诊等丰富的医疗服务,为医疗资源的优化配置提供新的思路,满足了人民群众对多层次、个性化医疗服务的需求。京津两市是京津冀互联网医疗发展较快的城市,北京于2022年就已建成互联网医院40家,150家医疗机构开展互联网诊疗服务,2024年北京市参保人员可在京东、美团等购物平台上的医保定点零售药店,使用医保个人账户购买非处方药品,进一步促进了互联网医疗发展;天津"O2O特色居家医疗服务"入选天津市2024年度"十佳消费新场景",依托天津市政府和微医集团签署的《"数字健康"战略合作协议》,协同全市266家基层医疗机构组建数字健共体,推出基于小程序的"线上预约,线下服务"的特色居家医疗服务,现已开展服务6万余次,平台交易额达1100余万元,患者满意度达99%。

(七)线上教育加速发展

得益于教育观念的不断转变和数字技术的快速发展,越来越多的人选择通过线上教育来获取知识和技能,线上教育是以互联网为介质的新型教学方式,通过 5G 网络、客户端、多媒体课件等,实现随时随地进行学习,真正打破时间和空间的限制。随着京津冀协同发展战略不断走深走实,三地逐步实现教育资源优化配置和在线共享,区域中小学加快探索在线教育平台上的跨区域教研活动"一网共研",通过提供丰富的教学资源和案例,为学生提供更加优质的学习体验。以青少年线上付费教育为例,希望学、猿辅导是京津冀具有代表性的线上教育科技平台,面向中小学生提供全学科课程以及 AI 编程等兴趣课程等的互动式网课、智能化练习等,为学生提供高品质、个性化教育。相关机构报告显示,2023 年京津冀区域线上教育市场规模已达 2628 亿元。

(八)在线家政市场需求显著扩大

在线家政服务依托大数据、云计算等平台技术以及移动智能终端,实现家政服务需求与供给的网络化智慧化高效匹配。用户可通过手机应用程序、微信小程序等,实现在线预约、咨询、支付及评价,家政服务涵盖保洁、月嫂、育儿嫂、保姆、家庭烹饪、护理及维修等。近年来,中国家政服务市场规模持续扩大,到 2026 年,其市场规模将突破 1.3 万亿元,在线家政服务是其供需对接的重要场景。58 同城到家精选是京津冀开展在线家政服务业务的重要平台之一,平台通过分析消费者个性化服务需求和家政服务人员技能特点,为他们提供最适合的服务匹配方案,同步提升消费者满意度和服务效率,同时平台积极参与河北省"河北福嫂·燕赵家政"等品牌建设,为京津冀地区家政市场培养一批优秀的家政服务人员,推动家政服务行业规范化、专业化发展。

(九)跨境电商发展态势良好

跨境电商是较为成熟的数字化消费场景,已成为推动国际贸易的重要力量。数据显示,2024 年前三季度,我国跨境电商贸易额达到 1.88 万亿元,同比增长 11.5%,市场规模庞大。京津冀跨境电商贸易十分活跃,以津冀地区为例,天津 2024 年前 8 月,跨境电商进出口 338 亿元,同比增长 33.4%,布局海外仓 45 个,整合保税仓储资源近 10 万平方米,持续深化与亚马逊等国外企业合作,提供跨境电商运营培训、便捷通关等特色服务,出台《天津市推动跨境电商高质量发展实施方案》,力争到 2027 年底跨境电商年交易额突破 1000 亿元;河北省廊坊市临空经济区享有自贸试验区、临空经济区、综合保税区、跨境电商综试区等"四区叠加"优势,积极引育跨境电商企业,使跨境电商企业数量不断增加,形成了较强的产业集聚效应。

二　京津冀消费场景数字化发展机遇

(一)我国数字经济正处于蓬勃发展的黄金增长期

随着我国科技创新步伐持续加快,以数据资源价值挖掘与应用为核心的数字经济处于飞速发展阶段,在培育和发展新质生产力、构建现代化产业体系、增强产业链供应链韧性、激发内需动力与活力、提升经济发展质量和效益、满足人民美好生活需要等方面发挥着关键作用。数字经济是继农业经济、工业经济之后的第三种重要经济形态,其对发展重要性不言而喻,国务院在 2021 年印发《"十四五"数字经济发展规划》,统筹布局发展数字经济,加快推进数字产业化、产业数字化,强化数字经济引领功能,从总体发展情况来看,2023 年,我国数字经济规模已达 53.9 万亿元,相较 2020 年大幅增长 37.5%,占国内生产总值比重超过 42.8%,信息通信、大数据、人工智能、云计算等新兴产业的核心竞争力持续增强,数字经济已成为创新活力最强、发展速度最快的经济领域。数字消费作为数字经济的重要组成部分,其发展也在不断加速,2024 年上半年,我国网购用户规模超过 9 亿人,71.2% 的用户通过短视频等平台购物,53.7% 的用户经常收看直播带货,数据显示,2024 年 1—10 月,中国实物商品网上零售额突破 10 万亿元,占社会消费品零售总额比重 25.9%,当然,这与实体经济与数字经济加速相融合,消费场景数字化提速,新业态新模式新产品不断涌现息息相关。

（二）扩张性政策刺激下的国内消费市场潜力加速释放

构建以国内大循环为主体、国内国际双循环相互促进的新发展格局是我国重大战略任务,关系到我国高质量发展全局。推动国内大循环,关键是要充分释放14亿人口这一超大规模市场内需潜力,加快推动消费市场扩容提质。从扩张性政策供给来看,国家先是在2024年3月出台《推动大规模设备更新和消费品以旧换新行动方案》,推动汽车、家电产品等以旧换新;接着在6月份出台《关于打造消费新场景培育消费新增长点的措施》,着力培育餐饮、文旅、体育、购物、大宗商品、康养、托育等消费新场景;紧接着在8月份出台《国务院关于促进服务消费高质量发展的意见》,提出要培育壮大包括数字消费在内的新型消费,加快生活服务数字化赋能,构建智慧商圈、智慧街区、智慧门店等消费新场景,加快无人零售店等新业态布局,支持电子竞技、社交电商、直播电商等发展。在一系列强有力政策的支撑下,2024年1—10月,我国网上零售额同比增长8.8%。政策助力下的消费市场潜力加速释放,这既得益于数字消费场景的不断丰富,又为更多消费场景数字化创造和升级拓展提供了市场空间和机会。

（三）京津冀协同发展战略引领区域消费市场扩容升级

京津冀协同发展战略实施十年来,京津冀三省市经济社会领域发展持续开创协同发展新局面,区域一体化深入推进,京津同城化发展体制机制不断创新。随着京津冀协同发展战略不断走深走实,三省市消费市场协同建设水平不断提升。自2023年开始,京津冀三地携手举办京津冀消费季活动,聚焦"国货潮品"主题,共同推出绿色消费、智能家居、春游踏青等消费新场景,北京市着力扩大首店首发经济,天津市打造商文旅体健多业态跨界融合消费场景,河北省培育打造一批线上线下融合的智慧型新消费场景。京津冀文旅消费场景是区域消费市场的重点所在,三地联合印发《京津冀文化和旅游产业协同发展行动计划(2024—2026年)》,从区域文旅市场看,以天津为例,2024年"十一"

长假,来津的外埠游客中,京冀地区游客占比高达 35.4%。2023 年,三地出台《京津冀区域市场一体化建设举措》,为推动商品和服务市场高水平统一奠定了基础。京津冀消费场景数字化已然成为区域消费市场建设的重中之重,通过数字科技与消费场景更好融合,线上线下交互赋能,一方面推动文化和旅游等重点消费场景推陈出新,另一方面创造更宽广的全新数字消费场景,持续优化改善数字消费场景体验,不断促进区域消费市场规模扩大、质量提升。

三 京津冀消费场景数字化存在的主要问题

(一)消费场景数实融合层次偏低

消费场景数实融合层次不高是全国数字消费场景建设存在的普遍问题,也是京津冀消费场景数字化面临的主要问题之一。目前,京津冀消费场景数实融合层次依然偏低,消费场景数字化改造层次不深,部分数字化应用场景的设计和功能不够完善,难以有效满足消费者日益增长的个性化、多样化需求,当然,这与区域数字基础设施建设、资金投入等因素直接相关。实现数据共享与互联互通是消费场景数实融合的重要环节,京津冀不同城市、不同行业之间的数据壁垒仍然存在,影响了区域消费场景数实融合的广度和深度。

(二)数字化消费场景市场影响力不强

与数字化消费较为先进区域相比,京津冀数字化消费场景缺乏足够的创新性和吸引力,在全国形成广泛影响的消费新项目、新热点数量明显不足。京津冀在数字化消费场景创新研发投入方面不足,数字技术应用场景拓展创新相对滞后,导致区域数字化消费场景在功能、性能和用户体验等方面难以与江浙沪区域相媲美,制约了其市场影响力。此外,京津冀数字化消费场景的市场推广和运维也存在不足,缺乏有效利用数字社交平台等的新型市场推广策略和手段,导致新的数字化消费场景在消费者中的知名度有限。同时,运维水平不高影响了稳定、高效、便捷的消费服务体验,对消费者的满意度和忠诚度产生负面作用。

（三）城市消费场景数字化水平存在落差

京津冀内部城市间在数字经济整体发展上存在显著差距,北京在数字经济发展上显著领先于天津和河北省各地级市。数字经济发展的不均衡,不仅表现在总量和结构上的差异,更是体现在数据要素开放度、平台建设、场景应用、新型基础设施、数字治理、统计监测、制度创新等各个方面的差距。京津冀在数字经济协同发展上存在着难度,北京数字经济的区域辐射力、带动力尚未充分发挥。数字经济发展的不平衡、不同步,导致优质数字消费场景项目难以高效复制落地,数字消费相关产业链上企业无法实现转移,进而造成城市间消费场景数字化水平存在差距。

（四）消费场景数字化意识仍需加强

京津冀消费领域部分市场主体数字化发展意识仍较为薄弱,推进消费场景数字化建设的主动性、积极性不足,对消费场景数字化的战略性、重要性认识不充分,缺乏数字化发展长远规划,其局限于传统的业务模式和商业场景,相对保守的发展态度不仅限制了企业数字化转型,也会影响消费市场数字化场景建设进程。一些市场主体缺乏先进数字技术支持,对数字化技术的认知和使用能力有限,无法构建起成熟的商业化数字消费场景,对于如何获取并利用数字技术提升消费体验、拓展市场等方面缺乏深入思考。

（五）消费场景数字化专业人才供给不足

京津冀在数字化消费场景建设中的专业人才供给不足问题比较突出,这与数字经济的快速发展对数字技术领域专业人才的需求急剧增加是同步的。与长三角相比,京津冀数字人才总量相对较少,且数字技术研发应用、项目开发、文化创意等跨专业复合型人才数量明显不足,高端人才就更为稀缺,导致企业往往难以找到具备相关专业技能和经验的人才,从而影响数字化场景的搭建与升级优化。同时,企业和高校之间,在相关领域的产学研合作机制尚不完善,缺乏有效的人才培养和输送渠道等。

四　京津冀消费场景数字化发展建议

(一)加快拓展消费场景数字化新业态模式

深化数字技术与实体消费场景相融合,在已有的线上购物、线下体验的基础上,支持更多商业综合体、购物中心应用混合现实、数字孪生等技术构建数字化消费场景,打造元宇宙虚拟购物新模式,将实体商家店铺全部"搬"入元宇宙空间,消费者以数字分身的形式在消费元宇宙空间中自由访问数字店铺挑选商品并在线支付,实现购物消费场景一站式数字化。依托虚拟现实技术,推动已有消费场景、业态数字化升级,如打造数字小商品市集、数字消费嘉年华、数字时装周、数字音乐节等。着力推进文化和旅游深度融合中数字消费场景建设,打造数字化、智慧化掌上文博场馆,构建全景数字展厅,销售更具收藏价值的数字展品、数字藏品,在线定制个性化文创纪念品;加速发展智慧旅游,推出融合文化场馆、名人故居、地标景区、消费场景等元素的数字文旅地图,开发更具沉浸式、体验感、年轻态的文旅消费项目,不断提升文旅产品市场吸引力。加快数字商圈、智慧街区等的建设,满足青年群体数字消费多样化需求,探索构建集数字生活、数字文化、数字娱乐、数字健康、数字社交等业态于一体的数字消费生活聚集区。

(二)着力推动数字消费场景提质升级

把握数字消费需求日益多元化趋势,降低数字消费场景的同质化、低质化建设,从单纯强调场景的"新奇特"转向全面提升消费场景的技术质量、服务质量,开发更有市场潜力、更具差异化、更能体现区域(地方)特色的数字消费场景,提升其唯一性、稀缺性与独特性,进一步提高数字消费场景品质,增强数字项目市场吸引力。促进大数据、云计算、人工智能等数字技术与消费场景更深层次融合,大幅优化数字消费场景设计,如在线消费,根据平台消费历史数据、购物偏好、近期浏览行为习惯等，生成用户的精准画像，为用户量身打造个性化购物界面，更加精准推送商品信息、折扣信息等，持续优化数字支付流程，探索一键支付，为消费者提供更加智慧、便捷的线上消费体验。支持成立由商业综合体、项目开发企业、电子商务平台、数字技术服务商、市场调查研究机构等组成的消费场景数字化建设联盟，有助于高效对接消费场景需求与数字化技术服务，也有助于持续推动消费场景数字化迭代，更好满足消费者快速升级的消费需求。

（三）以京津为引领带动区域数字化消费场景均衡发展

全面发挥北京数字经济发达、数字消费场景丰富、数字基础设施完善等的优势，在区域消费场景数字化进程中成为数字消费科技的引领者、场景建设的先行者，重点打造一批具有数字消费市场影响力的区域乃至全国标杆项目，提升区域整体消费场景数字化能级；促进北京向津冀地区的数字研发、优质数字消费项目、数字消费领域人才等的输出与转移，推动津冀地区消费场景数字化加速提质。加快推进天津传统消费向数字化转型进程，发挥港口、自贸区、综保区等优势，持续做大做优做强跨境数字消费，打造具有区域特色化的跨境数字消费场景；主动融入区域数字消费产业链建设，积极承接北京数字消费产业转移，发挥智能制造优势，推进数字化智能化消费场景硬件设施建设。持续释放河北省数字消费潜力，尤其是加大乡村消费数字场景建设力度，推进区域电商平台向农村市场持续下沉，激发乡村居民通过电商、直播等平台购买农资产品等的数字消费活力；在区域消费场景数字化链条中发挥劳动力资源等的比较优势，拓展数字消费后端服务支撑功能，有序承接数字消费产业客服中心等的转移。此外，加快推进京津冀数字基础设施均衡化建设，如 5G 基站、数据中心等，对区域整体消费场景数字化进程至关重要。

（四）持续强化消费领域经营主体数字化转型发展意识

企业是市场主体，是推进区域消费场景数字化建设的直接推动者和实践者，企业家是企业数字化发展的领航者，因此，企业、企业家需要进一步把握产业数字化转型发展大趋势,更加贴近区域消费者数字化消费升级与偏好变化,有意识地主动促进既有消费场景与数字技术深度融合,打造出更多具有市场潜力的消费数字化场景,持续改善数字消费体验和提升消费场景效率,不断释放现有消费市场活力,同时,也要有创新竞进的开拓精神,依托全新数字技术创造新的数字消费场景,实现以新的数字消费供给创造新的消费需求。支持企业针对管理者和员工,围绕消费场景数字化基本内涵、基础技术、典型案例等,经常性开展数字化培训活动,邀请相关领域专家讲解社交媒体营销、数字引擎优化等,不断提升企业整体数字化意识和认知。持续完善政策激励,对积极探索开发数字消费新场景的中小微企业,给予适当的减税与补贴,同时,选树一批数字消费典型场景案例,举办案例、经验分享会等,激发企业持续开拓数字消费场景主动意识。

(五)加强数字消费领域一流专业人才队伍建设

进一步加大京津冀数字消费、场景数字化建设等相关领域专业人才培育力度,建立经济学、管理学、工学、理学等跨学科,文化创意、产品设计、内容策划、新媒体营销、工商管理、零售业管理、旅游管理、电子商务、人工智能、大数据、计算机科学、网络物流等跨专业的复合型数字化人才教育培养机制。支持北京大学、首都经济贸易大学、南开大学、天津大学、河北工业大学等高校,天津商务职业学院等高职院校与京东等科技型零售企业、美团等生活服务电商、抖音等短视频平台企业、灵境智游等数字文旅企业、为快科技等数字技术服务商等建立人才联合培养实践基地,为在校生参与数字消费场景项目实际开发提供机会。立足京津冀数字消费产业链所需,积极引进文化创意与品牌项目打造、产品项目数字化整合与互联网渠道营销、商业载体数字功能升级、经营数据收集与分析、消费者精准画像等领域实用人才。支持企业持续完善内部员工在职培训体系,有效开展数字化基础知识和技能培训。健全人才评价标准,制定数字消费复合型人才认定办法,持续激发人才创新积极性。

（六）探索完善数字消费环境制度法规

推动数字消费相关法律法规与消费场景数字化同步建设,打造良好的数字消费制度环境,为加快数字消费场景建设、壮大数字消费规模、提升数字消费体验、确保数字消费领域安全提供制度保障。明确数字消费主体权利与清晰界定商家责任,进一步细化消费者在数字消费中如数据使用规则等的知情权、数字服务的选择权等;明确商家在营造数字消费场景中全面落实质量安全责任,对数字消费场景产生各类数据的搜集、存储、使用等尽到安全保障义务。加大数字消费市场秩序规范力度,持续优化数字消费市场准入,对打造数字消费场景、出售数字消费产品、提供数字技术服务等相关企业进行严格资质审核,加强对数字消费市场竞争行为监管,打击恶意刷单等误导消费者行为。健全跨境数据流动规则,建立跨境数字消费纠纷调解机制等,支持跨境数字消费场景建设,促进跨境数字消费发展。

参考文献:

［1］保海旭:《新型消费的发展态势与前景》,《人民论坛》2024 年第 19 期。

［2］夏杰长、张雅俊:《数字经济赋能消费提质扩容的机理与路径》,《延边大学学报（社会科学版）》2024 年第 3 期。

［3］毛中根、贾宇云:《把握数字消费高质量发展的着力点》,《东北财经大学学报》2024 年第 2 期。

城市群视域下数字经济发展经验及对京津冀的启示

贾玉成　天津社会科学院区域经济与城市发展研究所副研究员

摘　要： 作为国内数字经济集聚的代表性城市群,长三角数据产业集群特色尤为明显,而珠三角则拥有极强的数字创新能力。与二者相比,京津冀城市群数字经济实践成效明显,具体包括以区域协同发展重大国家战略为牵引、以产业协同高质量发展为驱动、以"电动车+机器人"为区域竞争新优势和超前、高效布局算力产业等内容,但同时也存在产业集群特色不明显、数据产权市场成熟度不高和大数据市场价值变现效率有限等问题。为此,推动京津冀城市群数字经济高质量发展需要构建数据产业集群差异化发展格局、推动数据产权市场成熟应用和提升大数据产业市场价值变现效率。

关键词： 城市群　京津冀　数字经济　协同发展

数字经济日益成为驱动中国城市群高质量发展的新动力引擎。2024 年国家发展改革委、国家数据局、财政部、自然资源部印发《关于深化智慧城市发展　推进城市全域数字化转型的指导意见》,①目标到 2027 年,全国城市全域数字化转型取得明显成效,形成一批横向打通、纵向贯通、各具特色的宜居、韧

---

① 《国家发展改革委　国家数据局　财政部　自然资源部　关于深化智慧城市发展　推进城市全域数字化转型的指导意见》发改数据〔2024〕660 号,https://www.gov.cn/zhengce/zhengceku/202405/content_6952353.htm。

性、智慧城市，有力支撑数字中国建设。推动京津冀城市群实现数字经济高质量发展，一方面要基于对典型城市群数字经济发展经验的总结概括，另一方面更要客观分析京津冀数字经济成效和不足，对照提出政策建议。

一 典型城市群数字经济发展经验

（一）长三角城市群：数据产业集群特色明显

数据产业规模优势十分明显。《数据产业图谱（2024）》①报告指出，长三角地区已经是国内数据产业发展最活跃的地区，数据产业相关企业数量占全国总量的 15.04%。2023 年全国数据产业规模达 2 万亿元，其中数据企业销售规模为 1500 亿元以上的五个省市为第一梯队，上海、江苏、浙江均位列其中。长三角地区积极探索数字经济数据应用的多样场景。上海临港紧抓数据产业发展机遇，重点打造了标杆智能工厂、智能网联汽车、航贸数字化以及国际数据服务等 13 个典型应用场景，推动数字技术与实体经济深度融合，提升区域数字经济整体竞争力。同时，浙江省在推动数据流通创新方面也做出了突破，探索了"一盘货"模式，将线上与线下的多渠道数据实现无缝对接，通过数据流通平台的建设，全面提升数据的价值挖掘和供给能力，不仅促进数据资源的高效利用，也为数字经济的发展注入强大动力，推动区域数字化转型。

算力产业"量质齐升"。浙江在 2023 年加快扩建智能算力资源池。以宁波人工智能超算中心为例，完成 200P 智算算力资源扩容后，总规模达到 300P，积极推动基于 AI 算力卡的高效管理系统研发。此外，杭州市推出"算力券"政策，总额提升至 2.5 亿元，支持企业降低算力使用成本作为八大国家算力枢纽节点之一。上海则以其国际数据港建设为依托，推动算力资源优化配置。2024 年初数据显示，上海的人工智能计算能力已处于全国领先水平，聚焦大模

---

① 《数据产业图谱（2024）》于 2024 年 8 月 27 日在举行的 2024 中国国际大数据产业博览会配套活动上发布，是国内首份数据产业图谱。

型训练和智能制造等应用场景,形成了面向国际化的算力生态系统。青浦区积极推动算力资源的高效调度,设立上海中国电信算力高效调度示范项目(青浦云湖数据中心),是我国首个实现多元异构算力调度的全国性平台。2024年第三季度,项目全面封顶,预计建成后将提供约 4000 个机柜的算力能力。此举是我国在算力资源调度领域的创新突破,不仅有助于提升数据处理能力,还为数字经济的发展提供了强有力的基础支撑。通过该项目的建设,青浦区进一步加强了区域数字基础设施建设,推动算力产业发展,增强长三角地区在数字经济领域的竞争力和引领作用。数据产权市场日益成熟。目前,全国四分之一的数商在长三角地区集聚,上海数据交易所挂牌数据产品数量突破2700 个。浙江更是出台全国首个数商高质量发展的政策文件,成为国家数据知识产权改革首批试点地,自 2023 年 4 月以来,已受理数据知识产权申请近 3万件,登记公告 14104 件,服务范围涵盖北京、上海、广东、江苏、安徽、山东、四川等 18 个省市。杭州、温州被列入国家数据基础设施试点城市,未来将持续加强区域交流合作,培育数据知识产权生态,激励数据要素创新和流通运用。

(二)珠三角城市群:强有力的数字创新能力

具备领先的创新区位优势。作为面向世界级湾区的创新探索,大湾区连续多年位居全球创新指数集群第二位,[①]拥有国家"双一流"高校 9 家,研发投入居全国首位,国家重点实验室和粤港澳联合实验室超过 50 个。粤港澳大湾区兼具了类似旧金山的科创要素,香港和深圳两大金融中心也具备了像纽约湾区的金融要素,珠三角也有追赶东京湾区的先进制造业集群。

高质量数字创新主体充足。普华永道的研究报告显示,[②]广东近 6 万家优质数字企业中,深圳企业数量最多,占比为 47.5%;其次是广州,优质企业近1.6 万家。高端装备智造、智能家电、智能机器人等新企业集聚东莞、佛山和中

---

① 数据源自世界知识产权组织发布的《2024 年全球创新指数(GII)报告(Global Innovation Index 2024)》,https://www.wipo.int/portal/en/index.html。

② 《数聚湾区·智汇未来——粤港澳大湾区数字经济发展报告 2023》,https://www.pwccn.com/zh/research-and-insights/greater-bay-area/publications/gba-digital-economy-report-2023.html。

山等城市。香港和澳门地区数字经济规模超千亿港元,以金融科技和生物科技为优势引领,而澳门数字文旅市场前景尤为广阔,潜力巨大。

数字创新高效赋能实体制造业。作为中国加工制造业中心,珠三角城市群以数字创新带动产业焕新,高效实现创新研发的价值变现。在数字技术带动下,珠三角城市群内各城市的经济联系度不断提升,城市群生态向更高能级演化,广深佛莞智能装备集群、深广高端医疗器械集群以及广佛惠超高清视频和智能家电集群等多个先进制造业集群持续发展壮大。2024 年前三季度,黄金内湾沿岸城市深圳、东莞、珠海、中山经济上行态势尤为瞩目,增速高于全省(3.4%)。其中,深圳前三季度规上工业增加值增长 10.2%,3D 打印设备和服务机器人等新兴产品销量大幅上升。作为传统制造业中心,东莞在智能制造和电子产业上优势叠加,突出"科技创新 + 先进制造",牢牢抓住华为的龙头带动作用,加快推动科技产业链布局带动上下游产业发展。其中,高端装备制造、集成电路、精细化工、智能家电、新一代信息技术、生物医药与健康业分别增长 33.4%、28.4%、15.5%、13.8%、5.4%、4.8%。

二　京津冀城市群数字经济发展现状与问题

(一)京津冀城市群数字经济发展现状

1. 以推进京津冀协同发展为战略牵引

数字经济已经成为京津冀协同发展的新引擎。习近平总书记强调"以更加奋发有为的精神状态推进各项工作,推动京津冀协同发展不断迈上新台阶,努力使京津冀成为中国式现代化建设的先行区、示范区"。[①] 京津冀三地在数字经济领域相继出台发展方案并推动政策落地。北京发布《北京市"十四五"时期数字经济发展规划》,明确以数字技术创新引领高质量发展,重点推进人

---

① 《高质量发展调研行丨推动京津冀协同发展不断迈上新台阶》,《人民日报》,https://www.gov.cn/yaowen/liebiao/202309/content_6904010.htm。

工智能、大数据、区块链等产业集群建设。天津通过《天津市数字经济发展"十四五"规划》,提出加快智能科技与传统产业融合,打造智慧港口、智慧城市等应用场景。河北省出台《河北省数字经济发展规划(2021—2025年)》,聚焦农业、环保等领域,推进数字化转型与特色产业升级。在区域协同层面,三地积极推进共建共享的数字基础设施,如京津冀一体化大数据平台,提升数据要素跨区域流通效率。此外,政策上加强协同创新,通过联合举办数字经济论坛、建立跨区域科技成果转化机制等,促进数字经济成为推动京津冀协同发展的新动力。

数字经济持续为京津冀协同发展注入新动能。数字经济区域协同合作是区域协同发展全面迈向高质量发展的新动能。2023年,北京的数字经济增加值达到18766.7亿元,占GDP的42.9%,比2015年提升了7.7个百分点,展现出显著增长态势。天津高技术制造业的占比进一步提升至13.7%,工业数字化转型成果显著。河北则通过大力发展高新技术产业,规模以上高新技术产业占工业增加值比重已达21.4%,同比增长明显。此外,三地在科技成果转化和产业协作上也取得显著进展。例如,北京流向津冀的技术合同成交额在2023年增长了1.1倍,涵盖新能源、节能和现代交通等多个领域。天津滨海—中关村科技园截至2023年底累计注册企业近5000家,为区域内的创新发展提供了支撑。河北省依托雄安新区等创新平台,对接企业数大幅增加,其中北京企业占比超过70%。

数字经济助力京津冀协同发展不断"走深走实"。京津冀地区汇聚了全国领先的科研机构和国家级实验室等重要研究平台,拥有一大批数字经济领域的龙头企业和创新型企业,并且制造业基础雄厚、市场潜力广阔,这为产业的数字化转型和数字产业的崛起提供了丰富的机遇。2024年中国国际数字经济博览会以"人工智能驱动产业转型"为主题,促进了政府、企业、学术界、研究机构以及媒体等多方主体的深度合作,推动了区域数字经济的协同发展。京津冀三地在数字基础设施建设、大数据综合试验区发展、数据资源共享、数字技术研发、算力资源优化、信息交流平台搭建、应用场景拓展以及产业政策协调等多个领域开展了深入合作,为京津冀区域数字经济的协同发展奠定了坚实的基础。

2. 以产业协同高质量发展为驱动力

产业协作机制不断完善。京津冀三地积极参与并推动了国家层面"十四五"京津冀产业协同发展实施方案的编制与出台,充分考虑区域产业特色和比较优势,聚焦"六链五群"作为协同发展的关键发力点,致力于加速数字产业的链条配套和产业集群的形成。通过强化产业协同机制的共同建设,建立了"国家+省市+部门"三级协同推进体系,有效推动了产业协作的深入发展。区域产业"网织"密集且充满活力,调动市场力量,通过遴选一批行业协会、产业联盟等组织作为"织网人",开展资源对接、产学研合作、项目招引等一系列服务,每年组织近百场产业对接活动,推动了多个项目的签约及行业标准的制定,加速了政府"定链"与市场"成链"之间的有效转变。

产供链式效应进一步强化。京津冀三地共同推动数字经济重点产业的跨区域"链长制"建设,携手绘制了6条关键产业链图谱,并联合发布了产业链图谱实施行动方案,按照既定蓝图开展补链强链工作,致力于将产业协作的"施工图"转化为"实景图"。在"卡点"攻关方面,产业组与科创组密切对接,积极促进产业与科技的供需对接,加速打通产业链的关键环节。通过实施两批京津冀高精尖产业基础工程项目的揭榜工作,联合攻关项目如车规级芯片、人形机器人等取得了显著进展,部分产业链"卡点"如巡航控制和车载操作系统等已实现国产技术的规模化应用。在"堵点"招商方面,三地逐条产业链发布招商方案,联合招商部门建立了跨区域、跨部门的协同招商机制。2024年,成功举办10余场京津冀新能源与智能网联汽车"科技产业金融一体化"联合招商活动,并成功签约了包括宁德时代、航天五院商业卫星等在内的大批重大项目,进一步推动了产业链的深度融合与发展。

产业集群能级大幅提升。京津冀三地积极推动五大先进制造业集群的梯次培育,形成强大的发展合力。其中,京津冀生命健康产业集群和保定电力及新能源高端装备集群已成功跻身"国家队",两大集群的产值规模均占全国总量的20%以上。新一代信息技术应用创新(特别是网络安全)产业集群的规模已超过全国总量的50%,并在国产四大CPU发展路线中汇聚了三种关键技术,与麒麟、统信两大国产操作系统以及上百万款软件产品实现了全面适配。安全应急装备产业集群在预测预警和防控防护等领域逐步形成领先优势,其中高端防护装备和特种机器人等产品的竞争力已位居全国前列。通过这一系列集群建设和技术创新,三地不断推动制造业转型升级,进一步增强区域整体竞争力。

3.以"电动车+机器人"为区域竞争新优势

电动汽车产业差异化竞争优势初显。三地立足传统汽车产业积淀和完整的汽车整车及核心零部件设计、研发、验证体系,瞄准新一代电动汽车市场需求,差异化竞争格局初现。中共北京市委办公厅、北京市人民政府办公厅联合发布《关于北京市加快建设国际绿色经济标杆城市的实施意见》,明确要引领智能网联新能源汽车产业发展,大力发展融合高级别自动驾驶技术的智能网联新能源汽车产业。天津在车联网先导区建设上进展较为明显,全市已有128辆智能网联车在路上开展测试。宝坻区已开通智能网联公交车示范线路,连接京唐城际铁路宝坻站和京津中关村科技城,中新生态城已经开通全国首批智能网联旅游公交。河北省以龙头企业为引领,数字化转型和产能优势增速明显,依托长城汽车的品牌优势,保定市瞄准产业上下游为新能源车企寻找"好伙伴",257家重点零部件企业落户保定,涵盖智能网联、动力系统、电子电气等五大零部件体系,整车零部件本地配套率达到70%以上。2024年前三季度,全省汽车整车累计产量66.8万辆,同比增长11.2%,其中新能源汽车产量同比增长193.6%。

机器人产业赋能先进制造业高质量发展。京津冀地区机器人产业已形成"研发创新+链式联合+加工制造"的阶梯式结构。北京市发挥国际科技创新中心优势,推进实施机器人产业创新发展两个三年行动计划,组建全国首个人形机器人创新中心,打造"人工智能+机器人"技术攻关前沿阵地,构建"天工"和"开物"两个开源母平台以及具身智能数据集,支撑初创企业技术和产品快速迭代。天津市组建智能机器人产业链创新联合体,12家相关企业及高校院所成为首批成员,聚力突破机器人本体和核心部件制造中的关键共性技术,同时,机器人产业链条也日趋完善,已形成核心部件、整机、系统集成、示范应用全产业链发展格局。工业机器人的精密减速器、伺服电机、控制器、智能传感、控制算法等核心部件和软件,均实现规模化生产和推广应用,汽车、3C、半导体等领域的集成应用场景长期居于国内领先地位。河北省机器人产业发展快速,已形成具有河北特色的产品系列,产业聚集效应初显。唐山开元自动焊接装备有限公司和唐山松下产业机器有限公司分别在焊接机器人领域具有国内领先地位,相关产品应用于多个工业场景。此外,中信重工开诚智能装备有限公司的抢险探测机器人销量在全国排名第一。唐山高新区也逐步发展成为河北机器人产业的核心区域,聚焦机器人系统集成、特种机器人和传感器的研发与应用。比如,晟群科技有限公司研发的"智慧药房"机器人已在多地投入使用,显著提升了药品调配和管理的效率。

4. 超前、高效布局算力产业

加速建设区域算力中心。京津冀地区是全国一体化算力网络国家枢纽节点之一,主要城市都在积极发展算力基建,重点解决算力短缺问题。北京市已建成多个算力中心,据不完全统计,至少已有 6 个区布局算力,其中,海淀区算力规模较大,预计可实现 4EFLOPS。位于门头沟区的昇腾人工智能公共算力中心,入选国家新一代人工智能公共算力开放创新平台。天津已经建成北方首个"通智超"一体的省级算力交易中心,具备"多元异构、集群管理、算力增效、算力调度、推理分发、数据跨域"六大核心能力,综合实现京津算力资源统筹管理、聚合算力产业集链成群、促进数据要素资源流通、提供普惠算力资源服务等功能。河北省算力产业具有成本低、能力强和辐射广的优势特征,以国家数据中心集群——张家口数据集群为代表,主要承接北京等地实时性算力需求,引导温冷业务向西部迁移,构建辐射华北、东北的实时性算力中心。此外,廊坊和保定也设立一些区域性算力和大数据储备机构。

不断扩宽算力市场价值实现通道。据信通院预测,算力每投入 1 元,可产生 3 元至 4 元的 GDP 经济增长,为此,京津冀三地都在努力提升算力产业价值实现效率。北京正加快追赶大模型主流技术步伐,持续布局颠覆性技术,力图通过引领性创新优势实现"换道超车"。海淀区政府作为核心主导力量,积极集聚各类社会资本,对标人工智能产业发展,打造国产自主可控算力集群,并通过市场化运营的新模式,构建了一系列产业"工坊",形成了"京西智谷"人工智能产业集群。天津通过成立算力产业发展联盟,推动数据资源市场对接,汇聚了117家成员单位,定期组织算力产业沙龙、算力产品供需对接会等活动,构建了"算力、数据、模型、网络、安全"五位一体的产业生态,致力于高质量数据集群的建设,为人工智能产业模型研发和应用提供支撑,更好地服务于数字经济与实体经济的深度融合发展。河北省张家口市聚焦"大数据全产业链"发展,涵盖了"数据存储+算力调度+装备制造+应用服务"各个环节。在产业链上游,张家口推动数据中心新建、替换和定制化需求,促进存储设备、网络设备及数据采集产品的国产化制造和组装;在产业链下游,积极发展数据标注、数据加工、数据呼叫、数据外包服务产业,以及数据分析与挖掘等业务。目前,软通动力、中国网库、同程艺龙等一批软件开发和信息服务企业已陆续落地,进一步加快了科技研发和产业培育的新环境建设。

(二)京津冀城市群数字经济发展的现实问题

1. 数字产业集群特色不明显

京津冀整体的数字产业在产业链延伸和差异化发展方面表现不足。区域内的产业结构以数字信息技术和互联网应用为主,较少出现具有国际竞争力的特色产业集群。例如,大数据、云计算、人工智能等领域的布局在三地均有分布,但没有形成具有高度协同性和明确分工的跨区域产业链生态。作为全国重要的数字经济发展区域,京津冀仍面临着核心技术依赖外部、数字产业链不完整的问题,这导致区域内数字经济发展的增长模式趋于同质化,而创新引领作用尚未充分发挥。

重点城市的产业类型较为重合。北京、天津和河北的重点城市在数字产业发展方向上存在一定的重叠现象。其中,北京凭借其雄厚的科技创新资源,数字经济的主导领域包括人工智能、云计算、软件研发和数字金融。与此同时,天津和河北的一些重点城市也试图在这些领域布局,这使得北京与周边城市在产业选择上出现了方向重合的现象。例如,北京的中关村聚焦人工智能,而天津滨海新区也在建设人工智能产业园,两地的差异化优势尚未充分显现。

天津的数字经济发展主要依托高端制造业与信息技术的结合,例如智能制造、工业互联网等方向。然而,北京亦大力推动工业互联网发展,而河北廊坊、石家庄等地也布局工业软件和智能装备,这使得天津的产业特点并未突出,难以形成显著的品牌效应。河北在数字产业发展中,主要以培育区域性数字服务和应用为重点,石家庄和保定作为主要生产制造业承载地,分别布局云服务和信息技术产业。然而,这些方向也与北京和天津存在重叠,且河北省在科技研发能力上较为薄弱,导致其数字产业在竞争中相对弱势。

2. 数据产权市场成熟度不高

数据产权市场规模有限。京津冀地区的数据产权市场发展起步较晚,总体规模偏小,市场交易活跃度不足。从供给端来看,数据资源开发利用程度较低,企业和机构对数据确权、评估、交易的积极性有限,导致数据供给不足。从需求端来看,数据应用市场尚未完全打开,许多企业对数据的商业价值认识不足,缺乏购买数据服务的动力。此外,由于数据交易相关的法律法规体系尚不健全,交易中潜在的隐私泄露和数据滥用风险也抑制了市场活力,进一步限制了市场规模的扩展。

数据产权市场功能单一。京津冀数据产权市场的功能集中于数据资源的简单流通,缺乏复杂的增值服务和多层次的交易机制。例如,市场上主要进行的是原始数据和数据接口的交易,而数据开发、加工和增值服务的内容较少,数据的深度价值未能充分挖掘。此外,市场尚未形成有效的定价机制,数据资产的价值评估缺乏标准化,市场定价往往依赖于买卖双方的协商,存在较大的不确定性。这种功能单一的市场结构不仅难以满足企业和机构对高附加值数据的需求,还限制了市场的进一步发展。

区域间市场联动性不足。数据产权市场的区域联动性仍然较差,京津冀三地在数据共享和交易方面缺乏有效的协作机制。目前,北京的数据资源主要集中于科技、金融和政府服务领域,而天津和河北的数据资源则偏向于工业和农业。然而,区域间的数据流通和共享受到行政壁垒、技术壁垒以及利益协调问题的影响,形成了数据孤岛现象,导致数据资源在区域内的配置效率有限。此外,各地在数据产权交易平台建设上缺乏统一规划,平台间的技术标准、交易规则和监管政策存在差异,进一步加剧了区域联动不足的问题。

3.大数据的市场价值变现效率有限

价值变现模式较为单一。北京作为京津冀地区的大数据产业核心城市,虽然汇聚了丰富的数据资源和技术优势,但其数据价值变现的主要模式仍集中于科技研发和政府服务领域,商业化应用较少。许多企业偏向于利用数据进行内部分析和决策优化,而非通过对外交易或开放平台进行资源变现,导致数据资源的市场化价值挖掘有限。天津虽在工业大数据领域具有一定优势,但其价值变现模式同样以数据存储、加工和简单服务为主,未能形成完整的价值链条。河北石家庄、保定等城市则更多地依赖农业和制造业数据,缺乏对数据深度价值的探索与开发,限制了其变现效率和盈利空间。

价值变现场景有限。京津冀地区的大数据产业应用场景主要集中于传统行业转型和政府治理优化,其他高附加值场景的开发力度不足。例如,北京在智慧城市建设中取得了一定成果,但诸如金融数据、医疗数据等高价值领域的数据共享与应用仍然受限;天津的工业互联网虽然具备一定基础,但在大数据驱动的智能制造、供应链管理等应用场景的规模化推广方面尚显不足;河北的农业数据应用更多停留在产量预测和土地管理层面,对智慧农业、精准农业的深层次探索相对滞后。此外,跨行业融合创新的价值场景开发进展缓慢,区域内难以形成产业间的数据共享和价值共创。

与其他区域的合作有限。尽管京津冀协同发展已成为国家战略,但在大数据产业市场价值实现方面,与长三角、粤港澳等数字经济领先区域的合作有限,尚未形成全国范围内的大数据产业联动效应。例如,北京作为科技创新中心,未能有效发挥自身在算法和技术研发方面的优势,与长三角的数据资源开发能力和粤港澳的大数据金融应用形成互补;天津和河北则缺乏有效渠道吸引来自外部区域的市场需求与投资支持,导致数据资源的价值无法在更大范围内得到体现。区域合作的不足使京津冀大数据产业难以突破资源与市场空间的局限,进一步降低了市场价值实现效率。

三 京津冀城市群数字经济高质量发展的对策建议

(一)构建数据产业集群差异化发展格局

北京要塑造高端数字产业格局。要着力发展高端数字产业,以人工智能、大数据和云计算为核心,强化技术研发和产业孵化功能。要构建创新研发平台,依托中关村科技园区,打造国家级数字技术研发基地,吸引全球顶尖科技企业和人才。要深化场景应用探索,在智慧交通、智慧医疗等领域构建标杆性的应用场景,通过政策扶持加速技术落地,提升产业辐射能力。要强化国际合作能力,推动北京数字产业与国际接轨,举办全球性行业大会,扩大国际影响力,提升技术标准话语权。

天津要打造智能制造与数字物流枢纽。要推进智能制造转型,通过政策引导和资金扶持,推动传统制造业向智能制造升级,打造工业互联网创新平台。要发展数字物流网络,依托天津港建设全球性数字物流中心,开发智能仓储、物流数据共享等数字化解决方案,带动区域贸易效率提升。要形成产业融合链条,加强智能制造与物流服务的联动,构建"生产—流通—消费"全链条数字化生态。

河北要突出特色化数字产业定位。要打造农业数字化产业基地,以张家口、保定为中心,发展农业物联网、智能种植等技术,推动农业数字化升级。要强化环保数据服务能力,借助河北在生态保护领域的政策支持,搭建环保数据监测与交易平台,吸引相关服务企业落地。要加强县域数字经济建设,推动数字产业向河北县域延伸,培育乡村数字经济新业态,促进区域均衡发展。

(二)推动数据产权市场成熟应用

优化北京数据产权交易核心功能。作为国家数字经济中心,北京应依托其技术研发和金融服务优势,重点优化数据产权交易的核心功能。要建立数据定价标准体系,联合高校和研究机构开发多维度的数据估值模型,解决数据定价难的问题。要深化金融赋能作用,通过政策支持吸引更多金融机构参与数据产权市场,开发数据资产证券化、数据保险等创新型产品,为产权交易提供保障。要完善法律环境,推动数据产权保护相关立法试点工作,明确交易过程中涉及的权益划分,保障交易各方合法权益。

天津应充分发挥其工业互联网和制造业基础的优势,以工业数据为突破口,打造区域特色鲜明的数据产权交易体系。要推进工业数据共享,建立面向工业企业的数据共享平台,推动企业间的数据协作,降低数据交易成本。要培育工业数据服务商,鼓励本地企业和科研机构发展数据清洗、分析等服务,形成完善的工业数据交易生态链。推动工业数据要素价值化,通过政策激励,引导工业企业将数据作为生产要素,参与产权交易,挖掘数据的经济价值。

河北可以探索构建区域性数据流通枢纽。要发展特色数据资产交易,利用河北在农业和生态保护领域的数据优势,设立特色化数据资产交易板块,提升数据价值变现效率。要推动数据交易联动,借助京津技术和市场资源,推动河北与两地数据交易平台对接,形成联动的区域市场。要强化数据基础设施建设,加快建设全省范围的数据中心和跨区域的数据传输通道,为数据产权交易提供基础支撑。

(三)提升大数据产业市场价值变现效率

要加强北京在高附加值领域的数据变现能力。作为全国科技创新和大数据研发的核心,北京应加大在金融、医疗和人工智能等高附加值领域的投入力度。一方面,可以推进金融数据共享平台建设,鼓励金融机构与技术企业开展数据合作,开发创新型金融服务产品。另一方面,应在医疗大数据领域深化场景应用,例如构建跨机构、跨区域的医疗数据共享网络,推动精准医疗和智慧医疗服务发展。此外,北京还应利用自身在数据算法和技术研发方面的领先优势,探索数据产品化和数据服务化的商业模式,为区域内其他城市提供技术支撑。

天津要不断深化工业大数据的应用与价值释放。天津在工业大数据领域具有一定基础,未来可进一步发挥其在制造业数字化转型中的关键作用。一是推动工业互联网平台与大数据技术深度融合,要鼓励企业开发基于数据分析的智能制造、质量控制和供应链优化解决方案。要支持传统制造业企业利用大数据实现价值链延伸,通过数据挖掘提升产品附加值。要搭建工业大数据交易平台,促进数据资源的市场化流通,为企业间的数据共享和协同创新创造条件。

河北省应充分利用其农业资源丰富的优势,加强农业大数据的开发与应用。一方面,可以建设区域性农业大数据平台,为农产品生产、物流和销售提供数据支持,推动智慧农业发展;另一方面,深化与北京、天津在农业技术和市场资源方面的合作,通过共享数据资源和联合开发项目,实现农业大数据价值的深层次挖掘。此外,河北省的重点城市如石家庄、保定等可以加强与长三角、粤港澳等发达地区的对接,吸引外部投资和技术支持,加速数据价值的跨区域转化。

参考文献:

[1] 刘伟岩、张开帆:《京津冀协同下河北省数字经济范式转换的路径研究——基于创新生态系统视角》,《经济论坛》2024 年第 11 期。

[2] 申珍妮、李小平:《京津冀协同发展对产业结构升级的影响效应及作用机制》,《北京社会科学》2024 年第 10 期。

[3] 时悦:《京津冀促进数字经济协同发展的创新实践探索》,《环渤海经济瞭望》2024 年第 9 期。

[4] 米彦泽:《产业高质量协同发展,京津冀如何发力》,《河北日报》2024 年 8 月 20 日。

特色案例篇

天津以算力驱动新质生产力发展的
路径探索

孟祥飞　国家超级计算天津中心党组书记

摘　要： 国家超级计算天津中心（以下简称"天津超算中心"）是由科技部批准成立的首家国家级超级计算中心；国家发展改革委支持的首个大数据领域工程实验室；国家工信部首批新一代人工智能产业创新任务揭榜单位；荣获首届国家卓越工程师团队。中心研发的"天河"系列超级计算机广泛赋能千行百业，已成为大到可以计算宇宙形成演化、小到能够模拟原子组合的"算天、算地、算人"的"国之重器"。天津超算中心在支撑数字经济发展的算力、算法及数据三个关键层面，为天津市乃至全国的经济、社会、科技发展提供了全面支撑。通过提供强大的算力支持，助力天津市的先进制造研发、生物医药、油气能源、新能源新材料等产业领域实现技术创新与产业升级；依托"天河天元大模型"等先进算法，促进生产要素的创新性配置和全要素生产率的提升。

关键词： 技术自主　超级计算　新质生产力

235

驻首回望，天津超算中心一路筚路蓝缕，一路披荆斩棘，一路高歌猛进，从每秒亿次到千万亿次，再到百亿亿次的突破，不断挑战世界速度的极限，取得了令世界瞩目的辉煌成就。

十五年来，在天津市委、市政府、滨海新区区委、区政府等各级领导的关怀指导和大力支持下，天津超算中心在超算技术、产业引领、协同创新等方面取得"研—算—用"的新突破，以创新的自主、自立、自强，构筑算力驱动新质生产力底座，赋能中国式现代化建设。

一 发展成就

中国超级计算机的研制、创新、应用经过45年的超速发展，实现了在世界超算领域的多项"领跑"。但"起跑"的道路充满艰辛，可以说是在一穷二白的基础上起步的。

改革开放之初，由于能源开发和气象应急等国家发展的需要，中国迫切需要超级计算机，相关数据和资料不得不用飞机送到国外去处理，不仅费用昂贵，而且受制于人。后来，花高价从美国等西方国家进口的超级计算机，却被要求不能用于军事领域，而且要建独立的机房，由外方的人员管理，中国科技人员无权进入，只能隔着玻璃窗户观摩，甚至连高性能计算机的启动密码和机房钥匙都要由外方控制，中国迫切需要改变这种局面。

1978年，在全国科学大会上，邓小平同志一句"中国要搞四个现代化，不能没有巨型机"，开启了自研超级计算机的历史进程。计算机专家慈云桂在接到超级计算机研制任务的时候，就立下军令状，"拼上这条老命也要把中国的巨型计算机搞出来"。在一穷二白的情况下，慈云桂带领科研人员历经5年顽强拼搏，攻克了数百项关键技术难关，完成整体设计，将整机系统的250万个焊点一个个焊起来，成功研制出我国第一台超级计算机"银河一号"，使中国成为继美国、日本之后第三个能够独立研制超级计算机的国家。但一个残酷的事实却摆在大家面前，"银河一号"运算速度达到1亿次/秒，仍与美国存在很大的差距，中国仍被排除在世界一流之外，直到"天河一号"超级计算机的诞生才得以改变。

"天河一号"超级计算机独创"CPU + GPU"异构融合技术,以持续速度每秒2570万亿次浮点运算、峰值速度4700万亿次摘得全球超算桂冠,在2010年第36届世界超级计算机500强排行榜上名列榜首。中国成为继美国、日本之后第三个获得这项桂冠的国家。

此后,中国超算一路高歌猛进。2013年,继"天河一号"之后,"天河二号"超级计算机再次登顶TOP500排行榜,并实现TOP500历史上最长的六连冠,至今无人打破。之后,"神威·太湖之光"连续4次霸榜。至此,中国超算完成从"跟跑"到"领跑"的转变。

超级计算的发展历程正是中国科技自立自强的一个缩影。从每秒千万亿次迈向亿亿次、十亿亿次再到百亿亿次的突破,中国超算成功"逆袭",不断挑战世界速度的极限,靠的是核心科技与接续奋斗。

(一)不断拓展应用场景,支撑计算驱动创新

新质生产力的特点是创新,关键在质优,本质是先进生产力。以云计算、移动互联网、大数据、人工智能等为代表的信息技术从根本上变革人类科技创新范式和生产生活方式,推动新一轮科技革命和产业变革。超级计算机作为中国信息技术创新突破的代表性成果,历经几十年发展,实现了从每秒亿次到千万亿次、亿亿次,再到百亿亿次的速度突破,系统带动了包括计算芯片、互联通信技术、基础操作系统以及应用管理软件的创新,推动构建国产自主信息技术创新链、产业链融合发展格局。

新质生产力要高科技、高效能、高质量,核心是大幅提升全要素生产率。超级计算在带动电子信息领域创新突破的同时,通过高性能计算、高效数据处理、敏捷人工智能创新,为重大创新突破、传统行业转型升级、综合治理能力提升等提供强大动力。可以说,超级计算能够广泛赋能千行百业,从装备制造到航空航天、从油气能源到新能源新材料、从气象环保到韧性城市、从生物医药到医疗健康等,在大幅提升全要素生产率中扮演着重要角色。

随着生成式人工智能的发展,超级计算以单体最强大算力的显著优势,结

合行业规模数据和前沿算法,正在创造更多前所未有的应用场景,从而引领生产要素的创新性配置,进而重塑生产关系和劳动方式,对人类生产方式、思想认知、社会治理等带来了变革性影响。

1.以超算创新,促进天津产业链发展

把握新质生产力,首先要深刻认识创新在新质生产力发展中的主导作用。从科技革命和产业变革的一般规律看,关键环节的创新突破将带来整个创新链的发展。

进入新时代以来,我们在超级计算机、人工智能等领域不断取得重大战略创新成果,而基于超级计算领域的异构体系架构创新,使中国形成了超级计算系统的自主信创产业链。

依托"天河"超级计算机在天津成功落地经验和创新发展的影响力,天津超算中心深入推动了作为"天河"创新成果的飞腾微处理器、麒麟操作系统,以及鲲鹏等重点项目落地天津,助力培育了包括高端微处理器、基础操作系统、国产数据库、高性能服务器、超级计算和信息安全等优势细分领域在内的,涵盖自主信息技术研发、生产、应用的信创全产业链体系,构建完成了自主信息技术产业生态,形成了千亿规模的信息技术产业集群,支撑培育新兴智能产业。

图1　天河新一代超级计算机

围绕超级计算在先进制造研发、生物医药、油气能源、新能源新材料开发等重大产业领域的应用,中国进一步打造产业领域数字化创新链。结合天津"全国先进制造研发基地"功能定位及特色产业优势,天津超算中心以天河系列超级计算平台为载体,在天津先进制造研发领域构建起"先进材料研发 + 先进产品设计 + 先进工艺优化 + 先进智能化运维"的数字化创新链。

实践证明,超级计算技术的创新突破,推动天津国产芯片、网络、操作系统以及应用管理软件等产业的加速发展,推动天津创新链与产业链深度融合,加快形成新质生产力,在更高水平上促进天津高质量发展。

2.以算力牵引,支撑京津冀协同创新

2023 年底,中共中央召开经济工作会议,提出要以科技创新推动产业创新,要以颠覆性技术和前沿技术催生新产业、新模式、新动能,推动新质生产力发展。超级计算作为国家科技发展制高点之一,正在从研究走向应用,与行业、场景大交叉、深融合,以蓬勃发展的算力激发京津冀在诸多领域实现协同创新。

目前,超级计算已广泛应用于航空航天、气候气象、人工智能等数十个领域,超级计算已经成为大到可以计算宇宙形成演化、小到能够模拟原子组合的"算天、算地、算人"的"国之重器"。

在"算天"方面,超算助力解决气候气象与空气污染等大气物理、宇宙起源演化等天体物理重大基础问题,助力推进解决国产大飞机研发设计、载人航天工程实施等重大工程问题。

在"算地"方面,超算助力解决油气能源开发中地下油藏分布、地下矿产分布的"小地球物理"和地质演化等"大地球物理"应用难题。

在"算人"方面,超算助力解密人类基因密码、分子动力学特征等。2020年,天津超算中心第一时间利用超级计算为新冠肺炎治疗药物研发、疫苗研发提供技术支撑,同时开展将人工智能应用于疫情诊断的技术攻关。经过两周不分昼夜的努力,国际上首个新冠肺炎智能影像辅助诊断系统成功上线,为国内百余家医疗和科研机构以及美国、印度、墨西哥等十几个国家和地区提供访问服务,访问量超过百万次。

图2　超算助力神舟飞船返回舱精准着陆

同时，大科学、大工程，特别是可控核聚变、"人造太阳"、深海一号、白鹤滩水电站、港珠澳大桥建设等取得的成就，都离不开超级计算的贡献。

目前，天津超算中心依托"天河"系列超级计算机每天完成超 20000 项计算任务，服务来自全国超 30 个省、自治区、直辖市和港澳地区 9000 余家重点科研、企业和政府机构，支撑取得超 5000 多项突出创新成果，全面支撑科技创新和产业发展。超级计算已成为支撑国家重大战略需求，解决经济社会发展重大问题的"超级利器"。

一直以来，天津超算中心围绕习近平总书记强调的"打造我国自主创新重要源头和原始创新主要策源地"，立足京津冀，支撑京津冀乃至全国范围的科研院所、企事业单位、政府部门等的创新机构和团队，面向航空航天、油气能源、生物医药、气候气象、海洋环境、高端装备、新能源新材料等数十个领域，以算力、数据、智能的信息技术创新链构筑行业一体化协同创新载体，服务协同创新及产业升级，累计为企业增效、园区增值近 600 亿元，支撑了深海一号、万米深井勘探、载人航天、国产大飞机、核聚变反应堆、超级水电工程、海洋工程、抗震大装置等国家战略需求与重大领域建设。

图3　超算助力油气勘探开发

3.以数字数值融合,助力京津冀产业协同发展

在当今大数据时代,数据量和算力呈爆炸性增长势头,数据已成为驱动经济社会发展的关键生产要素,而充分释放数据价值是发展新质生产力的关键路径之一。数据要素创新应用,一方面实现基础数据信息的可控掌握,另一方面还需要对这些含有重要社会和经济价值的数据进行专业化处理,就需要提高对数据的"加工能力",通过数据处理和加工,实现数据的增值。因此,获取大数据与依托超级计算能力加工大数据,成为数据要素发展的核心。发展超级计算、推动应用创新,我们既可以破解在关键信息技术领域遭遇的"卡脖子"难题,也能够在大数据、人工智能等方面获得领先优势。

长期以来,业内形成了通过高性能科学与工程计算仿真、模拟来实现超算应用创新的经典模式,其核心在于"计算(数值)"。然而随着大数据与人工智能发展,超算作为大规模数据汇集、处理、反馈中枢的作用日益凸显,"数据(数字)"成为核心。因此,随着计算范式深度迭代、数据范式快速发展,迫切需要基于超算构建数字数值融合装置的数据处理系统。由于超级计算机架构变得日益复杂化和多样化,这种融合不仅是能力的融合,而且是多层级设施、多样性软件、跨域性安全策略的系统性融合。

当前,围绕超算数字数值融合装置,天津超算中心实现了"技术—平台—

应用"的系统性突破,构建了汽车虚拟碰撞平台、飞行器数值风洞、数值发动机、聚变数值反应堆、数值抗震装置等载体,并基于自主创新的"天河—东方石油地震勘探行业平台",推动中国地震勘探处理业务向"云化"模式转变,在国际上首次成功实施了"陆上宽频宽方位高密度地震勘探关键技术与装备"等项目,已服务于东方物探、大庆油田、中原油田等。再比如,围绕天津市新材料行业企业发展的迫切需要,基于材料基因工程思想,形成服务全市新材料企业、科研机构的"中国材料基因高通量计算融合装置平台",实现多尺度自动流程计算、万级任务高并发等突破,实现材料、物理、装备工程与计算、数据等跨领域协同创新,已在合金、电池、催化等材料研发上取得创新成效,并应用于核聚变、航天装备创新等。

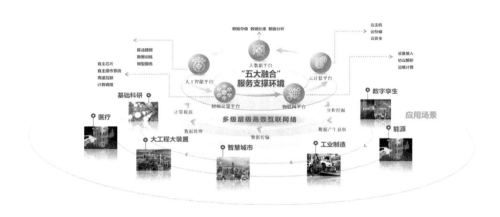

图4　超算数字数值融合装置

4.算力算法一体,支撑生成式 AI 发展

近年来,生成式人工智能发展迅速,正在作为新型生产工具融入社会生产各环节。

生成式人工智能以数据作为新生产要素、算力作为新基础能源,通过人机协同新模式,以"劳动者高技能化、劳动资料智能化、劳动对象多形态化"促进了劳动者、劳动资料、劳动对象及其优化组合的质变,推动了生产要素创新性配置和全要素生产率大幅提升。

当前,生成式人工智能以自然语言大模型为基础,通过大数据、深度学习、自然语言处理、神经网络等技术手段,使机器具备了模仿、反馈人类思维的能力,将人工智能从"赋能者"提升为(潜在的)"协作者",其日益提升的文本生成、数据分析、代码生成、图像生成等通用生成能力正空前广泛地渗入生产、教育、工作等场景中,对生产方式、思想认知、社会治理等带来前所未有的影响。

算力、算法和数据是新一代人工智能的基础支撑,而超级计算在算力、数据存储方面无疑单体最强。2023年5月,天津超算中心发布了百亿亿级智能计算开放创新平台和国产中文大模型——"天河天元大模型",将超级算力、数据和算法融合,打造超算—智算多模态算力设施,建立智算服务体系,以算为媒、以智为介,深入对接各领域,支持各行业提高应用实效、不断产出重大标志性应用成果,共同打造国家级科技创新平台,有力拓展国产融合算力应用生态,支撑人工智能算力爆发式增长需求,促进人工智能产业集群发展。

"天河天元大模型"具有生成式智能的文本生成、语音生成、视频生成全栈能力,已经应用于港口、海关、医疗、政府公共服务等国计民生重要领域。此外,天津超算中心还与有关方面联合研发公安小智、港口 PortGPT、环保清云、中医灵枢等一批专业模型,它们在应用中显现出良好经济效益和社会治理效能。

5. 以安全可信,释放数据要素价值

天河大数据安全可信计算平台是天津超算中心及下属企业天河数科公司开发的集成了多种安全可信与管理功能的计算平台,旨在确保政府、企业、个人数据在存储、处理、传输过程中的安全性与可信性。天河大数据安全可信计算平台于2022年入围工信部信创典型解决方案、荣登2021年"科创中国"先导技术榜单,天河大数据安全可信计算平台促进数据资源的跨域共享与协同应用,为政府治理、产业升级、社会服务等多领域提供强大的数据支撑,正成为推动数字经济高质量发展、释放数据要素价值的关键引擎。

(二)推进体制机制改革,将算力转化为现实生产力

当前,新型研发机构是国家创新体系的生力军和实现高水平科技自立自强的重要抓手。天津超算中心围绕算力赋能要求,将"科技创新发展与成果转化产业化"作为主责主业,充分发挥新型研发机构体制机制优势,打造了"平台+园区+基金"生态体系,即"天河新一代信息技术平台+天河数字产业园+天河产业基金",中心和下属企业聚焦新一代信息技术开展关键技术攻关,持续探索实践成果转化和产业化、产业基金培育孵化等,持续推进数字产业化和产业数字化,将算力转化为现实生产力。

图5 "平台+园区+基金"生态体系建设

1. 重点聚焦京津冀科技创新发展

天津超算中心持续增强天河新一代超级计算机百亿亿次计算、百亿亿字节的双 E 级能力,不断扩展智能计算百亿亿次智能计算系统,逐步构建三个百亿亿级超算智算融合设施,打造"京津冀算力走廊",全面支撑京津冀数字经济与协同创新。系统性推进天河3C(超级计算 SC+云计算 CC+数据中心 IDC)新型数字基础设施建设,实现算力、网络、存储的一体化,不断完善超算数字数

值融合装置。依托超算数字数值融合装置,研发与集成广泛的工业仿真、科学计算、数据分析、人工智能等关键核心算法、模型、软件,形成"算力算法 +"一体化核心技术支撑。面向智能科技、生物医药、新能源、新材料、先进制造和石油化工等重点产业领域,依托"算力 + 算法"持续打造升级人工智能一体化平台、材料研发平台、药物设计平台、仿真云平台、石油平台、气象预报平台、智慧城市平台、电子政务平台、数据安全可信计算平台、显式动力学软件等行业应用软件与平台,形成"1 个一体化算力算法设施 + N 个行业应用软件与平台"的"1 + N"超算"算力 + 算法"核心能力体系。

2. 推动天津产业数字化和数字产业化

天津超算中心聚焦天津市"全国先进制造研发基地"功能定位和京津冀协同发展大局,持续助力制造业高质量发展建设,推动产业数字化。基于天河新一代超级计算机,攻克流固全耦合、热力化流固耦合、非结构网格大规模并行等关键核心技术,部分技术水平国际领先,并持续打造国产工业软件应用创新平台。目前,平台支撑了天津飞鸽集团高端竞速自行车产品研发创新、中汽中心汽车虚拟碰撞平台、中国一重天津研发中心大型铸锻件智能设计与研发平台、天津太重龙门吊数字孪生系统和仿真软件平台、丹佛斯(天津)海盐微通道换热器和环保制冷剂压缩机、天津爱思达轻质复合材料创新研发体系建设等项目,累计服务商飞北研、国能集团联合动力、国能集团低碳院、物华能源、中航研究院、中国航发等 200 多家天津及全国大中型企业的产业数字项目,助力天汽模、津膜科技等多家公司上市,参与航空航天器、万吨压力机、人工心脏等系列高端装备和杀手锏产品研制,显著提升丹佛斯、巨力索具等国内外重点企业产品研发效率。

在数字产业化方面,重点聚焦国家对数据流通利用基础设施和数据要素创新应用的建设要求及政策指引,天津超算中心基于超算数字数值融合装置自主开发的"天河大数据安全可信计算平台",具备隐私计算、区块链等前沿技术,满足了"数据二十条"中对数据流通利用提出的"数据不出域、可用不可见"的技术要求,并已经支撑中国疾病预防控制中心慢性非传染性疾病预防控制中心数据资源管理平台、中国医学科学院血液学研究所人血细胞分子图谱

(ABC)数据管理和分析平台等典型案例。

3.发挥资本优势,构建产业基金孵化载体

推进企业化运营模式,进一步探索"创新平台＋核心人才＋知识产权＋国有资本＋民营资本"等多元化出资模式,通过独资、合资等方式,先后成立了以算力基础设施"建、管、用"为核心业务板块的天河计算机公司、以数据要素流通与数据创新应用为核心业务板块的天河数科公司,以及即将成立的以生成式人工智能垂直领域解决方案为核心业务板块的智临天河公司,2024年预计下属公司产值将突破亿元。

同时,逐步推进技术股权化方式和转化收益奖励、股权奖励等措施,联合地方国有资本、社会民营资本,共同探索建立产业基金,面向新一代信息技术发展趋势,投早、投小、投硬科技,共同聚集、培育、孵化优势项目和团队,进一步打造天河超级计算应用生态体系。

4.深入推进教育科技人才一体化发展

天津超算中心先后与南开大学、天津大学、北京大学、中国科技大学、天津医科大学、河北工业大学、天津科技大学、天津工业大学等高校,以及中国科学院、中石油东方物探、中国恩菲、华大基因等建立数十个分中心、交叉创新中心、联合实验室等,全面培养创新型、复合型、交叉学科型人才。在"天河"合作过程中,支撑用户单位各类创新成果超5000项,新走出两院院士、国家级人才近300人。天津超算中心也培养了党的十九大、二十大代表和全国优秀共产党员、最美奋斗者、国家级项目首席等。2024年初,天河团队被授予首届"国家卓越工程师团队"称号,创新发展和人才队伍建设获党中央、国务院肯定。

二　挑战与建议

(一)面临的主要挑战

1.部分核心技术仍面临"卡脖子"风险

当前,中国超级计算机已经实现了从"跟跑"到"并跑"再到部分"领跑"的转变,但超级计算机核心技术自主仍然是我们面临的最大挑战之一。近年来,我国相继通过科技部、工信部等专项,持续推进超级计算机核心芯片自主国产化研发,但超算行业所需的芯片、软件具有软硬件高度一体化、专利壁垒高等特点,难以像其他行业那样"引进、吸收消化、再创新",且 EDA 软件被国际软件厂商长期把持,芯片产业链仍然面临自主权和议价权被"卡脖子"风险。

2. 交叉人才短缺日益凸显

超级计算机的发展离不开高素质的人才队伍和专业的团队建设。随着计算驱动创新的新发展阶段来临,我国超算行业已经进入"算力 + 数据 + 算法 + 场景"融合的发展阶段,对多学科交叉复合型人才的需求迫切。超算专业人才、算用交叉人才整体相对稀缺,超算领域科技、教育、人才一体的局面还没有有效构建,高水平专业人才的稀缺将阻碍超算产业整体发展进程。

3. 国产算力资源高效利用与优化配置面临困难

算力作为数字经济时代的重要基础设施,其高效利用和优化配置对于推动数字经济发展具有重要意义。目前,国产算力资源的管理和调度方面还面临挑战。一方面,算力资源分布不均,部分领域和地区算力资源短缺,而另一些领域和地区则存在算力资源浪费的现象。另一方面,算力资源的调度和管理机制尚不完善,难以实现区域乃至全国范围的算力资源高效利用和灵活配置。

4. 国产超算产业生态有待完善

国产超级计算机的发展需要完善的产业生态支撑。其中,国产超算软件生态还需要进一步提升,特别是操作系统软件、编译软件、系统管理软件、系统运维软件以及应用计算软件,大部分来源于国外商场或国外开源社区,我国开源基金会、开源社区、开源软件还处于快速发展阶段,特别是在自研软件进行商业化推广和应用方面,缺乏市场化手段和政策支持。

(二)建议与对策

1. 形成长效机制,持续支持核心技术自主研发和应用

在市级高质量发展专项中,专门设立一个长期、持续支持板块,长效支持

相关企业开展超算核心技术研究与开发,在计算芯片、加速芯片、互联芯片、路由芯片等方面持续支持,并持续推进相关成果转化与产业化,形成自主研发的超算硬件生产体系,形成产业聚集。在软件环境方面,持续推进操作系统软件、编译软件、系统管理软件、系统运维软件以及应用计算软件生态构建,针对重点产业领域的特定应用需求,通过整合国家级超算中心共性需求,与高校科研院所等联合移植优化已有应用、研发新的应用,通过生态联盟建设,提升自主超算应用能力与普及性,为科技创新与产业发展提供服务保障。

2. 探索交叉学科人才团队培养机制

探索以需求驱动思维、问题导向思维、应用验证思维"三种思维"为核心的交叉学科培养思路,依托国家级超算中心,联合高校和院所建设涵盖数学、物理、软件工程、高性能计算、力学、医学工程等学科的课程体系和实践实训体系,逐步打造卓越工程师培养体系,培养具备复杂数值分析与建模能力、多维多源数据分析应用能力、大型软件工程实施能力的综合性人才队伍。

3. 加快完善超智融合的算力市场运营机制

以市场需求为导向,以企业创新为主体,以应用效果为牵引,"产学研用资政"相结合,保障我国超算产业优质化发展,发展超智融合的算力基础设施和算力供给体系。综合考虑市场需求、区域发展、产业培育等情况,逐步推进超算 + 智算融合的产业项目建设,在区域范围乃至全国范围逐步实现算力资源高效利用和灵活配置。

4. 探索成果转化与商业化发展新模式

国家层面坚定发展超算行业的战略定力,设立国家层面的专家咨询委员会,制定行业自主可控发展总体战略,绘制核心技术攻坚克难路线图,对国家级超算中心开展分类评估并制定相关标准,从宏观层面推动建立产学研用协同创新的整体氛围并落到实处。

三　展望

党的二十大报告强调指出,要完善新型举国体制,突出企业科技创新主体地位。对于天津超算中心,将深入贯彻党的二十大、二十届三中全会精神,围绕"创新 + 创业"双主体,将超算中心建设成为全国领先的新型研发机构,持续推动数字经济赋能高质量发展,推进实现发展目标:创新驱动改革发展,打造一个国际先进的超级计算应用创新中心、一个机制灵活、收支平衡、企业化运行的国家级新型研发机构;创业支撑聚集千亿规模信创产业生态,培育一个百亿规模的天河算力集团企业、一条千亿规模的国产算力产业链、一个"研—算—用—资—园"的完备生态体系。

参考文献:

[1] 孟祥飞:《超算,让世界见证"中国速度"》,《中国报道》2024 年第 10 期。

天津港智慧港口建设进展与展望

魏震昊　天津社会科学院海洋经济与港口经济研究所助理研究员

摘　要：　加快港口智慧化数字化转型是天津港践行四个"善作善成"重要
要求的具体表现,也是打造世界一流智慧绿色枢纽港口的内在要
求。近年来,天津港立足科技自立自强,持续推动物流服务线上
化、基础设施集约化、运营管理数字化以及装卸生产自动化,在智
慧港口建设上见行见效。当前,港产城融合发展、京津冀协同发展
走深走实、"一带一路"倡议以及新质生产力的提出为天津港智慧
港口建设带来难得机遇,但也面临价值链重构带来的断链风险、数
据安全与网络监管日益严格等客观挑战。未来天津港应着眼数字
生产提效、数字交易提升、数字管理提级、数字经营提质、数字产业
提速,实现业务数字化协同创新、数字核心竞争力提升、数字体制
机制一体化变革以及数据价值链条延伸。

关键词：　天津港　智慧港口　数字化

近年来,天津港围绕智慧港口建设,在物流服务线上化、基础设施集约化、
运营管理数字化、装卸生产自动化等方面取得显著成果。今后一段时期,天津
港智慧港口建设迎来港产城融合、京津冀协同发展、"一带一路"倡议、发展新
质生产力等机遇,但也面临全球价值链重构带来的断链风险、数据安全与网络
监管要求严格、国内外港口竞争等挑战。展望未来,应当攻坚数字化生产提
效,实现业务协同创新;助力数字化交易提升,增强核心竞争力;锚定数字化管

理提级,推进制程一体变革;狠抓数字化经营提质,打通数据价值链条;布局数字化产业发展,打造第二增长曲线。

一 天津港智慧港口建设进展

近年来,天津港牢记习近平总书记视察重要指示精神,踔厉奋发,为努力建设成为世界一流智慧绿色枢纽港口不懈奋斗。围绕智慧港口建设,天津港立足科技自立自强,持续推动物流服务线上化、基础设施集约化、运营管理数字化以及装卸生产自动化。

(一)物流服务线上化

打造单一服务窗口,大幅提升企业和旅客进出港效率。在国家口岸管理办公室、天津市工商行政管理局的全力支持下,天津港率先成为国际邮轮游客登记申报系统单一窗口先行先试地区之一(其余为重庆和深圳)。为尽快实施"单一窗口"功能,天津港围绕船舶联合登临系统下足功夫。一是系统培训,专门聘请电子数据口岸专家进行现场培训、讲解、指导,让一线人员尽快熟悉业务流程,提高作业效率。二是先行先试,提前授予天津海关、天津海事、边检部门及下属机构船舶联合登临系统应用权限,为系统开放打下坚实基础。三是快速锁定精准服务,通过前期数字系统联立与实操技术保障,快速锁定了联合检查目标船舶,共同制定并向船方推送了联合登临检查计划。2024 年 3 月,天津海关、天津海事局、天津边检总站应用国际贸易"单一窗口"船舶联合登临系统,对停靠在天津港 G31 泊位的中国香港籍集装箱船"中外运基隆"实施了联合登临检查。借助数字通道,客户个人—邮轮—母港公司信息有效串联,显著提高海关、边检相关出入境查验效率,实现"一点接入——次提交——次查验——键跟踪——站办理"全流程便捷式服务。

强化口岸协同联动,着力推进关港业务融合创新。搭建关港集疏港智慧平台,全面支撑"顺势查验"等全新作业模式在天津港先行先试,助力口岸营商环境持续优化。2024 年 4 月,伴随全球首艘具备自主伴航功能的高度智能化拖轮在天津港投产启用，天津港按下了口岸海上工作一体化、数字化加速键，初步构造了以拖轮绿色智慧港航为支点、拖轮智慧操作系统为牵线、各临港海关海事等"港产城"融合部门协同管理为平面的立体化创新发展新模式。2024年7月，全球首艘具备自主伴航功能的高度智能化拖轮"津港轮36"圆满完成了在天津港实际作业水域的自主伴航试验，其关键硬件国产自主化率达到90%，感知、规控、人机交互等核心算法软件100%自主研发。2024年12月，曹妃甸海事局与东疆海事局联手推出"跨境互通办理＋不停航办证"新模式，助力"意成山"船舶注销登记证书的同时，颁发新的所有权登记证与船舶国籍证书，完成首单船舶转籍业务"不停航"办理。

加快集装箱单证电子化。打造港口集装箱业务单证电子化平台，加强船公司、码头、堆场、车队等物流方数据交互，实现装箱单、提货单、交接单等主要业务单证全程无纸化流转。早在2019年，市港航局就积极推动建设国际集装箱"一码通"物流信息平台，开启订单无纸化探索道路，但因凭证流转环节多存在的安全隐患未能落地实施。2020年，天津市商务局、港航局联手天津港，围绕业务流程、信息系统、安全防范等重点环节深入探讨，并赴上海港学习探讨，于2021年成功上线运营集装箱进口提货单电子化平台，实现三大纸质单证（设备交接单、装箱单、提货单）电子化。2022年，天津市商务局关于印发《天津口岸2022年促进跨境贸易便利化专项行动实施方案》的通知，统一部署推动船公司统一海运电子提单标准，稳步推进进出口货物"船边直提""抵港直装"试点工作。2024年6月，天津港外理公司ESO电子下货纸平台成功上线，开启港口理货数字化新纪元。

（二）基础设施集约化

加快5G网络建设。以天津港北疆港区C段智能化码头项目为例，该项目的核心在于通过数据要素的深度利用，实现了港口物流领域的智能化升级。数据是该项目智能化运作的基础。2024年，通过5G网络与北斗系统的紧密结合，项目实现了海量数据的实时传输和处理。这些数据包括来自智能水平运输机器人（ART）、场桥、岸桥、锁站等关键节点的位置信息、作业状态、环境参数等,为系统优化调度、路径规划、安全监控提供了坚实的数据基础。在码头内部,数据中台已覆盖十大业务领域,部署了超过 60 组数据挖掘服务,治理并标准化了 200 项数据指标,极大地增强了数据处理能力和业务响应速度。5G 通信技术作为数据传输的核心,通过全场布设的 10 个 5G 基站,为码头的数字化转型提供了高速稳定的网络支持。

提升云服务能力。2018 年,天津港与华为 stack 云服务合作,成立分布式云数据中心和云化平台。一是通过 VDC 和自定义能力,更快速匹配业务需求和部门需求。二是通过云服务和自动化部署,加速业务资源配置效率。三是对 ELB、ECS、RDS 等进行自定义监控,实现运营维护一体化。四是通过虚拟防护墙等设置,保障安全可靠。2021 年,天津港正式启动泊位联调联试,借助车路云协同驾驶、动态高精地图、时空预测路径规划、V2X 信息融合等关键技术,在轨道桥、电动集卡、驾驶岸桥方面均实现了无人化。2024 年 11 月,天津港与金山办公联手发布"津港协作"新质生产力办公平台,通过 OA 公文一键收藏、优化私有化本地存储以及 AI 智能管理等云服务,有效提升文档传输效率,保障信息安全,促进存储便捷。打造港口地理信息平台,实现港口地理信息系统的"一图、一库、一平台",接入主体港区卫星影像和地形图,通过整合现有港区的地理位置、街道、建筑等基础数据,完成系统设计,为生产、安全、环保等全管理领域提供高精度数字地图服务。

打造智能化港口新装备。自主研发 L4 级人工智能运输机器人 ART,在行业首个"港口自动驾驶示范区"内实现 100 台以上规模化、商业化运营,远销上海、厦门、大连、内蒙古等地,以"津港制造"引领行业进步。基于传统人工集装箱码头,完成岸桥、轨道桥、集卡等自动化改造,研发全球首个智能解锁站,建成全球首个在人工码头上通过智能技术改造实现的自动化集装箱码头。

(三)运营管理数字化

坚持自主创新。2024 年 1 月,经过与交通运输部、上海海事大学、天津港集团联合研发,天津港发布核心技术自主可控的新一代集装箱码头管控系统(JTOS),该系统基于码头设备全物联,全球首次实现集装箱码头生产管控系统与设备控制系统等生产作业资源互相感知、数据交换、信息相通，实现系统互通和万物互联。支持人工和自动化两种作业模式下的全场设备调度与控制，打造架构最先进、配置最灵活、功能最全面、生态最广泛的行业产品。自上线运营以来，港口单位设备能耗强度下降8%，单桥效率提升10%，外集卡滞场时间降低9%，翻倒率降低5.8%。

构建数字孪生平台。建成国际领先的港口智能管控中心，打造集调度管理、客户体验、市场运营于一体的智慧大脑，提高生产组织高效性、灵活性，助力作业效率不断攀高，持续打响"津港效率"品牌。天津港基于统一数字化底座，致力数字孪生方向，着力构建大数据平台、工业物联网、AI智能场景，推动港产城融合发展。借助数字孪生，将现实世界的车辆、港口、码头等实物与孪生系统一一对应，只用19个月便迅速建成C段集装箱码头，为港口的规划、设计、运营和管理提供了更高效、更精细的手段。此外，通过L4级自动驾驶技术、智能运输管理体系和码头操作系统无缝衔接，完善无人驾驶体系。2024年11月，天津港与华为集团联手发布码头行业生产管理系统一体机，将此前的新一代自动化集装箱码头管控系统与基础设施轻量云深度融合，打造智慧港口建设"升级版"样图。

（四）装卸生产自动化

开辟自动化码头建设新路径。采用"自动化岸桥＋自动化轨道吊＋地面智能锁站＋智能运输机器人ART"的顺岸式边装卸自动化工艺，集成5G、北斗、云计算、人工智能等现代信息技术，全面应对风能、太阳能等清洁能源，打造全球首个"智慧零碳"码头。港口自动驾驶示范区（一期）建设区域拓展至天津港欧亚国际集装箱码头，增加自动化码头技术应用场景，推动相关技术进一步迭代升级。拥有完全自主知识产权的全国首个件杂货智能一体化系统全面运营，世界一流智慧港口建设再迈关键一步。发布全新一代智能化集装箱码头管控系统，让智能化集装箱码头拥有了国产的"大脑"和"神经中枢"。2024年4月，第二代智能拖轮"津港轮36"和陪试船"津港轮37"正式投产启用，是全球首艘具备自主伴航功能的高度智能化拖轮。"天津港至马驹桥物流园公路货运自动驾驶先导应用试点"项目在京津塘高速公路启动常态化道路测试,是国内智能集卡首次实现跨省测试。

加快传统码头自动化升级。将集装箱公司北区打造成为全球首个全流程自动化改造样板工程。太平洋国际、欧亚国际分别实现一个泊位全流程自动化作业。远航码头 9 台门机完成自动化改造并具备作业能力。2024 年 4 月,天津港集团与华为技术有限公司围绕开发港口大模型 PortGPT 签署合作协议,共同推进建设智慧港口升级版和加快港口数字化转型。2024 年 6 月,在 2024世界智能产业博览会上,天津港"港口大模型 1.0 版"正式对外发布,在智慧港口建设方面继续"领跑"。港口大模型 1.0 版通过视频和图像识别港口现场生产的不同场景,可以用于对港口作业现场进行 24 小时智能化监管,未来升级后可以进一步拓展到港口调度指挥、办公辅助等应用场景,港口大模型将成为天津港发展港口新质生产力的重要载体。

二 天津港智慧港口建设面临的趋势、机遇与挑战

(一)全球主要港口智慧转型趋势

港口运营更加智能。伴随数字化转型、绿色低碳理念的逐步普及,港口运营自动化、高效化、智慧化成为必然趋势。一方面,通过大数据、人工智能、AI技术、区块链的技术支撑,港口作业、运输、调度和管理过程更加便捷,大大提升港口运作能力。另一方面,整合物流链、供应链的信息资源,实现全流程信息公开共享,打破"信息孤岛"。例如,新加坡港采用安全海事应用实时交易(SMART)平台,将船舶注册和海员的实体证书替换为防篡改电子证书,有效提升信息安全度和透明度。阿联酋杰贝阿里港口合作研发了全球首个高架集装箱储存系统,通过集成 18 套内部系统,可对岸桥操作、泊位规划、堆场管理、卡车调配等进行实时跟踪管理。

港口物流供应链更加协同。作为现代交通枢纽与物流中心,港口在资金、货物运转、人员流通、商务贸易等领域扮演愈发重要的作用。协同完善码头、

堆场等基础设施建设，促进港口全程物流链服务相关方业务协同与高效衔接。新加坡海事和港口管理局（MPA）通过开发部署一站式门户 digitalPORT@SGTM、中心化数据中心—新加坡海事数据中心（SG-MDH）和船舶高度探测系统（SHDS），为业主和顾客提供全方位高品质价值链服务。

港口贸易更加便利化。通过信息平台建设，提高通关、退税和外汇结算等业务效率，加快从碎片化的业务组织向系统化、高效化转型。创新服务理念，打造柔性、便利的服务体验。例如，鹿特丹港于 2022 年底引入无人机对港口进行船舶加油、水污染、货物转运、危险物质、空气污染及船上维修等日常巡查，推动港口服务便利化。2023 年推出"新一代物流"数字平台，统筹调配港区船舶的停靠时间、地点等相关信息。

（二）天津港智慧港口建设的新机遇

1. "港产城"融合发展加速港口数字转型进程

港口作为城市的交通枢纽、临海腹地和资源配置中心，背后离不开临港适港产业以及城市要素的大力支撑。通过优化完善"港口带物流—物流带商贸—商贸带产业—产业带城市"的港产城融合发展体系，加速以港聚产、以产兴城、以城促港。港口作为物流和交通枢纽，通过货物运输、贸易来往和人员流动，推动物流业、交通运输业、航运金融、海事服务等临港适港产业蓬勃发展，临港产业的高质量发展，又对城市的综合服务功能提出更高要求，在很大程度上倒逼城市提升服务能级、增强保障能力。基于数字化转型背景，港口、产业与城市建立更为复杂紧密的供应链网络、可视化平台，作为基础性、枢纽性支撑，港口数字化转型必然惠及更多红利。例如，通过数字孪生技术，可以开发港口物流金融、产业供应链管理等新型服务，推动港口在数字底座、基础设施、生产操作、运营管理等全方位转型。

2. 京津冀协同发展为数字化转型提供战略支撑

京津冀协同发展促使区域内的交通、物流和信息网络基础设施加速联通，提出"六链五群"产业布局规划，这推动了天津港建设更先进的信息基础设施，如 5G 网络、物联网设备和云计算平台，以支持港口的智能化管理和实时数据共享。数字基础设施的增强,使得天津港可以更好地服务整个京津冀地区的物流需求,提升效率。在协同发展框架下,天津港可以加强自动化和智能化技术的应用。例如,利用人工智能和大数据分析进行集装箱调度和航运安排,提升港口运作的智能化水平。同时,通过区块链技术,天津港能够实现与京津冀区域内其他物流节点的互信数据交换,简化流程、缩短通关时间,提高通关效率。京津冀协同发展推动了区域港口之间的分工协作,促进天津港在信息系统上与河北港口联动,形成统一的数据平台。这种一体化的信息共享和管理模式,使得天津港能够更好地与区域内其他港口进行资源共享、客户信息交换和协调管理,从而降低整体运营成本,并进一步提高服务质量。天津港的数字化转型对整个物流链的数字化也起到了推动作用。通过与区域内的海关、商检、铁路、公路等多部门的数据协同,天津港能够提供无缝的物流链服务,提升物流透明度和时效性。数字化转型为港口、物流公司、货主等提供了更全面的数据支持,有助于优化物流链效率和服务质量。

3. "一带一路"倡议为数字赋能提供广阔平台

一是加速智慧港口建设。"一带一路"倡议为天津港带来了更多的国际货运和贸易机会,提升了港口数字化需求。为了提高处理能力和效率,天津港正在应用自动化设备和人工智能技术加速智慧港口建设。例如,自动导引车(AGV)、智能起重机和大数据分析的应用,可以更有效地管理货物流动,提高港口操作效率,满足"一带一路"带来的货运增长需求。二是推动跨境物流数字化。天津港在"一带一路"倡议中处于重要节点地位,通过数字化转型可帮助天津港实现物流管理的高效化和透明化,例如通过区块链技术实现供应链的追踪和信息共享,减少信息不对称,提高货物流转效率。同时,通过数字化手段与"一带一路"共建国家的港口和物流节点互联互通,天津港可以构建更具韧性和高效的国际供应链。三是推动信息系统国际化。为了支持"一带一路"倡议带来的国际贸易需求,天津港需要发展国际化的信息化系统,实现与全球客户、船公司以及海关系统的无缝连接。通过建设标准化的港口管理系统和智能化平台,天津港可以提供多语言、多币种的服务,支持全球业务操作。这样的信息化建设有助于提升天津港的国际竞争力,并为"一带一路"共建国家和地区提供更优质的服务。四是提升数据分析与预测能力。随着"一带一路"带来的货运流量增长，天津港需要更强大的数据分析和预测能力来优化运营。通过数字化转型，天津港可以利用大数据和人工智能技术，分析贸易量变化、货物流向、客户需求等信息，提前预测物流高峰，并在设施和人力资源上进行调整。这不仅能优化港口的服务质量，也能提升整体供应链的稳定性和灵活性。

4.新质生产力加速智慧港口建设提质增效

2024年2月，习近平总书记视察天津时提出了四个"善作善成"，并把发展新质生产力放在首要位置。新质生产力以生产技术革命性突破、资源配置高效整合和产业结构深度转型为特征，对劳动者、劳动资料和劳动对象提出更高要求。数字经济以数据为核心生产要素，以5G、云计算等数字技术为关键驱动力，以现代网络为重要载体，通过数字技术与实体经济深度融合，构建更加数字化、智慧化、网络化的经济发展与社会治理体系。通过大数据分析与云计算，推动临港产业数字化和数字产业化，借助电子商务、共享经济催生新模式、新业态、新产业。

（三）天津港智慧港口建设面临的挑战

1.全球价值链重构带来的断链风险

一是应对多元化货物流通的复杂性。全球价值链重构使货物流向更加多元化，天津港需要应对复杂的国际贸易流动和新的贸易路径。传统的物流管理系统可能难以适应新兴市场和多元化货物的变化。为了保持竞争力，天津港需要加快信息系统的升级，适应跨区域、跨平台的数据集成，并支持动态调整运营流程的能力。这种需求对港口的信息化系统架构、数据交换标准以及数据安全提出了新的挑战。二是提升国际数据互联互通能力。全球价值链重构意味着天津港将接触更多新兴市场和不同国家的贸易伙伴，需要实现更高水平的国际数据互联互通。然而，各国在数据标准、信息保护和数据共享方面存在差异，加上跨境数据合规性要求，增加了天津港实现数据互通的难度。天津港在数字化转型中需要适应不同的数据标准，保障数据的完整性、安全性，同时要符合国际和国内数据合规要求。三是加强供应链韧性和可持续性建设。全球价值链重构要求港口在供应链韧性和可持续性方面提升能力,应对突发的国际供应链中断问题。例如,港口数字化转型需要加强实时监控系统、预测性维护系统、智能调度系统等建设,以保证物流供应链的稳定性和韧性。然而,实现供应链韧性建设需要天津港加大在数据监控和风险管理系统建设方面的投入,增加技术运营和人员培训成本。

2. 数据安全、网络监管的要求日益严格

一是数据隐私保护和合规要求。随着数字化转型的深入,天津港将采集和处理大量的物流、贸易和客户数据。各国的数据隐私保护法规(如 GDPR等)对数据的存储、处理和共享提出严格要求,特别是在国际贸易中涉及跨境数据流通时,必须符合相关法律法规。天津港需确保其数据系统和平台符合国内外的合规性要求,否则将面临法律风险或高额罚款。这不仅增加了系统设计的复杂性,还对数据管理流程提出了更高的标准。二是网络数据安全和泄露风险。随着天津港采用更多物联网(IoT)、人工智能和云计算等技术,被网络攻击的可能性增加,例如恶意软件攻击、数据泄露或 DDoS 攻击等。港口的数字化系统一旦遭受攻击,不仅会造成数据泄露,甚至可能中断港口运营,导致物流系统瘫痪。天津港需要建立更加完善的网络安全体系,定期进行漏洞扫描、加强监控预警系统建设,并投入更多资源用于网络防御,确保数字基础设施的安全。三是应对复杂网络攻击的监测和响应能力。随着数字化和网络监管环境的不断变化,天津港可能面临更复杂、更高级的网络攻击。港口需要建立具备自动化检测、快速响应的安全系统,实时监控网络环境并及时响应异常活动。这涉及部署先进的网络防御工具、引入人工智能监控技术以及完善的应急响应机制,但也增加了系统复杂性和维护成本。

3. 国内外港口抢占数字化转型"制高点"

一是对智能技术和基础设施投资的压力。全球领先港口纷纷投入大量资源用于自动化设备、人工智能、大数据分析、物联网等技术。天津港也面临着巨大的技术升级和基础设施投资压力。尤其是智能化改造需要大量自动化机械设备、传感器网络、智能管理系统等,天津港若不能匹配这些投资,将可能在全球竞争中处于不利地位。二是对物流链协同和供应链可视化的要求。数字化转型推动下,领先港口越来越多地实现了供应链全程可视化和跨部门的协同运作,使得客户可以实时追踪货物状态、预测到达时间等。天津港在数字化转型中也需要实现这些功能,以匹配客户需求并保持竞争力。为此,天津港必须加强数据整合能力,实现与合作方的数据共享和流程优化,这对系统集成、数据管理和协同能力提出了更高要求。

三 天津港智慧港口建设持续升级的展望

(一)攻坚数字化生产提效,实现业务协同创新

加速港口智能化建设。进一步推动关键业务环节的自动化,逐步引入和升级自动化机械设备,如自动导引车(AGV)、无人化集装箱堆场和智能起重机等,降低人力成本、减少操作误差。完善智能调度系统,通过实时监控港区资源的使用情况,如堆场容量、码头作业进度等,自动调配设备和人力资源,以优化资源利用率。天津港可以利用人工智能和机器学习技术进行集装箱装卸的智能调度和路径优化,从而减少等待时间、提升作业效率,并实现港口操作的动态优化。加强与物流链上下游数字化协同,与航运公司、货代、仓储等上下游合作伙伴构建共享的数字化协作平台,实现实时数据对接。建设智能能源体系,通过智能能源管理系统,天津港可以实时监测港口能耗情况,优化用能调度,降低能源成本。

(二)助力数字化交易升级,持续提升核心竞争力

优化完善港口一体化数字交易平台。打造全流程的数字交易平台,整合货物运输、物流服务、仓储、报关清关等交易模块。利用区块链技术的不可篡改特性,实现交易数据的透明度和可追溯性。在数字化交易中建立客户信用评价体系,根据客户的交易记录、付款及时性、合同履约情况等进行评分,方便天津港和合作方评估交易风险。通过人工智能技术分析历史交易数据,预测

未来货物流量和客户需求,从而合理配置资源,优化服务供给。引入智能结算系统,自动核算货物的仓储费、装卸费、运输费等各项费用,避免人工操作误差,提升结算的准确性和效率。

(三)锚定数字化管理提级,推进制程一体化变革

建设全面统一的港口数字化管理平台。整合现有的分散管理系统,建设统一的数字化管理平台,将财务、人力资源、运营、客户管理、物流调度等功能集成在一个平台上,实现信息流、业务流的无缝衔接。通过大数据分析技术,建立数据驱动的决策支持系统。进一步推进物联网技术的应用,将各类设备和基础设施接入物联网平台,实时监测设备的状态、货物流转情况和环境数据。利用数据分析、机器学习等技术构建风险预测模型,预测潜在的安全风险、设备故障或物流堵塞情况,提前制定应对措施。升级客户关系管理系统(CRM),为客户提供全流程的数字化服务体验,例如在线查询、预约、交易、追踪等。在港区内进一步推广5G技术应用,实现超高速的数据传输,支持无人设备、实时数据采集等场景。建立数字化反馈机制,实时收集、整理来自一线操作员、客户及管理层的反馈意见,并借助数据分析识别和优化管理流程中的薄弱环节。

(四)狠抓数字化经营提质,打通数据价值链条

建立系统化的港口数据治理体系。规范数据的采集、存储、清洗、分析和共享流程,确保数据的准确性、完整性和时效性。建立数据中台,实现数据的统一管理与处理,使得各类数据资源能够跨部门、跨系统共享。推动供应链数据的数字化和可视化,实现供应链全流程的动态管理。加强与航运公司、物流企业、仓储公司、金融机构等合作伙伴的数据共享,打通港口数据和上下游数据的连接,形成协同化的物流信息网络。基于客户历史数据和市场数据,应用数据分析和机器学习算法,预测客户的服务需求和偏好,进行精准营销。基于数据链条,从客户需求分析、订单接收、货物装卸、仓储管理到运输交付等各个环节,构建全生命周期的数据管理模式。

（五）布局数字化产业发展，打造第二增长曲线

设立智慧港口产业园区。引进和孵化数字化技术企业，包括物联网、大数据、人工智能等领域的公司。开发或引入工业互联网平台，整合港口内外的设备、资源和数据，实现港口上下游的全面互联互通。加大对智慧物流和智能仓储的投资力度，发展自动化仓储、智能分拣、无人驾驶运输等技术。与航运公司、船务代理、金融保险机构合作，搭建数字化航运服务平台，为客户提供全流程的智能航运服务，包括船只调度、航行预测、电子签约、保险、结算等。加大跨境电商产业的扶持力度，建设跨境电商物流园区，为跨境电商企业提供仓储、物流、清关等配套服务，形成跨境电商与港口业务的融合发展。

参考文献：

［1］ 石森昌、贾艳慧:《推动港产城融合发展 打造世界级港口城市》,《天津日报》2023 年 3 月 6 日。

［2］ 任佳丽:《天津港:"智能 + 绿色" 双翼齐振激活力》,《中国水运报》2024 年 12 月 4 日。

［3］ 李胜阁、李志平:《天津港城关系研究》,《中国港口》2024 年第 11 期。

［4］ 王婧涵:《天津港:打造世界一流智慧绿色枢纽港口》,《中国证券报》2024 年 11 月 20 日。

［5］ 桂小笋:《聚"智"谋"绿"眺未来 天津港焕新码头经济》,《证券日报》2024 年 11 月 20 日。

天津汽车大数据平台
发展现状、经验启示与趋势展望

秦鹏飞　天津社会科学院数字经济研究所助理研究员

摘　要： 以"通信—汽车"复杂多维网络安全大模型系统平台为代表的天津汽车大数据平台建设取得了诸如场景建设多元化开展；异业影响力显著提升，形成生态化合作；项目实效性明显提高，经济社会效益显著等一系列新进展、新成效。贡献了政府主导与产业合作相互辅成；助推平台建设，聚焦智能网联汽车；实现平台目标，建立跨行业协同创新生态圈等成功经验。获得了数据共享与协同是智慧交通建设的核心、跨行业协作是推动创新和产业升级的关键、产学研合作是加速技术创新与落地的法宝等有益启示。研判出数据融合与多维度应用成为必然发展方向、边缘计算与车载计算相结合的趋势越发明显、数据隐私保护与安全管理将愈发严格等发展趋势，给出了全面推动车路协同并普及智能交通系统、探索多元化商业模式与发掘数据价值、提升平台的用户体验与社会参与度等发展建议。

关键词： 汽车大数据平台　案例研究　经验启示　趋势建议

　　汽车大数据平台通过大数据技术对汽车的设计、生产、销售、运行等过程中产生的海量数据进行采集、存储、分析和可视化处理，全面、实时地收集车辆全生命周期的完整数据，并通过专业的数据分析技术，快速准确地发现问题、优化方案，从而提升车辆性能和安全性、不断升级个性化用户体验，以及助力市场洞察与决策支持等。

一 天津汽车大数据平台的典型案例

(一)案例背景

我国汽车市场正在经历从数量驱动向高质量发展的深刻转变,国内市场竞争激烈,民族品牌要实现由大到强,必须积极占领国际市场。扩大汽车出口、系统实施海外战略已成为车企可持续发展的关键步骤。数据对于汽车企业国际化发展的重要性不言而喻,全面且优质的全产业链数据是汽车企业在国际市场上做出明智决策和成功扩展的基础。当前,国际形势加速变革,逆全球化、地缘政治冲突频发,中国车企在国际化发展过程中面临数据获取和使用的多重挑战,包括数据标准化不一致、获取渠道受限、数据及时性和准确性不足、跨境数据流动的安全和合规问题等。此外,数据获取和使用的成本高昂以及缺乏本地化数据利用能力,进一步加大了企业制定海外市场策略和决策的复杂性和风险,车企迫切需要高质量的数据智库平台支撑出海市场选择、产品定价、产品适应性改进等关键的国际化经营决策。

由中国移动通信集团天津有限公司和中汽数据(天津)有限公司联合发起的"通信—汽车"复杂多维网络安全大模型系统,聚焦落实国家和行业数据安全保护工作要求,构建行业数据融合的复杂多维安全大模型,加强数据供给、优化流通环境并保障数据安全,促进数据优势转化为经济新优势。促进数据流通,打破"数据孤岛",推动行业共同繁荣与进步。同时在保护隐私的前提下,实现可信数据交互机制,通过同态加密实现数据交互。通过应用联邦学习、区块链、知识图谱和预训练模型技术,实现符合行业数据保护要求的多方数据共享与交互。搭建复杂多维网络安全大模型系统,以支持"通信—汽车"大数据的融合合作,推动汽车行业在市场、营销和战略产品研究等领域的快速发展。

（二）案例概述

中汽数据公司通过构建行业网化的云平台,汇集大量汽车行业流通数据,具有汽车行业产、销、存、保有、报废全链条数据,运营商通过通信网络管道记录了大量汽车终端运行状态数据,本项目通过构建跨行业的数据融通机制,通过隐私计算、区块链等技术实现在确保符合行业数据保护要求条件下的多方数据碰撞交互,天津移动在通信网侧通过结合客户的行为、偏好、画像等数据,构建复杂多维的安全大模型分析架构,协助中汽数据监测、分析汽车市场及用户动态,面向行业输出行业化分析应用(见图1)。

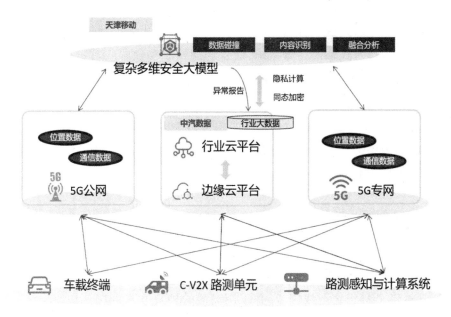

图1 面向"通信—汽车"跨行业数据融合的安全大模型建设业务架构

结合预训练语言模型的车辆推荐模型结构分为基础车辆推荐模型和预训练语言模型两部分,使用提示学习(prompt)增强的掩码语言模型实现双向信息流动,使数据所有方的协作知识传递给预训练语言模型(PLM),同时保证文本的语义信息回流至基础车辆推荐模型。模型能有效整合数据特征的协作知识与文本的语义信息,从而提升推荐的准确率和召回率。通过这种预训练—微调的训练策略,模型能够在复杂多变的推荐场景中,始终保持高效和精准的推荐能力。

复杂多维网络安全大模型系统在跨行业数据合作过程中实现了信息安全共享。通过构建可信数据要素流通管理能力,依托隐私计算技术,在"数智联邦、数智联链、数智联图、大模型"四方面开展了技术创新,尤其重塑了中国移动与中汽数据的大数据合作模式。汽车大数据平台汇聚车企国际化过程的全链路数据资源,整体覆盖数据采集、清洗、标准化、存储、分析与展示全流程,数据通过全球多渠道自动采集,并严格遵守国家与国际数据保护法律法规,确保数据获取合规性,依托云计算、大数据分析、人工智能和大模型等技术进行清洗和分类,对敏感数据进行脱敏和匿名化处理,防止数据泄露和隐私侵犯,并采用加密传输方式录入存储系统,设置访问控制和权限管理,确保数据安全,最终完成后续分析与展示。平台包括全球资讯新闻库、全球宏观经济库、全球政策法规库、全球汽车工厂布局库、全球汽车产量库、全球汽车销量库、全球车型配置库、全球车型价格库、中国汽车出口数据以及全球主流国家海关汽车进出口数据等十余个数据库,全面赋能车企海外市场选择、海外市场车型投放以及海外市场建设运营等核心决策制定,助力民族汽车品牌扬帆出海。

（三）案例成效

大数据平台是当代新质生产力的体现,是世界汽车变革和产业新格局的先机,是互联网大数据、人工智能和汽车出海实体经济的深度融合体。平台已于 2024 年 1 月正式上线服务,并采用灵活的售卖方式,包括全库和分模块售卖,且提供基础版、标准版、高级版等版本选择,现已赋能国内多家主流主机厂的海外市场拓展项目。同时,平台助力车企提高海外市场开拓的效率和成功率,避免因信息不对称或滞后而造成的经济损失,减少在市场调研、风险评估和决策制定方面的成本投入,为车企国际化业务转化创造了新的利润增长点。

1. 场景建设多元化开展,异业影响力显著提升

创新性打造"运营商 + 行业应用"的珊瑚礁生态合作模式,以"隐私计

算＋区块链＋联邦学习"等可信 AI 技术作为技术底座,基于天津移动自有的大数据,快速响应异业市场需求,实现跨行业数据融合,构建跨行业模型验证机制,横向拉通行业间的生态合作。

2. 形成生态化合作,项目实效性明显提高

天津移动与中汽数据联合,积极寻求跨行业场景应用机会,打造隐私计算相关数据产品生态,赋能千行百业。以汽车、金融行业作为试验田,逐步辐射全行业应用。汽车领域,与中汽研展开深入生态合作,打造基于隐私计算的人—车数据融合服务。同时作为行业标杆,主动寻求成果外延,展示业务亮点,入选工信部数字安全大会数据安全创新实践案例,并参加集团内部自主开发大赛、信息技术创新大赛,彰显业务能力,扩展业务边界,推进纵向与横向生态拓展合作。

3. 经济社会效益显著

在直接经济效益方面,带来直接收益大数据对外变现收入 3594.21 万;商机牵引预期收入,汽车行业相关客户意向订单达 1200 万;售前阶段降本收益,天津移动项目依人/天成本计算,共计成本压降 35.4 万元。在间接社会效益方面,隐私计算技术赋能,拓展公司业务维度,提高服务能力;场景建设多元化开展,形成生态化合作,提升异业影响力;响应国家政策号召,践行社会责任价值,提升中国移动品牌形象;发挥数据要素"乘数效应",整体提升大数据产业产值,推动新质生产力发展。

二 成功经验与有益启示

(一)成功经验

1. 政府主导与产业合作相互辅成,助推平台建设

政府主导与产业合作是天津市汽车大数据平台成功的一个关键因素,它强调了政府在政策引导和资源配置方面的主导作用,同时也强调产业界、技术公司以及学术机构等多方合作的必要性。这种模式不仅促进了汽车大数据平

台的快速发展,也有效推动了智能交通、汽车产业升级以及相关技术的创新。
包括以下几个方面：

（1）政策引导与资金支持

政府在汽车大数据平台的建设过程中,发挥了重要的政策引导作用。天
津市政府明确了智能交通、智能网联汽车等领域的发展方向,并制定了相关的
政策文件来促进这些领域的发展。一是政府出台了一系列鼓励智能网联汽车
和大数据技术发展的政策,包括税收优惠、科技创新基金、人才引进政策等,为
企业提供了资金和政策支持。二是政府投入了大量资金用于平台的基础设施
建设、数据采集设备的部署以及技术研发。这些资金支持帮助地方企业降低
了技术研发的风险,鼓励了更多企业参与其中。

（2）推动数据共享与开放

在汽车大数据平台的建设中,政府的主导作用还表现在推动数据共享和
开放上。政府通过制定统一的数据标准和数据管理规范,确保各类数据在不
同部门、企业之间的共享与流通。一是在数据开放政策方面,政府推动建立统
一的数据共享平台,推动交通管理、车联网、车辆维修等行业的数据对接,打破
部门间的数据壁垒。二是在数据标准化建设方面,政府鼓励行业协会、企业以
及科研机构共同参与数据标准的制定,确保不同来源的数据能够互联互通,增
强数据的互操作性和可用性。

（3）产业与技术的深度融合

政府不仅为企业提供资金和政策支持,还促进了产业界、技术公司和学术
机构之间的深度合作。这种跨领域的协同合作,促进了技术创新与产业应用
的快速结合。一是政府牵头、企业参与,政府通过发布相关招标、项目合作等
形式,引导企业参与平台建设与运营,企业根据政府需求提供技术解决方案。
例如,在智能交通领域,政府与汽车制造商、数据分析公司共同开发智能交通
管理系统,通过大数据分析优化城市交通流量。二是企业与高校合作,政府鼓
励高校与企业合作进行技术研发,推动创新成果转化。例如,天津市的一些高
校与汽车制造商合作,开展智能汽车、大数据分析等领域的研究,推动学术成
果与产业应用的无缝对接。三是产业联盟与创新平台,政府推动成立了多个

产业联盟和创新平台,为相关企业和科研机构提供合作的机会。这些平台不仅促进了技术的研发,也推动了产业的融合与升级。

2.聚焦智能网联汽车,实现平台目标

推动智能网联汽车(Intelligent and Connected Vehicles,ICVs)的研发与应用,是天津市汽车大数据平台建设的核心目标之一,天津市在这一领域取得了显著的成果,其成功经验可以归纳为如下几点:

(1)技术支撑与研发创新

一是构建数据驱动的技术生态。天津市汽车大数据平台提供了海量的车辆运行数据,为智能网联汽车技术研发提供了关键的数据支撑。这些数据涵盖了车辆位置、速度、驾驶行为、环境感知等多个维度。在数据采集与分析方面,通过车载传感器、摄像头以及物联网设备,实时采集车辆的运行数据,并利用大数据分析技术提取关键特征,为自动驾驶算法和智能系统提供支持。在高精度地图和实时定位方面,基于平台的数据,研发团队可以构建高精度的数字地图,并结合卫星导航和传感器数据,实现厘米级的精准定位。二是注重前沿技术的集成应用。天津市重点整合了以下几项关键技术:5G 通信技术,实现了车辆与基础设施(V2I)、车辆与车辆(V2V)之间的低延迟、高带宽通信,保障了智能网联汽车的实时信息交互;人工智能(AI)算法,通过机器学习和深度学习算法,提升了车辆在感知、决策和控制方面的能力,例如复杂场景下的自动驾驶路径规划;云计算与边缘计算,利用云计算和边缘计算技术,实现了大规模数据的实时处理与分发,为车联网和智能网联汽车提供强大的计算能力。

(2)应用场景的广泛拓展

一是智能交通系统的优化。智能网联汽车与交通管理系统的结合,提高了城市交通的智能化水平。通过车联网和交通数据分析,智能网联汽车能够与交通信号灯、路侧传感器进行实时通信,实现动态路线规划和交通流量优化。车辆通过共享数据可以提前感知道路状况,并在潜在事故发生前进行规避,提高了交通安全性。二是建立自动驾驶示范区。天津市在自动驾驶领域率先进行了试点示范工作,天津在武清区和滨海新区建立了自动驾驶测试区域,为智能网联汽车提供了实际运行场景。利用5G 通信技术和路侧设备,智能网联汽车能够与交通基础设施进行协同,实现信号灯识别、动态速度调整等功能。三是多样化的商业应用。智能网联汽车在天津市的商业应用场景不断拓展,包括智慧物流和网约车服务,前者通过自动驾驶货运车辆和智能调度系统,实现了物流配送效率的提升,后者通过引入无人驾驶技术的智能网联网约车,为市民提供了更加便捷的出行服务。

3.建立跨行业协同创新生态圈

建立跨行业协同创新生态圈是天津市推动智能网联汽车和汽车大数据平台成功的关键因素之一。这个生态圈的核心思想是通过跨行业、跨领域的合作,整合政府、企业、科研机构、高校等多方资源,形成协同创新,推动技术研发、产业化应用以及市场竞争力的提升。

(1)企业与科研机构的深度合作

一是企业与高校、科研机构的联合研发。企业与科研机构的合作是推动跨行业协同创新的一个重要环节。天津市通过推动本地企业与高校、科研机构的深度合作,实现技术研发和应用的无缝衔接。在技术合作与创新方面,天津市鼓励本地汽车企业与高校和科研机构建立长期的技术合作关系。例如,天津大学、南开大学等科研院所与一汽、比亚迪等汽车企业合作,开展智能驾驶技术、车联网技术、自动驾驶测试等方面的研究。通过联合攻关,推动了智能网联汽车的关键技术突破。在产学研一体化方面,政府鼓励高校将研究成果转化为产业化产品,推动科研成果在实际应用中的落地。例如,在自动驾驶算法、车载传感器等技术的研发过程中,学术界与产业界的密切合作提高了技术的应用性和市场化进程。

二是整车企业与零部件供应商的协同创新。在智能网联汽车领域,整车企业与零部件供应商的协同创新至关重要。天津市通过优化产业链结构,促进了整车制造商与技术提供商之间的密切合作。强化零部件与系统集成商之间的合作,智能网联汽车的研发涉及大量的电子零部件(如传感器、控制系统、通信模块等)。天津市推动汽车整车企业与零部件供应商的深度合作,联合开发车载感知系统、车联网模块等关键技术。加强核心技术的共同开发,例如,天津市的汽车企业和技术公司共同研发车载人工智能芯片、自动驾驶控制系统等技术,推动了智能网联汽车的性能提升。

(2)跨行业合作与资源共享

天津市通过促进汽车产业与交通行业、互联网行业的融合,实现了多方资源的共享与协同创新。这种融合为智能网联汽车的发展提供了坚实的基础。一是车路协同与智慧交通。智能网联汽车不仅依赖车载传感器,还需要与交通基础设施、城市管理系统等进行互联互通。天津市推动了汽车制造商与交通管理部门、城市规划部门的合作,开发车路协同系统,实现实时交通管理和动态路况预测。二是大数据与人工智能应用。互联网企业与汽车企业合作,将大数据分析与人工智能技术应用到汽车设计、交通管理和车联网中。例如,互联网公司通过大数据分析优化智能网联汽车的路径规划和驾驶决策,提升了交通效率和安全性。

天津市通过将智能网联汽车技术与智慧城市建设相结合,推动了跨行业的协同创新。智能网联汽车不仅在交通领域发挥作用,还对其他行业产生了深远影响。一是智能停车与城市管理。智能网联汽车与城市基础设施的融合促进了智能停车管理系统的发展。通过车载通信系统和大数据技术,天津市能够实现智能停车引导、停车位预订等服务,减少交通拥堵。二是环境监控与能源管理。智能网联汽车平台还结合了环境监控和能源管理系统,实现了车主的能效优化、碳排放监控等功能,推动了环保和能源节约。

4. 国际合作与标准化建设

(1)国际合作推动技术引进与创新

天津市通过加强与国际领先企业和科研机构的合作,引入国外先进的智能网联汽车技术,推动技术创新与应用。一是全球技术合作。天津市吸引了博世、德尔福等全球汽车零部件供应商、谷歌、华为等技术企业的参与,推动了智能网联汽车关键技术的研发和市场应用。二是海外示范项目合作。天津市还积极与欧美及亚洲其他地区的智能网联汽车领域进行合作,通过参与国际示范项目,推动技术和经验的交流与共享。

(2)智能网联汽车标准化建设

为了推动智能网联汽车的普及与规范化发展,天津市与国内外的标准化组织共同参与了智能网联汽车技术标准的制定。一是国内外标准对接。天津市积极推动与国际智能网联汽车标准的对接与合作,参与全球智能网联汽车技术标准的制定。例如,推动车联网(V2X)标准的制定,为智能网联汽车的跨区域、跨国应用提供了标准保障。二是行业标准推动。天津市还推动建立了一些智能网联汽车领域的地方性标准和行业规范,确保技术和数据在不同系统之间的兼容性和互操作性。

(二)有益启示

天津市汽车大数据平台建设的实践为其他城市和地区提供了诸多有益的启示,尤其是在推动智能网联汽车、交通管理、数据共享和产业协同等方面。

1. 数据共享与协同是智慧交通建设的核心

天津市汽车大数据平台通过集成和共享大量来自车载设备、道路基础设施、交通管理系统等的实时数据,为智能交通提供了强有力的支持。成功的关键有两点:一是统一的数据平台,天津市建设了统一的数据平台,整合了来自多方的数据源,包括车辆、道路、交通设施、天气、实时交通状况等信息,形成了一个全方位的交通数据生态。通过大数据平台,能够实现对城市交通流量、路况变化等的精准监控和调度。二是跨部门协同共享,实现了政府部门、企业、科研机构等多方数据共享与互通,打破了信息孤岛。这不仅提升了交通管理的效率,也为自动驾驶、智慧停车等应用提供了必要的数据支撑。总之,建设智能交通系统,必须注重数据的整合、共享与分析。通过跨行业、跨部门的数据协作,能够提升交通管理的精确度,并为智能网联汽车的技术研发和应用奠定基础。

2. 跨行业协作是推动创新和产业升级的关键

天津市的汽车大数据平台建设中,成功地推动了汽车产业、互联网、交通管理、城市规划等多个行业的协同创新。一是车路协同与智慧交通。天津市在智能网联汽车的应用中,积极推动汽车产业与交通管理、城市基础设施的协同发展。通过车路协同(V2X)技术,实现了车与路、车与车之间的实时信息交互,有效提升了交通效率和安全性。二是跨行业协同发展。通过建立跨行业联盟,天津市实现了智能网联汽车产业链各环节的协同合作,包括汽车制造商、零部件供应商、通信运营商、交通管理部门等。各方共同推动了技术研发、测试验证、商业化应用等环节的进展。跨行业协同创新是推动智能网联汽车发展和汽车大数据平台建设的重要手段。产业链上下游、不同领域的企业和机构要建立长期的合作关系,实现资源共享、技术互通,共同推动技术进步和市场应用。

3. 产学研合作是加速技术创新与落地的法宝

天津市通过促进汽车企业与科研机构、高校的深度合作,推动了智能网联汽车关键技术的研发和产业化。一是联合研发与技术攻关。天津市通过推动本地高校与汽车企业的联合研发,攻克了自动驾驶、车联网、车路协同等领域的技术难题。通过校企合作,推动了科研成果的快速转化,推动了技术的应用和产业化。二是知识转化与人才培养。产学研合作还加强了智能网联汽车领域的知识转化和人才培养。例如,天津市通过合作开展技术研究和培训项目,培养了一大批专业人才,支持了智能网联汽车技术的不断创新和优化。产学研深度合作是推动技术创新和产业化的关键。通过高效的产学研合作模式,可以加速技术的研发与应用,并为产业发展提供高水平的人才支持和技术支持。

4. 持续创新与开放合作有助于技术的快速迭代

天津市汽车大数据平台建设的另一个有益启示是持续推动技术创新,并通过开放合作加速技术迭代。一是创新驱动。天津市注重在智能网联汽车领域持续进行技术创新,通过引导企业在自动驾驶、车联网、人工智能等前沿技术领域进行深入研发,不断推动技术进步。二是开放合作模式。天津市鼓励企业、科研机构、创新团队等多方合作,形成开放的创新生态圈。通过开放合作,企业能够快速获得新技术和创新成果,推动技术迭代更新。持续创新和开放合作是技术进步的动力源泉。通过鼓励技术创新和跨界合作,可以加速技术迭代,推动智能网联汽车技术创新发展和升级。

三 发展趋势与未来建议

(一)主要发展趋势研判

从全球范围来看,汽车大数据平台的发展趋势正在迅速演进,并受到技术创新、市场需求、政策法规和产业变革等多方面因素的驱动,未来几个主要的发展趋势如下:

1. 数据融合与多维度应用成为必然发展方向

随着智能网联汽车技术的不断发展,汽车大数据平台的应用将不再仅限于传统的车辆监控和管理,而是逐步向多维度、全方位的数据应用发展。跨领域数据融合与智能决策,包括车—路—云—人数据融合、智能决策与预测分析两个方面。前者指的是,未来的汽车大数据平台将不仅集中在车辆数据上,还将融合道路、交通、环境、车载传感器、云计算、社交媒体等多维度数据。通过跨领域的数据整合,实现车、路、云、人的深度协同,为智能交通、车联网、自动驾驶等技术提供支持。后者意味着,通过数据融合,平台能够实现对交通流量、路况、驾驶行为等的实时监测与预测,不仅能为车辆提供实时导航、避堵方案,还能预测交通事故、车辆故障等潜在风险,提高安全性和效率。

2. 边缘计算与车载计算相结合的趋势越发明显

随着智能网联汽车的普及,车辆在行驶过程中产生的数据量日益增加,传统的云计算平台面临着延迟和带宽的挑战。因此,边缘计算将在汽车大数据平台中扮演越来越重要的角色。一是本地数据处理。边缘计算通过将数据处理推向车辆本地,减少了对云端的依赖,降低了数据传输的延迟。智能网联汽车将能够实时处理关键数据,如碰撞预警、自动驾驶决策、路径规划等,提高反应速度和安全性。二是分布式计算网络。随着5G和高性能计算技术的发展,未来的汽车大数据平台将实现分布式计算架构,将计算资源分布到车辆、路侧单元、基础设施和云平台之间,实现更高效的数据处理和更快的响应时间。

3. 数据隐私保护与安全管理将愈发严格

随着智能网联汽车和大数据平台的发展,车辆产生的大量个人信息和敏感数据成为潜在的隐私风险。如何在保证数据价值的同时保护用户隐私,已成为全球汽车大数据平台发展的一个重要挑战。一是隐私保护技术。随着GDPR(欧盟通用数据保护条例)和其他地区隐私保护法规的实施,汽车大数据平台必须采取严格的数据加密、匿名化、脱敏等技术措施,保护用户隐私,防止数据泄露和滥用。二是数据安全管理。平台将加强对数据的安全管理,采用更先进的身份认证、访问控制、加密存储等手段,确保数据的完整性和安全性。三是合规性与监管。未来汽车大数据平台将更加注重合规性和监管的要求,确保符合各国的法律法规,特别是在数据跨境流动和使用方面,避免法律风险。

(二)未来发展建议

1. 全面推动车路协同并普及智能交通系统

一是加强车路协同技术应用。天津市应进一步加大 V2X(Vehicle-to-Everything)技术的研究和应用,推动车辆与道路基础设施之间的实时数据交互。通过车与路、车与车、车与行人之间的信息共享,提升交通管理的智能化水平,减少交通事故,提高路网效率。二是建设智慧交通基础设施。为支持 V2X 技术,天津应加快智能交通基础设施的建设,如智能交通信号灯、车路协同传感器、5G 通信基站等,为车辆提供实时的路况信息、交通信号等数据支撑,进一步推动智能交通系统的发展。

2. 探索多元化商业模式与发掘数据价值

一是开辟多样化收入来源。可以在汽车大数据平台上探索多样化的商业模式,例如向企业提供数据分析服务、通过车联网服务平台提供增值服务(如智能导航、车险定制、智能停车等),或者与物流公司合作提供实时物流跟踪服务等。二是推动数据产品化。通过将平台积累的海量数据进行产品化,可以向第三方提供数据接口和 API,或者建立数据市场,推动大数据的商业化应用,既能提供服务,又能提升平台的盈利能力。

3. 提升平台的用户体验与社会参与度

着力优化公众参与和用户反馈机制，可从两个方面入手，一是提升平台的开放性与透明度。应加强对汽车大数据平台的开放性，鼓励公众和企业参与平台的建设和优化。通过用户反馈机制、开放数据接口等方式，提升平台的透明度，增加用户的参与感与信任感。二是强化智能化服务功能。平台应根据不同用户群体（如车主、政府、企业等）的需求，提供个性化的服务。例如，为车主提供驾驶行为分析报告，为政府提供交通优化建议，为企业提供车辆运营数据分析等。

参考文献：

［1］邱彬、李广友、薛晓卿，等:《智能网联汽车数据交互与综合应用公共服务平台研究与构建》,《汽车工程学报》2024 年第 5 期。

［2］肖忠东、杨舒淇:《新能源汽车工业大数据平台建设三方合作策略研究》,《工业技术经济》2023 年第 5 期。

［3］杨时川、王志强、胡晓晓:《智能网联汽车信息融合系统关键技术探析》,《汽车实用技术》2024 年第 21 期。

［4］徐福国、申铁龙:《基于交通信息预测的智能网联混合动力汽车能源优化控制（英文）》,《控制理论与应用》2024 年第 12 期。

［5］霍治方、刘刚:《智能化转型背景下自动驾驶产业化的中国实践》,《中国科技论坛》2024 年第 7 期。

天津数字文旅产业发展与消费新场景探索

高　原　天津社会科学院政府治理和公共政策评估研究所副研究员

摘　要： 在国家推动数字经济与实体经济深度融合的背景下，天津文旅产业积极响应，全面融入数字技术，为产业发展注入新动能。本文深入剖析了天津市文旅产业在数字化转型背景下的发展现状，包括技术创新推动产业升级、政策导向构建支持体系等。在探索消费新场景模式上，天津文旅产业融合了文旅创新、社交电商与个性化服务、夜间经济与光影艺术等多元场景。在实施融合策略中，数字化技术为文旅产业带来新颖体验，跨界合作打造出文旅消费新环境，并辅以政策激励与丰富活动的助力，共同驱动消费持续增长。未来，天津数字文旅产业将持续以技术创新为引领，加速产业融合与协同发展，实现市场需求与供给的高效匹配，为"数字中国"建设提供坚实支撑。

关键词： 数字化　文旅产业　消费新场景

党的二十大报告明确提出："要促进数字经济和实体经济深度融合。"[①]随后国务院颁布的《"十四五"数字经济发展规划》进一步强调了这一重点。同时，《天津市智慧城市建设"十四五"规划》也着重提出"加快发展数字文旅产业"的关键任务。在国家发展改革委等部门印发的《关于打造消费新场

[①]　习近平：《高举中国特色社会主义伟大旗帜为全面建设社会主义现代化国家而团结奋斗——在中国共产党第二十次全国代表大会上的报告》，人民出版社，2022，第7页。

景培育消费新增长点的措施》的指导下,天津积极探索和创新消费新场景,不仅加速了文旅产业的转型升级进程,也为消费者带来了更加丰富多样的消费体验。

一 天津数字文旅产业发展现状分析

(一)数字文旅产业规模持续增长

近年来,数字技术全面赋能文旅产业全链条,驱动天津文旅产业迈向高质量发展新阶段。特别是今年,天津市紧扣"天津始'钟''响'你"主题,充分利用数字化手段,精心策划了一系列特色文旅活动,诸如"春风十里天津等你""粽情天地嗨啤津夏""秋意盎然津彩斑斓"以及"冬日暖阳津味绵长"等。这些活动不仅丰富了市民与游客的文化旅游体验,还成功吸引了线上线下共计400余万人次的观众参与,图文浏览量超过1亿次,彰显了天津数字文旅产业的发展与广泛影响力。据天津市文化和旅游局发布数据显示,2024年1月至10月,全市共接待国内游客22832.08万人次,较去年同期增长12%;国内游客旅游花费2563.56亿元,同比增长33.7%;其中人均花费1122.79元,同比增长19.4%。[①] 在数字文旅融合强劲推进下,全市文旅产品日益呈现出多样化、个性化的鲜明特点,从智能化服务到互动体验,再到多元化的产品供给,游客的体验更加丰富。

在市场需求方面,随着数字化的引入,天津数字文旅产品的需求也呈现出新的趋势。当前,消费者对数字文旅产品的偏好与需求变化主要体现在个性化需求增长、互动体验需求提升、品质化需求增强以及多元化需求拓展等方面。消费者越来越注重个性化体验,期望在旅游过程中能够获得独特的、定制化的服务。同时,随着数字技术的普及,消费者对于互动体验的需求也越来越高,希望通过这些技术更深入地了解景点的历史背景、文化内涵等信息。在消

---

① 《天津文旅成绩单展示真实力》,《今晚报》2024年11月17日。

费升级的背景下,消费者对数字文旅产品的品质要求也越来越高,不仅关注产品的价格,更看重产品的品质和服务质量。此外,消费者对数字文旅产品的需求也在向多元化方向发展,希望能够在旅游过程中参与各种文化、体育、娱乐等活动,以丰富自己的旅游体验。

(二)技术创新引领产业升级

在数字文旅领域,天津不断探索和应用新技术,以推动产业的持续升级和创新发展。一方面,天津积极利用数字技术,打造了一批以数字科技为驱动的创新文旅项目。例如,通过虚拟现实(VR)技术,游客可以在家中就能饱览天津的各个景点,感受这座城市的独特魅力;而增强现实(AR)技术则可以将天津的历史文化和自然景观以更加生动、形象的方式呈现给游客,进一步提升游客的参观体验。

另一方面,天津还积极推动智慧文旅建设,利用大数据技术对游客的消费行为、兴趣爱好等数据进行深入挖掘和分析,以实现对游客需求的精准把握和满足。这些数据分析成果不仅可以为文旅企业提供有价值的市场参考和决策依据,还可以为游客提供更加个性化、智能化的旅游服务。例如,通过数据分析,文旅企业可以精准地了解游客的消费习惯和兴趣爱好,从而开发出更加符合游客需求的旅游产品和服务;而游客则可以通过智能手机等智能设备,随时随地获取所需的旅游信息和服务。

此外,天津还积极探索"文旅＋互联网"的新模式,推动文旅产业与互联网的深度融合。通过与携程、抖音等网络平台和头部企业的紧密合作,天津不仅显著提升了文旅产业的知名度和影响力,还为游客带来了更加便捷、高效的旅游预订和服务体验。同时,天津还统筹推动文旅宣传工作,讲好天津故事,进一步增强了文旅的吸引力和影响力。持续开展的"引客入津"行动,全面展示了天津独特的文化旅游资源和魅力。据统计,全市文旅系统已发布数万篇作品,全网粉丝量超过五百万,主题直播活动数千场,总浏览量突破四十亿人次①,为产业的转型升级和可持续发展注入了强劲动力。

（三）政策体系健全助力产业高质量发展

天津在推动数字文旅产业发展上展现了前瞻性和行动力,制定了一系列具有可操作性的政策措施,为产业的快速发展奠定了坚实基础。在需求驱动和数字中国建设的宏观背景下,天津积极贯彻党的二十大精神及数字经济发展相关政策,陆续发布了旨在推动文旅产业高质量发展的相关政策文件,其中,《天津市智慧城市建设"十四五"规划》明确将"加快发展数字文旅产业"作为重点任务,2024 年 7 月颁布的《天津市促进现代服务业高质量发展实施方案》则强调支持发展互联网服务新模式、新业态,打造平台经济集聚区,并加强重点头部企业及中小、初创型平台企业的培育,这一内容间接促进了文旅产业的数字化转型和升级。这些政策文件不仅为数字文旅产业指明了发展方向,还提供了明确的保障措施,旨在将数字文旅产业打造为推动旅游业转型升级和高质量发展的重要引擎。

在构建全方位支持体系以促进数字文旅产业发展方面,天津不仅大幅提升了财政与金融扶持力度,还特别设立了专项扶持资金,旨在为数字文旅产业项目的研发创新、市场推广及日常运营注入活力。同时,政府积极携手金融机构,为数字文旅产业开辟多样化的融资渠道,提供全方位、精细化的金融服务,有效缓解了企业在成长壮大过程中面临的资金瓶颈问题。此外,天津在推动产学研用深度融合与创新发展的道路上持续深耕,不断深化与高等教育及科研机构等单位的合作与交流。在此背景下,天津市文旅融合发展研究中心于2024 年 5 月成立,该研究中心由天津市文化和旅游局、天津市政协文化和文史资料委员会以及天津社会科学院联合设立,旨在聚焦文旅融合发展领域的重大课题,通过深入细致的研究,以期进一步推动文化和旅游的深度融合,为天

---

① 《天津市 1—10 月文旅工作成绩斐然》,国际在线网,https://news.cri.cn/20241113/dfffee4a-cc-ba-3ba9-f9b0-908db57abfa7.html,2024 年 11 月 30 日。

津数字文旅产业的创新发展提供强有力的智力支持。

二 天津数字文旅产业的消费新场景模式探索

(一)文旅融合创新场景

首先,深度挖掘地方文化精髓,天津积极探索"文化＋旅游"的深度融合模式,通过打造独具吸引力的新型旅游目的地,实现文旅产业的创新发展。例如,以天津古文化街为核心,将传统文化与现代艺术形式结合,通过沉浸式体验、互动展览等形式,让游客感受传统与现代的交融魅力。同时,以天津海河沿岸为载体,开发兼具历史记忆与现代风貌的旅游线路,为游客提供具有独特文化韵味的休闲空间。

其次,在数字化遗产保护与展示领域,数字技术的应用发挥了重要作用。天津借助先进的数字技术对历史建筑、非物质文化遗产等进行精细化记录和虚拟重现,使传统文化焕发新生。例如,通过三维建模技术对名人故居、文物建筑等进行数字化存档,并结合 VR 和 AR 技术,游客仿佛"穿越时空",这些新颖的举措不仅提升了文化体验感,也吸引了更多年轻群体对传统文化的关爱。

最后,天津还以主题乐园和文化街区为突破口,精心构建了一系列新型文旅消费场景。以天津欢乐谷和滨海新区的泰达航母主题公园为代表的主题乐园,以创意活动和特色文化为核心吸引点,成为亲子游和家庭游的热门选择。同时,结合地方文化特色的文化街区,如意大利风情区、五大道文化旅游区等,则将历史文化建筑群与现代商业模式相结合,为游客提供多样化的文化体验。这些场景不仅满足了游客的个性化需求,还促进了文旅产业链的延伸与升级。

(二)社交电商与个性化服务场景

线上旅游服务平台与手机应用软件已成为天津数字文旅产业不可或缺的组成部分,不仅覆盖了从旅游信息查询、行程规划、景区门票购买到本地文化活动预订的全方位服务,还通过大数据分析,精准推送符合用户历史行为和偏好的旅游项目。在与当地酒店、餐饮、交通等服务的深度融合中，更是构建了一个"端到端"的旅游服务闭环，为游客带来了无缝衔接的全程体验。这种线上线下的紧密联动，极大地提升了游客的出行方便度和满意度。

直播带货与KOL(Key Opinion Leader，意见领袖，简称KOL)营销在文旅领域的应用也取得了显著成效。随着短视频平台和直播带货的兴起，天津的旅游企业和文化机构纷纷借助这些新兴渠道吸引游客。通过知名旅游博主在抖音、快手等平台的直播带货，天津的特色文创产品和旅游项目得以广泛传播。游客在直播间不仅能观看景区的现场精彩展示，还能轻松购买具有天津特色的商品。而KOL营销则通过生动、互动的方式将天津的旅游景点、传统文化和现代城市景观精准触达全国乃至全球的观众，极大地提升了天津的知名度和吸引力。

个性化与定制化旅游服务的兴起，更为天津的文旅产业增添了新的活力。面对消费者日益多样化和个性化的需求，天津的旅游服务平台和企业纷纷向个性化、定制化方向发展，推出的"私人定制"服务，可以根据游客的兴趣、时间、预算等因素，量身打造专属的旅行计划。针对高端游客，更有豪华定制游服务，包括私人导游、专车接送、定制化餐饮和住宿等，满足了游客对高品质、个性化旅游体验的追求。尤为值得一提的是，天津市还在尝试将虚拟现实技术与文旅产业相结合，开发沉浸式旅游体验。通过"虚拟导游"服务，游客在参观天津的历史遗迹或文化景点时，能够获得个性化的数字解说，极大地增加了游客的参与感和互动性。这一系列创新的服务模式不仅吸引了更多游客前来天津旅游，还提高了游客的满意度和忠诚度。

（三）夜间经济与光影艺术场景

在夜间文旅消费激活模式上，天津充分利用其独特的历史文化和城市景观资源，激活夜间经济的活力。五大道和意大利风情街区，作为兼具文化韵味与现代时尚的夜间热点区域，通过延长营业时间、引入夜间演艺活动和特色市集，为游客打造了一个集休闲、文化体验、夜游等多功能于一体的夜间经济集聚区。政府的政策支持与激励措施，如税收优惠、优化的公共交通夜间服务以及加强的夜间安全保障,为商家和游客提供了极大的便利。同时,天津还通过短视频平台、社交媒体等渠道,加大对夜间文旅项目的宣传力度,吸引了更多人关注和参与城市的夜间文化活动。与本地企业和文化机构的合作,更是探索出了夜间经济的新业态,如滨海新区的夜间主题街区,通过科技与艺术的融合,为游客带来与众不同的夜游体验。

光影秀、灯光秀、无人机表演等项目,不仅丰富了天津夜间旅游的内涵,也提升了夜间旅游的吸引力。天津之眼摩天轮夜游,让游客欣赏到沿海河两岸璀璨的灯光与标志性建筑的光影效果,感受夜间视听盛宴。海河两岸定期举办的"光影秀",精妙地将历史文化与现代科技完美结合,借助投影技术、激光效果和音乐的完美融合,为游客带来了震撼体验。此外,古文化街、天塔等景区也加入了灯光秀的行列,通过投射历史画面、文化元素等,赋予传统景点新的生命力,使之成为夜间文旅的热门打卡地。天塔等标志性景区引入的无人机表演,高科技无人机编队在空中绘制出一幅幅立体图案与造型,让游客在赞叹之余,也深刻感受到了天津这座城市的无限魅力与活力。

三 天津数字文旅产业与消费新场景的融合策略

(一)数字化技术引领文旅新体验

在文旅产业的创新发展中,天津充分利用数字化技术的力量,为游客打造了一系列的全新体验,提升了旅游的品质,让每一位到访的游客都能深刻感受到这座城市的文化底蕴和科技水平。首先,AR、VR 技术的融合应用,为天津的历史文化街区、博物馆等景点注入了新的活力。游客只需通过手机扫描特定的二维码或图像,就能瞬间被带入一个虚拟而又逼真的历史场景中,感受那些古老建筑背后的故事和文化脉络。这种身临其境的体验,不仅让游客对景点的历史和文化有了更加直观和深入的了解,也极大地增强了他们的参与感。

其次,大数据技术的应用为游客提供了个性化的旅游推荐和服务。天津的文旅部门通过收集和分析游客的游览数据、消费习惯等信息,能够精准地为他们推送符合其兴趣和需求的旅游产品和服务。这种个性化的推荐，不仅让游客的旅行更加方便和舒适，也让他们在每一个景点都能找到属于自己的独特体验。

最后，5G、物联网和人工智能等先进技术的广泛应用，进一步提升了天津景区的智能化水平。游客可以通过智能化的导览系统轻松找到景点位置、了解景点信息，甚至可以通过语音交互与景区进行互动。而物联网技术的应用则让景区的设施和服务更加智能化和人性化，如智能停车场、智能售票机等，都为游客提供了更加便捷和舒适的旅游环境。同时，人工智能的引入也为景区的安全管理和服务提供了有力支持，让游客在享受美景的同时，也能感受到来自科技的安全保障。

（二）跨界融合构建文旅消费新生态

在推动数字文旅产业发展的过程中，天津积极探索跨界融合的新路径，通过与文化、科技、商业等领域的深度融合，构建出全新的文旅消费生态。首先，与电商平台携手，拓宽销售蓝海。通过与淘宝、京东等国内知名电商平台展开深度合作，借助电商平台的流量优势和营销能力，打破传统文旅消费的时间与空间壁垒。通过直播带货、短视频推广等新颖形式，天津的文创产品和特色旅游产品得以触达更广泛的消费群体。天津还巧妙地将文创商品与旅游服务进行打包推广，例如，在线上平台，游客可以轻松浏览并购买到具有天津特色的文创商品，如精美的手工艺品、地方特色美食等；预约各种个性化的旅游服务，如定制化的旅游线路、专业的导游讲解等。而线下，天津的各个旅游景点和文创商店也为游客提供了丰富的体验机会，游客可以亲身感受文创商品的魅力，参与各种互动体验活动，如手工艺制作、地方文化讲座等。这种线上线下相结合的推广方式，为游客提供了更加丰富多元的消费体验。

其次，区域联动，共享文旅盛宴。依托京津冀协同发展的国家战略，天津与北京、河北省等地紧密合作，共同推动文旅资源的共享与市场协作。通过联合开发红色旅游路线、共建环渤海文化休闲旅游带等举措，天津成功吸引了大量跨区域游客的关注和青睐。在区域联动的过程中，天津始终坚持差异化定位的原则,深入挖掘区域特色资源,避免了同质化竞争的困境。同时,天津不断加强区域交通和数字旅游平台的互联互通,提升旅游服务的准确性和智能化,为游客提供更加优质的旅游体验。

最后,品牌合作,共谱文旅新篇。天津旅游集团携手天津市对口支援新疆工作前方指挥部,深化文旅品牌合作。依托战略协议,双方通过文旅资源开发、投资合作及技术、人才交流,实现品牌升级。通过引入"和田夜市"等特色项目,丰富文旅产品供给,打造沉浸式独具特色的旅游体验。同时,双方强化在人才培训、"津和号"旅游项目上的合作,挖掘区域文化,避免同质化竞争。此举通过数字旅游平台的连接促进了两地文旅资源的共享与互补,为游客提供了方便快捷的旅游服务。

(三)政策与活动双轮驱动消费增长

在推动数字文旅消费与消费新场景持续融合的道路上,天津以政策为引领,以活动为激活,双管齐下。首先,政策发力,精准刺激文旅消费与产业升级。天津在促进文旅消费方面,不仅推出了发放文旅消费券、景区门票减免等一系列优惠政策,直接降低了游客的出行成本,有效拉动了文旅市场的消费增长,还出台了一系列扶持数字文旅产业发展的政策,包括资金支持、税收优惠、人才引进等,为文旅企业提供了良好的发展环境。这些政策不仅注重精准化补贴,根据淡旺季的不同灵活调整优惠力度,确保资源的均衡利用,还通过线上平台的快捷分发,提升了消费券和各类扶持政策的领取和使用效率,让游客和企业都能感受到数字化带来的便利,进一步推动了文旅产业的数字化转型和消费升级。

其次,强化监管,守护消费者权益与市场秩序。在文旅市场繁荣的背后,天津通过建立完善的监管体系,如游客投诉中心、加强执法检查等措施,有效保障了游客的合法权益,坚决维护市场秩序。对于不合理收费、虚假宣传等市场乱象,天津秉持零容忍态度,坚决打击,为文旅消费的健康发展奠定了坚实基础。同时,天津还注重信息公开透明,全面推行服务和商品的价格公示,杜绝隐性收费现象,增强了游客的信任感,为文旅市场的持续繁荣提供了有力保障。

最后,活动丰富,点燃消费热情与城市魅力。天津各大景区和消费场所每年举办的灯光节、文化艺术节、夜间经济体验活动等,不仅成为了吸引游客的亮点,更是展示了城市的文化底蕴和独特魅力。特别是夜间经济主题活动,通过光影秀与美食市集的完美结合,为城市夜生活注入了新的活力。在活动的策划上,天津紧扣节庆热点和城市特色,打造了一系列多元化、趣味性的活动内容,满足了游客的不同需求。同时,通过新媒体营销的广泛传播,扩大了活动的影响力,吸引了更多本地及外地游客的关注和参与,进一步提升了天津文旅产业的知名度和影响力。

四 天津数字文旅产业发展趋势研判

（一）技术创新引领产业升级

随着 5G、AI、区块链及物联网等前沿技术的快速发展,天津作为智能科技产业的重要城市,有条件率先推动这些技术的深度融合。例如,5G 网络的普及为沉浸式体验提供了稳定的技术支撑;人工智能则通过智能客服、机器人导游等方式优化游客服务体验。AR/VR 与数字孪生技术的深度应用将成为天津数字文旅的重点发展方向。通过数字孪生技术,景区可打造虚拟的数字化副本,实现实时监测与动态管理。例如,天津可以将"海河夜游"项目进行数字化还原,让游客通过线上平台提前规划夜游行程,体验虚拟导览的乐趣。技术创新将推动天津文旅产业从传统观光型向智能化、体验型方向转变。例如,在智能化票务系统、游客行为分析、景区运营优化等方面,数字技术将有助于降低管理成本,提高运营效率,优化资源配置。

（二）产业融合与协同发展加速

产业融合与协同发展正加速推动天津数字文旅产业迈向新台阶。未来,文旅产业将与诸如教育、健康、体育、金融及电竞等其他行业深度融合,形成

"文旅 + "新模式。在这一模式下,天津将充分挖掘自身资源,如结合丰富的温泉资源开发健康旅游线路,或与电竞产业携手举办数字文旅电竞活动,吸引更多年轻游客的关注与参与。在京津冀协同发展框架下,天津将积极与北京、河北等周边地区资源共享,共同打造文旅经济圈,推出跨区域的精品旅游线路,并通过智慧旅游平台提升游客体验。同时,天津正积极构建多产业生态圈,引入文创、影视制作等合作伙伴,推出特色文创产品和文化主题美食体验,增强文旅项目吸引力,实现经济效益的持续增长。此外,为推动天津夜间经济持续健康发展,打响"夜游海河"品牌,海河还计划策划大型水上实景演出,进一步丰富文旅体验,为天津数字文旅产业注入新的活力。

(三)市场需求与供给更加匹配

为了游客需求的不断升级和多样化,导入数字文旅产品和服务,从而更加精准地对接市场需求。供给方将加大市场调研与预测力度,提前布局规划,以满足游客的多样化、个性化需求。例如,针对家庭游客推出亲子类项目,为年轻人设计沉浸式和互动性强的活动,利用大数据技术细分市场需求,推出深度文化游、夜游、运动型旅游等特色产品。同时,供给方需精准预测市场趋势,提前布局未来热点。结合年轻一代消费偏好,开发具有社交属性的旅游服务,如利用短视频平台推广小众景点,推出互动体验项目。此外,举办季节性活动,如春季文化艺术节、冬季灯光秀等,吸引外地游客,激活旅游淡季市场。

构建智慧旅游平台是实现精准供需匹配、提升旅游服务质量的关键。在现有"天津旅游电子地图"小程序的基础上,天津应不断深化其功能与服务,充分借鉴苏州"君到苏州"、杭州"在杭州"、陕西"陕西文旅惠民"、西安"畅游西安"等国内先进智慧旅游平台经验,进一步整合旅游资源,实现信息的实时更新与共享,以便更准确地捕捉游客需求动态。通过大数据分析技术,深入挖掘游客的行为偏好、消费习惯等关键信息,为游客提供个性化、定制化的旅游服务,如根据游客兴趣推荐最适合的景点、餐饮、住宿等。同时,平台还应具备强大的客流管理能力,通过实时监测景区人流情况,科学调度资源,有效缓解景区拥堵问题,提升游客游览的舒适度与满意度。此外,平台还应加强与游客的互动与交流,及时收集游客反馈,不断优化服务流程,提升服务质量,为天津数字文旅产业的持续健康发展提供有力支撑。

参考文献：

［1］陈波、涂晓晗:《旅游休闲街区消费场景的模式类型与文旅融合策略》,《南京社会学》2023 年第 8 期。

［2］唐睿:《数字经济赋能文旅产业高质量协同发展的效应与机制——基于长三角的实证》,《地理科学进展》2024 年第 10 期。

［3］任婧、梁译文:《数字经济助推文旅产业发展的基本逻辑与优化路径——以 S 省为例》,《行政与法》2024 年第 10 期。

［4］黄志锋、黄海湛、尤萍娜:《福建省文旅产业融合发展路径》,《科技和产业》2024 年第 13 期。

天津绿色智能算力
网络大模型研究

刘继为　天津社会科学院政府治理和公共政策评估研究所副研究员

魏　强　联通(天津)产业互联网有限公司高级工程师

摘　要: 网络大模型不断涌现产生的智能算力需求呈爆炸式增长,算力能耗急剧增加,推进算力基础设施节能减排以实现智能算力发展变得日益紧迫。因此,天津市应持续推进绿色智能发展,提升大模型减能增效水平,继续巩固和发展算力基础设施设备绿色化,构建绿色智能算力产业链协同创新体系,夯实绿色能源底座支撑;着力推进绿色智能数据与算力设施改造与建设,在关键领域适度超前部署具备节能环保、绿色低碳属性的算力基础设施,以落地应用赋能推进绿色算力产品迭代升级;坚持"引培并举"发展大模型头部企业,引领带动智能算力网络大模型领域快速发展,构建政产学研多方协同联动,推进形成通用大模型和行业垂直大模型协同发展格局。

关键词: 绿色智能算力　网络大模型垂直大模型　绿色能源

近年来,以 Chat GPT、DeepSeeK 为代表的人工智能大模型飞速发展,在自然语言处理、图像识别、视频生成等领域展现出了强大能力。智能算力是网络大模型发展的基础支撑,算力的高低直接影响网络大模型的训练速度和性能表现。随着网络大模型的不断涌现,智能算力需求呈现出爆炸式增长,带来算力能耗的急剧增长。大规模参数运算、长时间训练周期、海量数据存储读写和高速传输等所依赖的高性能 GPU、FPGA 等芯片的整体能耗非常高,服务器本身以及相关保障存储、网络等设备正常运行配备的制冷系统、电源供应系统等在运行过程中也会消耗大量的电能。总体而言，以数据中心为代表的算力基础设施在整体能耗和碳排放方面的问题日益突出。

2020 年 9 月，我国正式提出"双碳"战略目标，绿色低碳、节能环保成为各产业布局的底层逻辑。2021 年 12 月，国家发展改革委等四部门发布《贯彻落实碳达峰碳中和目标要求推动数据中心和 5G 等新型基础设施绿色高质量发展实施方案》，提出"有序推动以数据中心、5G 为代表的新型基础设施绿色高质量发展""促进全产业链绿色低碳发展"。2023 年 10 月，工信部等六部门联合出台《算力基础设施高质量发展行动计划》提出要推进算力应用全产业链节能减排。在"碳达峰、碳中和"战略目标引领下，以绿色发展为算力产业主攻方向，大力推动智能算力网络大模型的高效节能、低污染、科学集约绿色化发展，是算力产业持续高能耗形势下的必然选择，也是践行"双碳"目标、落实节能降耗的关键举措之一。

一 天津市绿色智能算力网络大模型发展现状

天津市高度重视智能算力网络大模型发展和应用，天津市人工智能计算中心、中国电信京津冀智能算力中心、中国联通京津冀数字科技产业园等重点项目相继建成投用。同时，天津市着力推进智能算力网络大模型的绿色低碳化发展，以政策顶层规划、项目引导等积极推进绿色智能算力网络大模型建设发展，以智能大模型高水平应用赋能实体经济发展，加速各行业的智能化转型升级取得积极成效。

（一）智能算力供给初具规模

网络大模型核心竞争力的关键是算力。天津市积极应对智能算力需求的爆发性增长，超前谋划布局算力数据平台建设，满足数字经济发展中核心算力需求，目前全市已投产数据中心 34 个。

1. 智能算力供给初具规模

天津市积极推进智能算力基础设施建设,统筹布局智算中心建设,扩大智能算力有效供给,为网络大模型的训练和推理提供强大算力支持。目前,天津市智能算力规模已达到7500P,[①]形成良好发展局面。2024年7月,天津市印发《天津市算力产业发展实施方案(2024—2026年)》,明确提出力争到2026年全市智能算力规模达到10EFLOPS以上。[②] 2025年5月,天津市发布《算力券实施方案(试行)》,明确对有算力需求的企业提供一定额度的资金补贴,进一步满足了中小企业的算力需求。

2. 行业协同发展模式不断完善

2024年6月,天津市上线天津市算力交易中心,发布行业高质量数据集,不断完善数据产业生态,实现各领域的数据共享与协同创新。推进行业联盟建设,鼓励支持行业协同发展,2024年11月20日天津市算力产业发展联盟成立,该联盟涵盖算力产业上下游各领域,联盟发布的天津市第二批行业高质量数据集总量超过4600TB,涉及100个行业,有75个为国内首发,超过10TB规模的数据集有15个,涵盖教育培训、生态环境、工程建筑等16个领域。[③]

3. 智能算力产业集聚趋势明显

天津市不断推出有力举措助力智能算力产业发展,抢抓数字赛道机遇,加快算力基础设施建设,初步形成了滨海新区、武清区、河北区等算力产业聚集区。例如,滨海新区加快推进算力基础设施建设,发布滨海算力调度平台,平台汇集7400P智能计算资源,可以对东、西部地区丰富的算力资源进行智能调度,打造了京津城域内1毫秒、京津冀区域内3毫秒、云蒙川贵区域不到10毫秒的低时延、大带宽、高可靠算力网络时延圈,实现算力资源跨地域共享;通过纳入市级算力网络、融入全国一体化算力网,滨海新区成为天津市算力资源主要承载区和京津冀地区重要算力节点,算力产业集群涵盖服务器、算力芯片等

---

① 1P表示计算机每秒1千万亿次的浮点运算能力。
② EFLOPS是"ExaFLOPS"的缩写,是计算机领域用于评估计算机在处理大规模科学计算、工程模拟等复杂任务时的性能和效率,指每秒进行10的18次方次(一百京次)浮点运算的能力。
③ 《天津市算力产业发展联盟成立》,《天津日报》2024年11月21日。

产业链主要环节，计算设备产量、集成电路产量、软件业务量位居全国前列，已形成以算力为核心的软硬件自主创新生态体系。武清区充分利用区位优势夯实京津冀协同发展的优质"算力底座"，以高村科技创新园为依托打造数实融合应用高地，目前已入驻数据产业关联企业 240 家，算力中心、数据中心项目 9 家，可容纳百万台高功率服务器，是京津冀地区距离北京核心区最近、规模最大、算力最强的专业智算产业聚集区，是京津冀协同发展的"数据大脑"，成为京津冀蒙算力供给走廊主轴节点；建设的中国电信京津冀智能算力中心为京津冀最大绿色智能算力中心，总体规划超过 4 万个高算力机架，已与新浪、字节跳动、京东等 12 家互联网企业完成签约合作。

（二）网络大模型产品与应用场景不断涌现

天津市不断加大对网络大模型发展支持力度，推进网络大模型在政治、经济、社会、文化、教育等各领域全面开花落地，网络大模型应用氛围浓厚，充分展现着天津作为网络大模型"土壤"的实力。

1. 本地网络大模型层出不穷

近年来，天津市在智慧医疗、港口等领域均有大模型研发布局，门类繁多、场景丰富。如，"天河天元大模型"立足国产超级算力和智能算力，训练数据集总 token 数达到了 350B，是自主训练打造的中文语言大模型。天津蜜度文修智能科技有限公司发布的文修智能校对大模型 3.0 将出版行业的隐性知识转化为可复用的显性知识，90 秒即可完成约 20 万字书稿的校对，90 分钟的视频仅需要 5 分钟即可完成全流程内容审核工作。

2. 头部大模型企业落户天津

天津市依托信创产业发展优势、优越地理位置以及丰富科教人才资源，吸引了百川智能、科大讯飞、360 集团等国内领先的大型模型企业落户天津。例如，国内大模型领域的领军企业之一百川智能，于 2024 年 11 月在天开高教科创园成立了百川智能北方运营中心和大模型场景应用联合实验室。南开区积极把握京津冀协同发展的重大战略机遇，吸引北京市海淀区在垂直领域大型模型企业来南开拓展应用场景，目前已成功引进云从科技、蜜度文修、中世康恺、天大智图等人工智能大模型研发企业。各个企业与天津市相关产业迅速紧密融合,共促共生,取得显著成绩。如,云从科技与天津港集团等企业联合开发了全球首个港口大模型"Port GPT",360 集团与天津金城银行共建"天津金城银行金融大模型"并成为天津地区唯一入选《2023 大模型落地应用案例集》的应用案例。①

表1　天津市网络大模型汇总

序号	网络 大模型	开发机构	主要特征	应用 领域	模型 类型
1	"天河天元" 大模型	国家超级计算 天津中心	训练数据集总 token 数达到 350B,自主训练的中文语言大 模型,具备强大的语义理解和 文本生成能力	通用 领域	通用
2	港口大模型 Port GPT	天津港集团、云 从科技等联合 开发	全球首个港口大模型 Port GPT,聚焦港口生产应用场景, 通过视频和图像识别现场生 产多种场景,包括现场作业人 员、不同类型的设备、不同的 作业安全规则等	港口	行业
3	"海河·谛 听"言语交互 意图深度理解 大模型	慧言科技(天 津)有限公司	天津首个商业化落地大模型, 国内首个自主可控言语交互 意图理解大模型,可结合语音 文本内容、情感等要素进行精 准的聚合式生成对话	民生	行业

---

①　新华网:《2023 大模型落地应用案例集》由大模型测试验证与协同创新中心(由中国信息通信研究院与上海人工智能实验室联合发起成立)牵头编写,中国信息通信研究院华东分院等机构联合参与,从所属领域、应用需求、创新能力、社会效益、应用前景等主要维度,评选出 52 个大模型优秀应用案例。

续表

序号	网络大模型	开发机构	主要特征	应用领域	模型类型
4	"海河·尔语"聋人手语理解大模型	天津市人工智能计算中心、天津市残疾人联合会等联合开发	国内首个自主可控聋人手语理解大模型,高效地生成手语多模态模型,支持超过10亿数据标注手语到汉语的翻译与训练。以聋人手语视图为蓝本,结合动作幅度、速度、人物表情及周围环境,深度准确理解聋人手语表达含义,转换为语音与文字	民生	行业
5	"海河·岐伯"大模型	天大智图（天津)科技有限公司、现代中医药海河实验室等联合开发	专注于中医药领域大模型,主要应用于辅助中医药专业人才培养、辅助诊疗以及中医药养生保健等场景	医疗	行业
6	"海河·智教"大模型	天大智图（天津)科技有限公司、麒麟软件等联合开发	辅助教师完成教材内容、教学方案的编写与设计等模型应用	教育	行业
7	"海河·优医"大语言模型	天津医科大学、天津大学智能与计算学部、天津市人工智能计算中心研发等联合开发	为泌尿外科疾病提供精准诊断与治疗方案,通过智能交流与问诊,能够自动采集病史信息,整合上传或扫描的检查报告,生成全面电子病历、初步诊断和治疗建议	医疗	行业
8	"海河·天眼"大模型	天津市人工智能计算中心联合相关机构开发	可自主操控多台无人机同时起飞降落,采集图像视频,通过平台自主学习,找出违规和异常情况,为国家安防、电力巡检、应急救援等提供服务	安防、应急	行业

序号	网络大模型	开发机构	主要特征	应用领域	模型类型
9	"数智本草"中医药大模型	天士力集团、华为云联合开发	380亿参数量,拥有"智能问答""交互计算"和"报告生成"三种应用模式,能够实现"从病到方"和"从方到病"两大目标	医疗	行业
10	金融私有化领域大模型	天津金城银行、360集团联合开发	打造数字员工、智能化虚拟分析师,采用私有化部署方式满足金融机构对数据安全、隐私保护以及合规性等要求的大模型	金融	行业
11	"高小新"大模型办公业务平台	天津滨海高新技术产业开发区、360集团联合开发	提供生成创作、阅读理解、多轮对话、逻辑推理、知识问答、多语种互译、文本改写、文本分类等服务,并实现对多个业务场景的赋能应用	政务	行业
12	"菲凡"工业垂类大模型	菲特(天津)检测技术有限公司	以制造企业为服务对象,能对生产流水线做预测性维护,通过对设备状态数据采集,进行状态识别、故障诊断和寿命预测	工业	行业
13	财经政法大模型	天津汲智科技有限公司	提供精通企业财务、合规的智慧审计系统,以及高效精准的政策法规智能服务两大功能	金融	行业
14	文修智能校对大模型3.0	天津蜜度文修智能科技有限公司	拥有文字标点差错、知识性差错、内容导向风险识别三大审核与校对类型	教育	行业

续表

序号	网络大模型	开发机构	主要特征	应用领域	模型类型
15	医疗影像质控大模型	先进计算与关键软件（信创）海河实验室	可迅速检测和及时调整 X 光片在拍摄时摆位不正等问题,使影像清晰	医疗	行业
16	"鹏城·脑海"大模型	鹏城实验室	国内首个完全自主可控、开源开放的自然语言预训练大模型底座	通用	通用
17	贝芸"分子智芯"	天津贝芸科技有限公司	基于丰富预训练数据以及模型框架,面向小分子化药、天然产物药物、蛋白药物、多肽药物以及核酸药物5大药物类型,根据各类药物特点训练多个药物场景垂直大模型	医疗	行业
18	"獬豸"网络普法大模型	天津市委网信办、360集团	全国首个网络普法领域垂直大模型,拥有多模态交互能力与专业、全面、庞大的法律知识库,可提供更易理解的法律解释与更精准的法律指导;帮助企业及机构在处理跨境数据时保持合法合规,规避风险;模型众训共享模块能有效实现资源的共享与集中管理,数字人视频生成功能可以利用人工智能技术创建虚拟形象,24 小时宣讲法律知识	法律	行业
19	"同道汇才"	同道精英（天津)信息技术有限公司	以 AI 求职招聘助手等形态为用户提供全方位的智能化服务,通过开放 API 接口与众多网络服务商实现无缝对接	企服	行业

序号	网络大模型	开发机构	主要特征	应用领域	模型类型
20	金匮中医大模型	天津中科闻歌科技有限公司	国内首个中医标准化症状知识图谱,以及 OTC 中药、OTC 西药、中药方剂、中医食疗和中医运动处方五大细分知识库	医疗	行业

数据来源:根据网络公开资料整理,截至 2024 年 12 月。

3.行业大模型赋能传统产业转型升级成效凸显

天津市制造业领域的深厚产业积淀为网络大模型产品提供丰富行业数据和应用场景。如,2023 年 3 月由河北区与华为技术有限公司合作共建的天津市人工智能计算中心,算力已扩容至 300P,为 203 家客户提供算力资源,算力使用率达 95% 以上,培育了"海河·谛听"等 11 个行业垂直大模型,帮助石化、医药和新材料等产业解决系列技术难题,显著提高生产效率和创新能力。市政府与南开区通过市区联动形式设立天津市大模型应用生态基地,通过专项政策激励、软硬件设施配套、产业元素优先配置、应用场景开放及教育产业深度融合等多元化措施,吸引和培育通用大模型和行业大模型研发企业。

(三)明确绿色低碳安全发展方向

天津市充分利用政策工具激励作用,大力支持智能算力基础设施和人工智能大模型产业的绿色化发展方向。2021 年 8 月天津市印发的《天津市加快数字化发展三年行动方案(2021—2023 年)》就明确提出"统筹规划超大新型绿色数据中心建设,推广清洁算力,提高使用低碳、零碳能源比例,助力实现碳达峰、碳中和目标"。2024 年 7 月,天津市人民政府办公厅印发《天津市算力产业发展实施方案(2024—2026 年)》,明确将"推动算力绿色低碳安全发展"作为重点任务,强调"严格执行固定资产投资项目节能审查制度,从源头提高新建大型数据中心能效水平",并提出到 2026 年实现新建大型及以上数据中心 PUE 值①降至 1.25 以下的目标。

此外,天津市持续开展绿色数据中心建设,加快推广液冷等先进散热技术,支持利用"源网荷储"等新型电力系统模式,鼓励企业探索建设分布式光伏发电等配套系统,促进可再生能源就近消纳。如武清区高村数智创新园内建设的京津冀智能算力中心是京津冀地区规模最大也是目前唯一的拥有万卡国产芯片的绿色智能算力中心,可承载千亿到万亿参数的大模型训练业务②。该智算中心所采用的冷板式液冷技术可以精准定位 CPU、GPU 的发热点进行冷却,能够冷却 70%—80% 的服务器发热量,实现高效散热,有效降低服务器能耗。经测算,采用冷板式液冷技术每年可节约用电量达亿千瓦时,减少的二氧化碳排放量也十分可观。清数科技园内全部建筑充分考虑节能、节地、节水、节材和环境保护等因素,从整体上提高了建筑的绿色性能,均取得三星级绿色建筑标识;独特的绿色花园式办公环境,既美化园区景观,还具备调节微气候、减少热岛效应的作用,一定程度上降低了园区夏季制冷需求和能源消耗。

二 天津市绿色智能算力网络大模型发展问题与挑战

(一)绿色化程度仍需进一步提升

近年来,天津市通过政策指引、项目支持等举措,引导智能算力网络大模型绿色化发展,取得一定成效,中国电信京津冀大数据智能算力中心、清数科技园等项目进行了积极有益的探索,但整体来看,尚未全面推广。由于液冷系统、高效能服务器等绿色节能技术和设备成本较高,数据中心进行绿色技术改造的资金投入较大,超出中小规模数据中心或企业承受范围,一定程度限制了

---

① PUE(电能利用效率,Power Usage Effectiveness)即数据中心消耗的所有能源与 IT 负载消耗的能源的比值,PUE 值越低,说明数据中心用于 IT 设备以外的能耗越低,越节能。该指标由美国绿色网格组织(The Green Grid)于 2007 年提出,用以评价数据中心能源利用效率,目前被国内外数据中心行业广泛使用。

② 张佳丽、徐书馨:《智能的算力 绿色的算力》,《人民邮电报》2024 年 10 月 10 日。

绿色技术和设备的广泛应用。此外,尽管有国家超级计算天津中心、腾讯天津高新云数据中心①等部分数据中心探索引入了风电、太阳能等可再生能源产生的绿色电力,但从全市域来看可再生能源在智能算力网络大模型的能源供应中占比仍然较低,传统电力依然是大部分数据中心的主要能源来源之一,传统能源依赖度较高。

(二)智能算力规模有待进一步扩大

根据中国信息通信研究院发布的《中国综合算力指数报告 2023 年》显示,天津市综合算力水平位居全国第 9 位。从大模型急需的智能算力看,截至 2024 年 11 月,天津市的智能算力规模已达到 7500P,且年内智能算力将达到 1 万 P。根据国际数据公司(IDC)和浪潮信息联合发布的《2023—2024 年中国人工智能计算力发展评估报告》显示,天津市人工智能计算力除在 2022 年进入全国前 10 位的第 9 名外,其他年份排名均未进入前 10 位排名。

表 2　中国人工智能计算力发展评估——城市排行(2018—2023 年)

排名	2018 年	2019 年	2020 年	2021 年	2022 年	2023 年
1	杭州	北京	北京	北京	北京	北京
2	北京	杭州	深圳	杭州	杭州	杭州
3	深圳	深圳	杭州	深圳	深圳	深圳
4	上海	上海	上海	南京	上海	上海
5	合肥	广州	重庆	上海	广州	苏州
6	成都	合肥	广州	苏州	苏州	广州
7	重庆	苏州	合肥	广州	合肥	济南
8	武汉	重庆	苏州	济南	济南	合肥
9	广州	南京	西安	成都	天津	重庆
10	贵阳	西安	南京	合肥	重庆	成都

数据来源:IDC,《2023—2024 年中国人工智能计算力发展评估报告》。

---

① 参见腾讯网,https://www.tencent.com/zh-cn/articles/2201784.html,访问时间:2024 年 12 月 5 日。

智算中心建设既可以提升算力基础设施水平，也可以吸引更多企业集聚发展，是推动城市人工智能发展的重要驱动力。天津市已经建设国家超级计算天津中心、中国电信京津冀智能算力中心、天津市人工智能计算中心、天开智算中心、天津智算中心等智算中心，智能算力规模稳步提升，但从横向比较和现实需求看，算力领域缺口仍然较大，难以充分满足大模型产业算力需求。

（三）现象级网络大模型有待进一步培育

现象级网络大模型是指因技术领先、性能卓越而在网络领域产生了重大影响、引起广泛关注和大量应用，并在一定程度上推动了行业发展和社会变革的一类大型人工智能模型。如2022年11月Open AI发布的Chat GPT，自横空出世以来凭借强大的语言理解和生成能力迅速在世界范围内引发关注。在这一趋势下，国内互联网巨头、科技企业、科研机构等纷纷加大在大模型领域的投入，并相继推出大模型产品，如百度推出的文心一言、阿里巴巴推出的通义千问在文本生成、问答系统、机器翻译等方面表现出色，科大讯飞发布的讯飞星火等模型在多模态交互方面的尝试为人工智能系统提供更丰富和全面的信息感知和表达能力，此外腾讯推出的混元大模型、字节跳动推出的豆包、月之暗面推出的Kimi等大模型，推动了从基础模型研发、训练平台搭建到应用开发等全产业链的发展。2025年1月，杭州深度求索（DeepSEEK）人工智能基础技术研究有限公司开发的高性能大语言模型DeepSeek－V3和DeepSeek－R1，因其多模态交互、低能耗运算、多语言适配等关键技术的突破，以及开源与轻量化和显著更低训练成本，在全球范围内实现"现象级"爆火，推动开源AI成为新的发展趋势。

根据知名社区技术平台Info Q研究中心发布的《大语言模型综合能力测评报告（2024）》显示，在国内外多款人工智能大模型产品中，天津市进入前10名的模型仅有360集团开发的"360智脑4.0"一家。天津市目前产生了一些在特定领域具有创新性的重要影响力的垂直大模型，如天津移动联合华为打造的全国首个基于AI大模型的网优应用"嘀嗒模型＋"、天津市委网信办与360集团合作打造的全国首个网络普法领域垂直大模型"獬豸"等，在相应领域和行业具有重要影响。但截至目前尚未出现一款性能和用户规模突出的现象级通用大模型,通用大模型与垂直大模型协同发展格局尚未有效形成。

三 进一步深化天津市绿色智能算力网络大模型发展的对策建议

(一)持续推进绿色智能发展,提升大模型减能增效水平

1. 继续推进算力基础设施设备绿色化

推进和鼓励企业加强绿色低碳创新设计,优化现有基础设施的冷却、供电等基础设施,着力降低数据中心、超算中心服务器、大型计算机冷却耗能;引导算力基础设施积极应用先进适用绿色数据中心技术节能改造。打造绿色电力与算力协同标杆,以中国电信京津冀大数据智能算力中心、清数科技园的经验为基础,推广其绿色智能算力发展经验,着力降低能源使用和碳排放。

2. 构建绿色智能算力产业链协同创新体系

立足行业协同创新需求,以绿色智能算力为核心加强芯片、服务器、软件研发、数据标注、应用开发等产业链上下游的紧密合作,形成完整的产业生态,推动智能算力规模的扩大和产业的发展;打造绿色算力协同创新平台,汇聚人才资源、技术资源,实现绿色算力的技术互联互通和资源协同共享,打通绿色算力生态链。

3. 夯实绿色能源底座支撑

能源是算力产业的核心驱动力,促进绿色能源和算力网络协同发展尤为重要。强化政策统筹,协调绿色能源,建立智能化能源管理系统,对绿色能源生产、存储和使用进行管理,优化绿色能源的分配使用,推动区域绿色能源和绿色算力设施的协同发展。搭建电力和算力数据共享平台,以双方共享的关键数据整合精准地预测电力需求和算力负载的变化趋势,为联合调度提供数据支持,根据电力供应情况和算力负载需求,制定动态协同调度方案。

（二）加大基础设施建设力度，夯实大模型发展算力底座

1. 着力推进绿色智能数据与算力设施升级改造

加强整体性谋划和协调，建立天津市算力调度交易平台，有序推进全市智能算力资源总量摸底工作，探索建立人工智能算力资源名录管理机制，统筹布局全市绿色算力基础设施建设。推动传统算力基础设施绿色化升级，积极开展算力设备性能与能源利用效率评估，更新服务器、存储设备和网络设备，增加智能算力供给能力。

2. 强化顶层设计在关键领域适度超前部署

科学有序、绿色集约地推进数据中心、智能计算中心、超级计算中心等具备节能环保绿色低碳属性的算力基础设施建设，从设备选型、系统部署、配套设施的全流程进行绿色技术研发和创新应用，打造一批示范性、引领性强的新型绿色智能算力设施。

3. 以落地应用赋能推进绿色算力产品迭代升级

以市场实际需求为牵引，加快推进绿色智能算力在更多生产生活场景的应用落地激发算力引擎赋能千行百业。结合天津产业优势，重点在智能制造、智能网联汽车、智慧港口、生物医药等领域推广智能算力应用，创新打造一批具有示范效应的融合应用场景，以应用需求带动智能算力规模扩大，牵引绿色算力产品迭代升级。

（三）加快培育大模型头部企业，构建大模型协同发展格局

1. "引培并举"孵化大模型头部企业

充分发挥天津市信创产业资源优势，把握京津冀协同发展机遇，持续吸引京冀大模型头部研发企业、上下游配套企业等在津落地发挥产业集聚效应；组建由行业领军企业牵头，政府引导，协同产业链上下游优势企业、高等院校及科研机构进行绿色算力技术研究与创新的全栈绿色化算力创新联合体；建优建强天津市大模型应用生态基地，制定大模型头部企业专项扶持政策，对具有发展潜力的企业给予税收优惠、研发补贴等，降低企业运营成本，引导和鼓励

大模型企业加大研发投入,支持企业建立研发中心和技术创新平台,并在科技资源对接、资金筹集、高层次人才引进等方面发挥好政府统筹作用,着力提升自主创新能力,提升核心技术竞争力,不断拓展绿色算力服务边界,为企业发展壮大成为头部企业蓄势赋能。

2.政产学研多方协同共推通用大模型发展

优化开放合作生态,构建政产学研多方协同联动机制,依托高等院校、科研院所、科技企业等联合组建研究实验室,开展人工智能大模型研发,引导产学研主体形成合力,共同攻坚底层技术;着力培育源头创新,支持高校、企业和科研机构加强基础理论和共性技术研究,推动大模型算法、框架等基础性原创性的技术突破,加速科技成果转化应用于通用和垂直行业大模型开发,提升智能算力的应用效果和价值。强化政府资源整合作用,围绕通用大模型发展所需的生态条件,提供算力、算法、数据、人才、应用场景等多方面保障。

参考文献:

[1] 王人浩、杨佩霏、陈浩:《我国绿色电力与智能算力"两力一体化"评估及政策建议》,《中国能源》2023 年第 12 期。

[2] 中国信息通信研究院云计算与大数据研究所:《绿色算力技术创新研究报告(2024 年)》,2024 年 3 月。

[3] 开放数据中心委员会 ODCC:《绿色算力技术白皮书(2023 年)》,2023 年 11 月。

[4] 中国信息通信研究院产业与规划所,内蒙古和林格尔新区管理委员会:《中国绿色算力发展研究报告(2023 年)》,2023 年 7 月。

天津国产化航空大数据应用研究

刘　旺　天津社会科学院数字经济研究所助理研究员

摘　要： 随着航空数据规模快速增长、处理技术不断创新和应用领域持续
拓展,航空大数据在空域管理、航班调度及航空安全中的应用愈发
重要。传统航空数据管理方式面临数据标准化不足、低空空域监
视不足和空域资源利用不足等挑战。中国铁塔(天津)通过自主
研发 ADS-B 国产化设备和搭建航空大数据平台的方式实现了数
据融合、分类管理、开发资产及航班优化,推动了航空大数据的国
产化进程,同时为低空产业的发展提供了强大的动能。基于对案
例的深入分析及该案例的经验启示,报告提出应加大研发投入、强
化数据标准化建设、完善空域管理体系、加强数据安全与隐私保护
等政策建议。

关键词： 航空大数据　国产化　ADS-B　低空经济

在大数据技术广泛普及、民航事业持续蓬勃发展以及低空经济迅猛崛起
的背景之下,航空大数据在空域管理、航班调度及航空安全的应用成为促进航
空产业转型升级的核心驱动力量。然而,传统的航空数据管理与监控方式面
临着数据处理技术的滞后、数据标准化不足和信息传递不畅等挑战。中国铁
塔(天津)依托其在通信领域的优势,通过自主研发 ADS-B(广播式自动相关监
视)国产化设备和搭建航空大数据平台推动了航空大数据的国产化进程,为提
升航空数据采集与管理能力、推动低空经济发展作出了重要贡献。本报告以

中国铁塔(天津)在航空大数据应用中的创新实践为案例,探讨国产化技术在航空产业中的应用及其发展对策,旨在为我国航空产业的数字化转型与智能化发展提供经验借鉴。

一 天津市航空大数据发展现状

随着航空运输业的迅速发展,航空数据呈现爆发式增长,涵盖了航班运行、飞机性能、旅客信息和气象变化等多个领域。为应对数据的快速增长,航空大数据处理技术不断创新。新兴技术如云计算和机器学习被广泛应用,数据存储与管理被不断优化,预处理方法更为先进,数据安全与隐私保护程度不断加强。航空大数据的应用领域持续拓展,涵盖航班运营优化、风险防控和服务提升等方面。

(一)数据规模快速增长

随着航空运输业的快速发展以及航班数量的增加,航空数据呈现爆发式增长。航班信息、监管信息与旅客信息数据构成庞大的航班运行数据;购票信息、值机登机信息与飞行消费信息数据构成海量旅客信息数据;试验测试数据、实时飞行数据、维护检修数据构成飞机性能数据;观测站数据、卫星监测数据、模型预报数据与机场观测数据构成了气象数据。航班运行数据、飞机性能数据、旅客信息数据、气象数据等多源数据不断积累,为航空大数据的分析和应用提供了丰富的数据资源。

(二)处理技术不断创新

机场、航空公司与制造商通过多种途径实现航空大数据处理技术不断创新。第一,融合新兴技术。借助云计算平台存储和应急管理系统处理大量的助航灯光设备运行数据,实现风险指标的实时监测与预警。第二,优化数据存储与管理。利用分布式存储系统优化数据访问性能;通过建立数据仓库为精准营销、个性化服务提供依据;利用数据湖架构加速新型飞机的研发进程。第三,采用先进的数据预处理方法。利用数据清洗确保数据的准确性和完整性;利用数据转换与归一化提高数据分析的准确性和稳定性;利用特征工程提高了故障预测的准确性和及时性。第四,加强数据安全与隐私保护技术。利用加密技术防止数据被窃取或泄露;利用访问控制技术限制对航空大数据的访问权限;利用数据匿名化与脱敏技术确保数据的安全性和隐私性。

(三)应用领域持续拓展

天津市航空大数据的应用领域已拓展至航空运营、风险防控与旅客体验等多方面。第一,利用航空大数据优化航班运营。航空公司利用大数据技术预测航班需求波动,动态调整时刻表;结合气象数据与飞行轨迹,优化航路,减少航程,节约成本。第二,利用航空大数据防控风险。通过实时收集飞机运行数据,发现故障并及时预警;通过对历史事故与设备故障数据进行大数据分析,提前识别风险。第三,利用航空大数据提升旅客体验。利用消费数据分析旅客的历史偏好,为其定制个性化推荐;通过对历史和实时数据进行分析,优化登机流程,减少拥堵。

二 天津市航空大数据所面临的问题

天津市航空大数据领域面临多个挑战,主要表现在航空器实时信息不足、低空空域监视与管理不完善、航空数据资产和服务能力薄弱,以及空域资源利用效率低下等方面。航空器实时信息存在监控技术限制、数据共享障碍和标准不统一,导致信息传递不准确。低空空域监视手段不足,传统雷达存在盲区,通信设备简陋,影响实时监测和飞行安全。同时,空域划分粗放、空管技术和协调机制不完善,航线规划不合理,影响空域利用效率并制约产业发展。航空数据积累和采集范围有限,且缺乏统一的标准和规范,导致数据共享和服务能力不足。此外,低空经济和新兴航空产业,如无人机和 eVTOL(电动垂直起降飞行器),面临空域管理和政策法规不完善的挑战,制约了其快速发展。

(一)航空器实时信息不足、数据标准不统一

航空器实时信息管理面临多重挑战,包括监控技术和设备的限制、数据传输与共享瓶颈、数据格式与定义差异以及数据采集与管理规范不统一等。部分地区存在监视信号不稳定、雷达覆盖存在盲区、无法全面监测空域等问题。此外,数据传输带宽和速度不足导致信息传递延迟,繁忙空域的航空器信息处理存在滞后。航空管理部门、机场和航空公司之间缺乏有效的数据共享和统一的数据交换标准,信息孤岛现象严重。同时,不同航空公司和机场对数据格式和记录标准的定义不一致,导致信息传递不准确。数据采集和管理的规范差异也使得信息的质量和一致性得不到保证。

(二)低空空域监视不足、低空飞行管理不完善

低空空域监视和低空飞行管理存在诸多问题,主要表现在监视不足和管理不完善。由于低空空域的监视手段有限,传统雷达覆盖存在盲区,通信设备简陋,容易出现信号中断或不稳定,影响实时监测。此外,低空监视设施建设滞后,地面监视站点不足,空中监视平台的应用也较少,导致一些偏远地区的低空飞行无法得到有效监控。低空飞行管理方面,空域划分不精细,空域使用权限不明确,飞行审批程序烦琐且标准不统一,增加了审批难度和延误风险。同时,低空飞行操作员资质管理不严格,航空器适航管理不到位,存在安全隐患,增加了低空飞行的安全风险。

(三)航空数据资产较少、数据服务能力较弱

航空数据资产较少,且数据服务能力较弱,主要体现在采集范围、共享程度及技术应用等方面。由于航空公司之间及与其他行业(如机场、空管等)的数据共享较少,限制了可用数据量。在数据服务能力方面,分析技术和复合型人才短缺,导致数据应用场景开发不足,尤其在风险管理和安全管理领域应用较为薄弱。此外,航空业缺乏统一的数据服务标准和规范,导致数据质量和可用性差异较大。

（四）空域资源利用效率不足、无法赋能产业发展

空域资源利用效率不足主要体现在空域划分、空管技术、航线规划等方面。空域划分缺乏精细化管理，且军事活动对空域的优先使用限制了民用航空的飞行。空管技术和协调机制也有待提升。空域资源管理涉及多个部门，因此信息沟通不畅导致空域资源利用效率低下。航线规划和航班时刻安排不合理，因而空域资源在不同时间段的使用不均衡。对产业发展的赋能方面，通用航空和低空经济的快速发展受限。通用机场数量不足、低空飞行保障体系不完善，导致这些领域的业务发展受阻。此外，eVTOL 产业面临空域管理和政策法规不完善的挑战，使新兴航空产业的培育和发展受到制约。

三　天津国产化航空大数据应用案例：
中国铁塔（天津）研发 ADS-B 国产化设备与航空大数据平台

中国铁塔（天津）在航空大数据和国产化技术方面取得了显著进展。通过自主研发 ADS-B 国产化设备，实现在航空监视技术领域的突破。通过多维数据采集、标准化数据结构、数据清洗与解析技术，提高了空域管理与航空安全监控能力。对数据进行精细分类和加密管理，以确保数据的安全性和合规性。推出包括低空飞行监视平台、航班调度优化系统等智能化数据产品，赋能低空经济和无人机产业的发展。通过优化航班运行、降低燃油消耗和返航备降率，提升了航空管理的智能化水平。

（一）自主研发 ADS-B 国产化设备

中国铁塔（天津）科技创新中心于 2024 年 5 月 13 日发布了自主研发的 ADS-B 国产化设备，为国家航空大数据安全提供了有力保障。该设备具有高接收灵敏度、低误码率、高精度、超小体积、高度集成化和完全国产化等特点。具体而言，该设备能够准确接收航空器发出的 ADS-B 信号，确保数据的完整性和可靠性；在数据传输过程中，误码率低，保证了信息的准确性；提供精确的航

空器位置和状态信息,支持空中交通管理和监视;设备设计紧凑,便于安装和部署,适用于多种应用场景;从硬件到软件,全部由国内自主研发,降低了对进口设备的依赖,提升了自主可控能力。该设备的发布标志着中国在航空监视技术领域取得了重要突破,推动了民航监测核心设备的国产化进程。

(二)搭建航空大数据国产化平台

1.增加多维数据采集,融合多源异构数据

中国铁塔(天津)近年来加强了对航空领域数据的收集与整合。增加了民航数据、通航数据、无人机数据、飞行计划数据、气象数据、导航数据的收集,特别是引入了 ADS-B、视频图传、频谱探测和雷达探测等多种技术手段,以提升空域监控与管理能力。这些技术手段能够为空中交通管理提供更加全面、精准的实时数据,包括飞机的位置、速度、姿态和飞行路径等信息。为确保不同类型的数据能够高效融合与共享,中国铁塔(天津)还建立了统一的标准化数据结构。通过这种标准化处理,不同数据源(如雷达与视频图像)可以在同一平台上进行无缝连接,提升了数据的兼容性和利用效率,为空中交通管理和相关产业的发展提供了有力支持。这种数据融合与标准化架构不仅优化了航空数据的应用场景,也推动了智能化空域管理和无人机监控等新兴领域的发展。

中国铁塔(天津)在航空数据处理方面取得了显著进展。通过飞行动态数据解析和数据清洗等技术手段,将多种类型的异构数据进行融合。数据来源包括飞行动态数据、气象数据、电磁数据和视频等,涵盖了航空器的位置、速度、飞行状态、气象条件、电磁频谱使用情况以及实时视频影像等关键信息。通过数据清洗去除了噪声和无效数据,确保数据的质量和一致性。通过飞行动态数据解析等先进算法提取出有价值的飞行信息,并将这些数据通过融合处理后,形成更加全面、准确的空中交通监控系统。数据处理的进展有助于优化飞行管理、提升空域利用效率,并为飞行安全、航班调度和空中交通预测等提供精准支持。

2.分类管理多类数据,实时监控航空情况

中国铁塔(天津)在航空大数据的管理方面采取了精细化分类策略,以适应不同领域和应用需求。首先,根据航空领域的不同,将数据分为民航、通航和无人机三个主要类别,以便针对不同类型的航空活动进行专门的监控和分析。其次,按照数据类型进一步细分为视频、图像、文本等不同类别,从而形成多维度的数据结构。这种分类不仅有助于数据的高效存储和处理,还便于在具体应用场景中提取和利用所需的信息。最后,为符合国产化要求,数据还被划分为一级数据和二级数据,其中一级数据通常指原始、未处理的基础数据,而二级数据则是经过清洗、整合和分析后的派生数据。这一分类管理方法为数据的安全性、可用性及后续分析提供了保障,确保了航空大数据在多种应用场景中的灵活性和精准性。

中国铁塔（天津）在航空数据安全管理方面采取了严格的加密和脱敏措施,以确保数据的隐私性和合规性。根据客户的具体需求,对飞行动态数据实施分类加密,确保敏感信息在传输和存储过程中得到有效保护。与此同时,按照客户的属性和使用场景,对飞行动态数据进行分级脱敏处理,确保不同级别的客户可以根据权限获取合适的数据。通过这些安全管理措施,中国铁塔（天津）不仅提高了数据处理的安全性,还为客户提供了定制化的数据服务。此外,所有经过加密和脱敏处理的数据都会生成详细的数据报告,供客户参考和决策使用。这种精准、安全的数据处理方式不仅保护了客户隐私,也为航空大数据的安全共享和应用提供了强有力的保障。

3. 开发航空数据资产,提供数据产品服务

中国铁塔（天津）经过对数据融合与处理,汇总了多类高质量数据资产,并转化为具有高价值的数据产品。通过对航空器监控数据、运行告警数据、气象监控数据、GNSS 可用性预测数据以及空中引导航行数据等信息进行整合,为航空领域提供精准的实时监控和预测服务。通过数据深度分析,形成了民航发展趋势、跨界数据应用、飞行活动评估优化和航空管制服务政策辅助制定等数据资产,帮助相关机构优化政策和决策。在数据资产基础上,打造多个应用场景的智能化数据产品,如低空飞行服务与监视平台、签派/管制智能化运行系统、机场运行评估优化平台等,不仅提升了航空管理的智能化水平,而且推动了低空经济与无人机产业的发展,成为航空行业中不可或缺的关键技术

支持。

中国铁塔(天津)在航空大数据领域取得了一系列显著的科研成果,并成功获得了相关资质。通过智能全景一体化探测、全域全息态势感知和多源异构数据融合等三项关键技术创新,突破了航空监控和数据分析的多个技术瓶颈。通过不断创新,中国铁塔(天津)成功获得了6项发明专利和10余项软件著作权,展示了其在技术研发方面的卓越能力。此外,中国铁塔(天津)还获得了数据商和数据产品商资质,进一步确立了其在航空数据领域的行业地位。这些科研成果和资质不仅提升了公司在技术和市场上的竞争力,还为其后续发展智能化数据产品和服务提供了强有力的支持。

中国铁塔(天津)在航空大数据领域取得了显著的进展,成功将国产航空大数据推向市场,并向多个企业提供了数据产品和服务。经过数据确权后,国产航空大数据已在北方大数据交易中心平台上线交易,成为推动航空行业数字化转型的重要工具,为企业和机构便捷获取与航空相关的多维度数据,及自身业务发展提供强大助力。目前该大数据已经为华夏航空提供了数据调用服务,协助其共同建设的航班监控系统,提高航班监控的效率和精准度,并增强了航空安全保障能力及航班调度的智能化水平。此外,还为飞友科技、航科院中宇等公司提供了民航 ADS-B 数据以及航空器异常运行告警服务等相关产品,这些产品为航空安全、航班调度和应急响应等领域提供了可靠的数据支撑。通过这一系列创新服务,中国铁塔(天津)不仅推动了国产航空大数据的产业化和商业化进程,还为航空产业智能化、信息化的发展提供了坚实的数据基础。

4. 优化航班运行效率,降低返航备降概率

中国铁塔(天津)通过优化航空数据要素,成功降低了超过10%的燃油消耗。借助大数据分析和智能优化技术,系统通过分析历史航班数据、实时气象信息和飞行动态,实现精确计算最优航线。在飞行前,系统根据航班的具体需求,结合气象条件、空域密度和飞行器类型等因素,智能推荐节能的飞行方案。通过优化飞行路径,避免不必要的绕飞,减少因不稳定气流导致的燃油浪费,确保航班高效运行。此外,飞行过程中根据实时天气变化和空域条件,系统还

能动态调整航线和飞行高度,进一步降低能耗。这一系列优化措施不仅显著减少了航空公司在燃油上的支出,还降低了碳排放,为绿色航空和可持续发展做出了贡献。

中国铁塔(天津)通过优化航空数据要素,显著降低了40%因恶劣天气或其他原因导致的返航和备降。借助全面整合的飞行动态数据、气象监控数据和航空器运行状态,系统能够提前预判潜在风险,并实时调整飞行策略。当航班在飞行过程中接近不稳定天气区域时,系统会立即提供动态的路径调整建议,避免航班进入高风险区域。通过优化飞行高度、速度和航路选择,系统有效减少了因天气变化引发的突发状况,及时识别空域的拥堵情况和其他可能导致航班延误或备降的因素,从而优化航班的整体调度,减少不必要的延误和额外飞行。这些举措大大提高了航班的安全性与准点率,帮助航空公司降低了运营风险和成本,同时提升了乘客的出行体验。

(三)航空大数据赋能低空经济发展

2024年6月,在第四届世界智能产业博览会期间,中国铁塔(天津)主办了以"低空经济 新质未来"为主题的交流会,探讨低空经济发展动态,围绕算力算法共议技术创新与产业发展趋势。中国铁塔(天津)建设低空智能基础设施"四张网",即设施网、空联网、航路网、服务网,打造低空经济领域新型基础设施服务商,构建低空数据监视网络,搭建ADS-B航空大数据空域管理平台、搭建低空无人机综合管理平台。[①]

航空大数据国产化进展为低空产业发展提供了强大的赋能,主要体现在减少报批时间、提高监控精度、优化空域管理效率以及降低运营成本等多个方面。通过大数据技术,通航产业的单次报批时间已平均缩短至30分钟以内,极大地提高了工作效率和响应速度,减少了行政审批流程的冗余,推动了低空飞行的高效运作。依托航空大数据的实时监控能力,通航低空作业的监控精度从传统的分钟级提高到了秒级位置监控,不仅增强了飞行安全性,还为飞行

---

① 2024年6月20日,麻文军在世界智能产业博览会的发言。

任务提供了更精准的实时数据支持,帮助管理者及时识别并解决潜在风险。进一步地,通过对航线、起降点和目视航线的优化,空域资源得到了更加高效的利用,降低了飞行的空中等待时间和不必要的航程。此外,这些优化措施还为企业节省了 30% 的运营成本,推动了低空产业的可持续发展和智能化转型。因此,中国铁塔(天津)的航空大数据国产化不仅提高了低空产业的运营效率,还为行业带来了更加灵活、安全和成本效益高的管理模式。

四　经验启示与发展对策

中国铁塔(天津)通过自主研发与创新,推动了航空大数据的国产化进程,为提升航空数据管理能力、促进产业智能化和数字化转型提供了宝贵经验。总结天津市航空大数据国产化的经验并对未来发展提出相应的对策,这对我国航空产业发展具有一定的借鉴价值。

(一)航空大数据国产化发展的经验启示

1.自主研发与技术创新是航空大数据国产化的核心驱动力

中国铁塔(天津)通过自主研发 ADS-B(自动相关监视广播)国产化设备,成功实现了我国在航空监视领域的技术突破。ADS-B 技术作为现代航空监控的重要手段,广泛应用于民用航空、无人机飞行和低空空域管理。然而,在过去,这一技术领域高度依赖进口设备与技术,存在安全性和自主控制能力不足的问题。中国铁塔(天津)通过技术自主研发,打破了国外技术壁垒,为国内航空产业的安全性与自主可控性提供了保障。这一实践表明,技术自主研发是推动航空大数据国产化的核心动力。只有通过自主创新、攻克关键技术,才能减少对外依赖,提升产业竞争力。未来,航空产业应继续加大对核心技术的研发投入,尤其是飞行动态监视、空域管理、数据传输与处理等领域,力求形成具有自主知识产权的技术体系,真正掌握航空大数据的核心技术。

2.数据标准化与平台建设是航空大数据应用的基础

中国铁塔(天津)通过构建统一的标准化数据平台,实现了多个数据源的无缝连接。通过对飞行动态数据、气象数据、视频监控数据等多元化数据的融合和统一管理,提升了数据的共享性、处理效率与准确性。这一实践表明,数据标准化与平台建设是推动航空大数据应用的基础。当前,天津市在航空大数据的标准化建设方面还存在一定差距。为了促进航空大数据的广泛应用,未来需要加强数据共享与标准化建设,推动跨部门、跨领域的合作,形成统一的数据标准和数据格式,确保数据能够在不同系统之间顺畅流动。

3. 跨领域合作与数据共享是提升数据应用效能的关键

中国铁塔(天津)在航空大数据应用中的成功还得益于其跨领域的合作与数据共享。通过与气象、无人机、通信等领域的合作,中国铁塔(天津)能够获取更加全面和精准的航空数据,提升空域管理与飞行安全监控的效率。航空大数据的应用不仅限于航空领域,还与气象监测、环境保护、无人机管理等多个领域密切相关。在航空大数据的发展过程中,跨领域合作与数据共享是提升数据应用效能的关键。未来,航空大数据相关产业应加强与其他行业的数据联动,推动各领域间的信息交流与共享,为航空产业的智能化、精细化管理提供支持。

4. 数据安全与隐私保护是航空大数据可持续发展的保障

在中国铁塔(天津)航空大数据应用的过程中,数据安全和隐私保护始终是其关注的重点。为了保障飞行数据、用户信息等敏感数据的安全性,中国铁塔(天津)采取了严格的数据加密、脱敏处理等措施,确保数据在采集、存储和传输过程中的安全。随着数据量的激增和应用场景的拓展,数据安全问题将变得愈加复杂。因此,航空大数据的应用不仅要关注数据的采集与处理效率,还要保障数据的合法性、安全性与隐私保护。

(二)航空大数据国产化发展对策

1.加大研发投入,提升自主创新能力

提升航空大数据产业的核心技术自主研发能力是推动国产化进程的关键。第一,应进一步加大对航空大数据产业的政策支持,特别是在资金投入和技术创新方面。通过财政资金支持、税收优惠等政策,鼓励企业和科研机构加大在航空大数据关键技术领域的研发力度。此外,可以通过设立专项基金,鼓励国内企业进行技术攻关,逐步形成具有自主知识产权的核心技术。第二,可通过搭建平台的方式促进科研院所、高等院校与航空企业之间的技术合作与资源共享。科研院所拥有丰富的基础研究能力,而企业能把技术应用于实践中。通过深度的产学研合作,能够更好地将航空大数据的创新成果转化为实际生产力,推动技术的商业化应用。

2.加强数据标准化建设,推动行业协同发展

为了实现航空大数据的有效应用和产业协同发展,数据标准化建设至关重要。通过统一的数据标准,解决目前存在的行业数据壁垒,推动各方在数据共享和应用上的互通。第一,组织行业协会、科研机构及企业,推动航空大数据的标准化工作。制定统一的数据格式、数据接口、数据传输协议等基础性标准,解决当前航空大数据系统之间的"信息孤岛"问题。此外,应强化与国际标准化组织的对接,推动航空大数据标准与国际标准的接轨,增强全球竞争力。第二,大力推动各行业之间的数据共享与协同。相关部门应出台政策鼓励各行业之间的数据互联互通,促进航空大数据的跨领域合作。第三,继续加强航空大数据平台的建设,推动数据平台的标准化与模块化发展,形成开放共享的产业生态。通过建立统一的数据管理平台,能够有效整合各种航空大数据资源,提升数据的处理效率和应用水平。

3.完善低空经济管理体系,推动新兴产业发展

完善低空经济管理体系,推动航空大数据的应用,为新兴产业提供更好的发展环境。第一,推动低空空域管理体系的建设。低空空域管理是低空经济发展中至关重要的一环。目前低空空域管理仍然存在一些管理空白和技术不

足之处,亟须构建完善的低空空域管理体系。应加强低空空域的规划与资源配置,实施差异化管理,为低空飞行提供安全、高效的空域保障。第二,加快无人机产业政策法规建设。为了保障无人机产业的安全与可持续发展,应出台更加完善的政策和法规,确保无人机飞行的合规性。通过政策引导和法规制定,规范无人机市场的发展,同时,为无人机产业提供有力的政策支持和保障。第三,加速无人机飞行监管技术的研发。加大对无人机监管技术的研发投入,推动飞行监控、航迹识别、避碰预警等技术的创新,形成针对无人机的专用监控系统。通过加强无人机监管技术的研发,确保无人机产业能够在安全的环境下高速发展。

4. 加强数据安全与隐私保护,确保航空大数据的合规性

随着数据的规模化和多元化,数据泄露、滥用等安全风险将日益严峻。因此,必须加强数据安全和隐私保护,确保航空大数据的合规性。第一,强化数据安全法律法规。尽快出台并完善航空大数据领域的相关法律法规,加强数据保护和隐私保护。建立对数据安全事件的预警与应急机制,确保一旦发生数据泄露等安全事件,能够迅速有效地进行处置。第二,推动数据加密与隐私脱敏技术的研发。在航空大数据采集、存储和传输过程中,应加强加密技术和隐私脱敏技术的应用,确保用户和航班信息不被泄露,保护个人隐私。推进隐私保护技术的标准化,确保相关技术能够在各个数据应用环节中得到全面应用。第三,加强跨国数据安全合作。随着航空大数据的国际化应用,跨境数据流动成为不容忽视的问题。在加强航空大数据国内安全保护的同时,还应加强与其他国家和地区在数据安全领域的合作,推动国际数据安全标准对接,提升全球航空大数据合作的安全性和合规性。

5. 强化政策引导与行业合作,推动全产业链发展

应积极制定相关政策,推动航空大数据国产化的加速发展,特别是在政策支持、资金扶持和行业标准引导方面。同时,应推动上下游企业的协同合作,形成健康的产业链生态。第一,加强政策引导和资金支持。政府通过税收优惠、研发资金支持等手段,鼓励航空企业加大自主创新的力度。同时,对核心技术的研发团队和产业化企业给予政策奖励与资金扶持,推动技术成果的转

化与应用。第二,推动产业链合作。航空大数据涉及设备制造、数据采集、数据处理、应用服务等多个环节。应推动产业链上下游企业的合作,鼓励各环节企业通过技术创新、联合研发和共享资源,实现优势互补,共同推动航空大数据的国产化进程。第三,优化市场环境与监管机制。优化创新环境,为创业企业提供更好的发展空间。加强行业监管,确保市场公平竞争,防止数据垄断和不正当竞争现象的发生。